全球化与区域化研究丛书

治理视角之下的东亚区域化
——以东盟为案例的分析

ZHILI SHIJIAO ZHIXIA DE DONGYA QUYUHUA
YI DONGMENG WEI ANLI DE FENXI

李东屹◎著

中国政法大学出版社
2014·北京

图书在版编目（CIP）数据

治理视角之下的东亚区域化:以东盟为案例的分析/李东屹著.—北京:中国政法大学出版社，2014.11
ISBN978-7-5620-5704-8

Ⅰ.①治…　Ⅱ.①李…　Ⅲ.①国际关系－研究－东亚　Ⅳ.①D831

中国版本图书馆CIP数据核字(2014)第266457号

出版者　中国政法大学出版社
地　址　北京市海淀区西土城路25号
邮寄地址　北京100088信箱8034分箱　邮编100088
网　址　http://www.cuplpress.com（网络实名：中国政法大学出版社）
电　话　010-58908285(总编室)　58908334(邮购部)
承　印　固安华明印业有限公司
开　本　880mm×1230mm　1/32
印　张　12.625
字　数　295千字
版　次　2014年11月第1版
印　次　2015年3月第2次印刷
定　价　39.00元

#《全球化与区域化研究丛书》

20 世纪后期，全球化成为人们的主要关注点之一，似乎全球化代表了世界发展的主轴，能否在全球化了的世界中生存和发展，成为评判一个国家、一个政府、一个企业治理水平的主要标准。当人们讨论全球化时，更多地关注于经济层面，即经济全球化。全球化被界定为“一个以经济全球化为核心的物质和精神产品的流动冲破国界的束缚，进而影响到地球上每个角落的社会生活的历史进程”。然而，人们却很少关注全球化的政治层面，即政治全球化问题。

政治全球化与经济全球化并非完全同步。经济全球化以“依存性”和“同一性”为主要特征，即民族国家之间在全球范围内经济的相互依存性日益加深；第二次世界大战后确立的世界经济秩序演变为相对同一的世界市场经济体系，所有民族国家都成为该体系的组成部分。长期以来，国际政治体系的特征一直是一种主权—民族国家占主导的无政府状态。经典国际关系理论所阐述的民族国家体系（nation-state system）实际上在相当长的历史时期一直是一种区域性而非全球性的体系，可以说是“欧洲中心论”的产物。直到第二次世界大战之后，民族国家体系才有了成为全球体系的可能。20 世纪 50 年代以后兴起的非殖民化运动，使这种可能成为现实。大批新独立的民族国家进入国际社会，使国际体系从局部的民族国家体系扩展为全球民族国家体系，每一个主权国家都在国际社会获得了平等的地位，尽管这种平等地位并未在现实中得到完全的体现。

冷战结束后，以集团对抗为特征的国际政治格局发生了根本性变化，经济全球化的制度基础最终确立，然而全球化的政治走向却截然不同。尽管所有民族国家都是全球体系中的合法成员，但是这个泛义的全球民族国家体系却依旧是处于无政府状态的。冷战的结束使得以强权为轴心的集团对立不复存在，然而国家间对抗和纷争的频度却在强化。一方面，经济全球化使得全世界在经济上越来越成为一个整体；另一方面，全球民族国家体系的形成又使全世界在政治上更加碎片化。这就是当今世界政治与经济相互背离的现实，也是世界局势总体稳定但在局部范围内总是动荡不安的重要原因之一。

与全球化的发展并行不悖的另外一个趋势是区域化（regionalization）。区域合作并不是20世纪才出现的新事物，“联盟”一直是近现代国际关系中的一种常态。然而，第二次世界大战后，区域化被赋予了新的内容。《联合国宪章》第52条就曾规定：“①本宪章不得认为排除区域办法或区域机关、用以应付关于维持国际和平及安全而宜于区域行动之事件者；但以此项办法或机关及其工作与联合国之宗旨及原则符合者为限。②缔结此项办法或设立此项机关之联合国会员国，将地方争端提交安全理事会以前，应依该项区域办法，或由该项区域机关，力求和平解决。③安全理事会对于依区域办法或由区域机关而求地方争端之和平解决，不论其系由关系国主动，或由安全理事会提交者，均应鼓励其发展。”当然，在冷战时期，由于大多数区域组织均控制在超级大国手中，其作用不过是超级大国推行其对外政策的工具。尽管如此，特别是冷战之后，人们仍在不断重新审视区域化和区域组织的作用。另外一个重要的原因，当然就是欧洲区域一体化的成功发展。到2007年底，世界范围的各种区域组织和区域安排已经达六十多个，而次区域和跨区域的合作框架和制度安排则更加复杂多样。

区域化被认为是指同一地理区域内多个国家之间基于共同的利益而建立超国家或跨国家联系，进而实现特定的制度性、框架型和常规化安排的发展取向。区域化（包含区域一体化、区域组织、区域合作等）的动因何在？这是一个人们一直争执不休的问题。许多欧洲人确信，世界范围内的区域化趋势源于欧洲一体化的成功经验，世界各国和各地区都愿意按照欧洲的模式来推动和发展各自地区的经济与安全事务。更多的人认为，区域化是各个主要国家和地区应对经济全球化挑战的重要举措。也有人认为，区域化是在当今经济全球化与政治全球化尚无法和谐发展的场景下的自然选择。

整体观之，全球化在特定的功能领域和发展时段内往往更突出地表现为区域化的发展，区域化不仅因全球化时代的到来而获得了新的意义，其本身也成为全球化巨大发展的组成部分。由此而论，全球化与区域化具有联动、互嵌和套接的复杂关系，具有交错、融汇和共通的相互影响。更具体地说，各个功能领域的全球化发展往往是以区域化的相应发展为核心而得以展开的，而相邻各国间的区域化发展又往往是这些国家为应付全球化的挑战而作出的应对。因此，对于全球化问题的研究无法回避区域化问题的研究，同样，对于区域化问题的研究也无法摆脱全球化的背景。否则，全球化研究将会丢失重要的层次、过程和内涵，区域化研究也将会遗漏重要的背景、场域和维度。

在现实的发展中，全球化由经济始而绝非止于经济，区域化以欧盟为最而绝非限于欧洲；因此，相应的学术研究不仅理当考察基于全球化之上的文化现象、治理变革和社会变迁，而且应当分析欧盟以及欧盟以外世界各个地区走向区域一体化的独特路径和不同模式。

正是基于这样的考虑，中国人民大学欧洲问题研究中心、清华大学比较区域一体化研究所和联合国大学比较区域一体化研究所共同合作，组编了这套主题为“全球化与区域化研究”的丛书。在丛书的选目中，我们既重点推出有关研究欧洲一体化发展的学术著作，也突出引介了有关全球化和比较区域一体化问题的深度思考。我们以为，这样一种选择既可以使我们深化对全球化的认识，又可以使我们全面理解区域化发展的意义。我们更希望读者能够从这些著作中领会和体悟我们的用心与用意。

宋新宁
中国人民大学让·莫内终身教授
2014 年 7 月

冷战结束以来，以东盟为主导、中日韩共同参与的东亚区域化进程发展迅速、取得了较大进步，成为世界区域主义浪潮中除欧洲一体化外最引人注目的组成部分。与欧洲一体化这一最典型的区域化进程相比，东亚区域化表现出基于自身独特条件的机制特征。具体而言，东亚区域化在其发展中不是依靠强有力的制度建构来推动和保障整个进程的，相反，与其主导者东盟相似，它更多地表现出非正式的、弱约束性的区域机制特征，其制度化程度明显低于欧洲区域一体化。因而，东亚区域化进程与欧洲经验相比呈现出的机制特征对它的发展前景有着什么样的意义，成为现有东亚区域化研究中的一个焦点。在这个问题上的广泛讨论带来了对东亚区域化的深入理解，其中存在的分歧也为理论和实践分析提供了广阔的空间。

为了推进对东亚区域化的全面认识，本书利用区域对比的方法，将分析集中于区域化进程中的机制特征，力求更深入地理解东亚区域化本身。针对现有研究存在的分歧和不足，本书从区域治理的视角有针对性地进行分析，主要希望理解东亚区域化进程中制度特征的来源、意义，并据此对区域化的趋向和前景作出判断。因此，本书选取了东亚区域化机制的主导者东盟作为案例进行分析。东盟本身就是区域治理的典型，其丰富的制度经验对东亚区域化来说意义重大，通过对东盟治理历程的描述和分析，有助于全面认识东盟机制的缘由和效应，并对东亚区域化的特征作出更好的理解，对东亚区域化的未来作出有意义的评估和预测。

本书主要分为五个部分。第一个部分是第一章导论，首先大致描述全球化与区域化大趋势对东亚区域化进程的背景意义，以及其他区域化（主要是欧洲区域化）对东亚区域化的意义。接着对以往的相关研究进行总结，指出本研究的依据和定位。这一部分提出研究的来源和动机，说明是在怎样的背景下产生的本书的问题和研究途径。

第二个部分即第二章，就治理、区域治理等理论概念进行阐释，并对区域化和区域治理、制度建设和区域治理的关系作出理论梳理，以建立本研究的分析框架。然后，以区域化和区域治理的典型欧洲一体化为例，描述其区域治理的主要特征，特别是其制度建设在区域治理中的作用，从而验证区域治理分析框架的应用。这一部分为从区域治理看东亚区域化做好了准备。

第三个部分包括第三章至第六章，在已经确立的区域治理分析框架基础上，首先介绍东亚区域化的历史传统和现实结构，主要是东亚区域的历史渊源和东亚区域化中的国际关系结构；在分析了东亚区域化总体状况之后，这一部分将解释案例选择的理由，并对案例分析的方式进行说明。其后，正式开始以东盟的区域化发展作为案例分析其区域治理特征和制度建设。以区域治理总体进程的阶段特点为标准，案例分析部分将东盟区域化进程分为三个阶段，即冷战期间、20 世纪 80 年代末到东南亚金融危机、金融危机至今。每一阶段的案例分析都会首先对各阶段的背景和发展历程作出描述，再集中于制度建设来分析阶段内区域治理的进展，最后对每一阶段的区域化和区域治理特点作出总结和评价。

第四个部分是第七章。这一部分主要从三个方面推进对东盟案例的综合分析与评价。首先，在与欧盟治理对比的基础上，描述东盟区域治理机制的主要特征；其次，对东盟治理模式的缘由作出分析，并评价东盟机制的正负效应和扩展趋势；最后，综合各种理论解释，深入分析东盟治理的逻辑，并对其作出评价。

第五个部分是结语，经过上文对东盟治理的分析，进一步说明东盟治理机制扩展到东亚区域化的现实性和必要性，以及东盟的治理模式会为东亚区域化的发展带来怎样的可能性，最后从区域治理的视角出发，概括说明东亚区域化的障碍和契机，以及中国应有的对策。

图表
索引

目录
CONTENTS

导 论

作为当今区域主义浪潮中的重要组成部分，东亚区域化进程以整个区域的协调与合作机制框架为基础，将参与其中的国家更紧密地联结在一起，并且，随着中国领导人对“东亚共同体”理念表示肯定和赞赏[1]，它为东亚国际关系提供了创造一种和谐共赢局面的可能，也为世界区域主义趋势补充了具有强烈区域色彩的一笔，因而受到越来越多的关注。在这里，“东亚”一词所指的是一个宽泛的地理范围，主要包括东南亚国家组成的东盟和东北亚国家中的中、日、韩三国，其中，东盟作为区域化主导者，通过机制创设、议程规划等方式为东亚区域在政治经济各个领域的整合创造了有利条件。

与此同时，现实中还存在若干与东亚区域化现象类似的区域化进程，它们都致力于通过经贸自由化、政治协调和安全合作等方式为区域内各国建立起程度不等的区域主义机制框架，尝试实现不同于传统国际政治关系的区域体系。不过，世界范围内的这些区域化进程并非整齐划一，而是在合作方式、制度

〔1〕 时任中国国家副主席的习近平在与日本首相会面时特别指出，东亚共同体理念是非常值得赞赏的，并倡导在东亚一体化当中加强合作。载新华社东京，2009 年 12 月 14 日，http://www.gov.cn/ldhd/2009－12/15/content 1487303. htm.

进程和特征等方面呈现出纷繁的具体差别：其中以最先开始区域化进程的欧洲一体化为最典型例子，通过高度的制度化和具有强约束性的法制化、各成员国的主权让渡和转移，它表现出了明显的超国家甚至准国家特征；欧洲一体化的相对成熟和完善，使它成为与世界其他区域的区域化进程相比较的标杆。与之相比，其他区域化进程，如北美自由贸易区、拉美一体化、非洲统一进程等，在成员国相互联结的广度和深度上都明显更弱，并体现出基于各自区域现状的不同制度和模式特点。这些不同的区域化进程构成了当今世界区域主义现象的总体态势，也为区域主义研究带来了分析和争论的广阔空间。

本书的观察对象是东亚区域化，它与其他区域化相比，特别是与欧洲一体化相比，具有非正式性、弱机制化的区域机制特点，在国家之间的协调和联合行为当中更倾向于维护主权独立平等，采取松散、灵活的方式。这些来自于东盟、由东盟主导的区域机制特征，在东亚区域化的启动和发展中发挥了重要作用，也带来了比较分析视角下的广泛争议，因而成为本书对东亚区域化进程关注和理解的核心。尤其值得注意的是，近年来，由于区域化的主导者东盟内部建设出现困难、美国“重返亚洲”以及中日竞争等因素，东亚区域化动力不足，发展势头有所减缓，带来了人们对东亚区域化前景的质疑——但同时，也正是因为东亚区域内国际冲突造成的紧张局势难以通过传统的双边交流机制得到缓解，反过来凸显推进区域性协商与合作机制的重要性和必要性。这些现实因素构成了相关争论的来源，也构成本书展开论述的重要背景。

为了展开对东亚区域合作机制的分析、参与关于东亚区域化发展的讨论，本书选择了以制度、规范为特别关注点的区域治理理论作为主要分析工具，并且，考虑到东盟在东亚区域化中的主导地位和其作为东亚区域机制的主创者，选择了东盟区域化发展进程作为区域治理视角下的分析案例。

在本书的导论中，笔者将就相关研究背景和现状进行评述，指出其中的分歧和不足，再对本书的研究构想作出介绍和说明，并随后交代本书的论述结构。

1.1 选题的理论和实践意义

自从东亚区域国际关系随着冷战的结束而变得缓和，东亚国家也开始加速推进区域内合作，特别是在世界经济区域化的总体背景下，东亚各国都深深感受到了加快、加深区域性经济合作的紧迫性；1997 年金融危机后，东亚区域化进程进入了一个空前迅速的发展阶段，东亚区域性合作框架“10+3”机制很快建立起来，随之启动的是自由贸易区项目和其他领域的合作计划。东亚区域化这一系列的成就都是在身为小国集团的东盟主导下实现的，并且，延续了东盟机制模式特征的东亚区域化是建立在各种非正式的国家间协商和共识基础上的，其始终坚持对主权独立平等、互不干涉基本原则的尊重，共同订立的弱约束性协定也依靠的是各国的具体意愿而非超越民族国家性质的法制化成就。别具特色的东亚区域化是世界区域化潮流中的一个重要部分，它表明了建立在东亚政治经济现实之上的区域化进程的可能性。这就是说，东亚区域化进程中的非正式性、弱机制化等特征，不仅体现了东亚区域化的现实状况和需求，也凸显了当今区域主义浪潮的多样性，提供了在欧洲一体化进程之外的另一种现实的区域化路径选择。为了推进对东亚区域化进程的理解，本书运用区域治理的视角，将东盟代入案例分析，针对东亚区域化机制特征进行深入分析和评价，总体上看具有重要的理论和实践意义。

第一，东亚区域化作为世界区域主义浪潮的重要部分，对其理解的推进和完善同时也是对世界区域主义研究的推进和完善。区域主义现象已经成为伴随着全球化现象而生的另一种世界潮流，因其影响到了几乎世界上所有国家（特别是主要的政治经济大国）而成为国际关系研究中不得不予以特殊关注的热点问题，但对于这种世界范围内方兴未艾并处于不断发展变化中的普遍潮流，当今区域主义研究还未能有效地反映和解释其包罗万象的具体进程，特别是由于区域主义研究过度集中于欧洲一体化的传统，它们在面对世界其他区域化进程时往往显得不切实际，甚至怀有偏见〔1〕。虽然区域主义的研究者们已经开始对既有问题进行修正，但在对世界区域化现象的理解中作出更全面、更具体的分析以实现相关研究的补充和完善仍是急需的。本书对东亚区域化的观察以欧洲一体化经验为比较，但又不囿于欧洲经验，在东亚区域化的现实基础上，针对东亚区域化的具体特征作出分析，可以更贴近东亚区域化进程的实质，为区域主义研究提供更丰富的经验验证和理论改进。

第二，就东亚区域化本身而言，这也是对东亚区域研究的发展。在当今国际关系研究中，对东亚区域化特征的认识还存在一些争议；其中最重要的是对东亚区域化机制原则和方式的理解存在各种不同的意见，这即是说，人们从不同的角度出发对东亚区域化机制特色或褒或贬，存在争议；不仅如此，对东

〔1〕 Amitav Acharya, "Regionalism and the Emerging World Order: Sovereignty, Autonomy, Identity", in Shaun Breslin, C. Hughes, N. Phlips and Ben Rosamond eds., *New regionalism in the Global Political Economy*, London: Routledge, 2002.

亚区域化的机制结构的评价也有分歧，焦点在于对东亚区域化由东盟这样的小国集团主导应如何看待，这种不合欧洲经验的区域合作结构常常被视为不利于区域化发展的结构性障碍〔1〕。本书认为，应当从东亚区域化具体的、历史的经验出发理解东亚区域化进程特征，而非从某种特定的理论套路出发，因而运用区域治理的理论工具对从东盟机制扩展至东亚区域化机制的渊源、效应予以着重关注，不仅提供了一种新的视角补充对东亚区域化的理论理解，也能为东亚区域化机制的方式和结构提供更新的解释和评价，推动东亚区域研究的进步。

第三，对东亚区域化机制特征的分析，有助于对东亚区域化进程的深入理解，为其现实进展提供政策选择。东亚区域化进程发展到今天，在经贸自由化、金融协作、政治安全合作等领域都取得了较大进展，得到世界范围内的广泛关注，并且东亚各国还开始为实现区域共同体目标的共识而展开对话与交流，在推进区域化、加强合作等方面表现出强烈的需求和意愿。但同时，东亚区域化又存在种种现实阻碍，如区域内大国关系的复杂性、各国间政治信任的不足、区域内经济结构有待调整等，这些阻碍已经表现出强大的负面效应，并使得东亚区域化发展前景难以预料〔2〕。对东亚区域化的深入分析，特别是对其根本特征的解释和评估，有助于为之提供更有利的区域合作选择，从而为东亚区域化未来发展的道路指明方向，促进区域化正面效应的实现。

第四，本书所作的对东亚区域化的研究也能为中国的区域

---

〔1〕 David Martin Jones and Michael L. R. Smith, "Constructing communities: the curious case of East Asian Regionalisms", *Review of International Studies*, 33, 2007, p. 165.

〔2〕 张蕴岭："东亚区域合作的新趋势"，《当代亚太》2009 年第4 期。

政策提供有益的参考。中国不仅积极参与东亚区域化进程，并且在具体的合作领域走到了最前列，例如，与东盟建立的自由贸易区是东亚区域化框架内第一个成功的尝试，这表明东亚区域化对中国的对外经济联系乃至经济增长的意义变得越来越重大，在世界金融危机背景下尤其如此。此外，中国所面临的政治安全环境也有赖于通过区域合作机制的建立得到改善，这主要是指中国与区域内各国间的政治关系的改善和在与中国相关的区域热点问题上获得有效的安全保障都需要利用好区域化这一途径。因此，本书在东亚区域化问题上的探讨，对思考中国参与东亚区域化的政策方针，以及更好地应对区域化带来的机遇和挑战方面都是有利的。

1.2 研究状况综述

已有的研究成果为本项研究提供了丰富的文献储备，是本项研究进入研究问题的出发点。大体看来，本项研究对已有文献的借鉴主要集中于两个层次：一是区域主义理论的研究文献，这一部分是对世界区域主义现象的总体性理论把握，其中尤以对欧洲经验的研究最为丰富；二是关于东亚区域化的研究，除了对东亚区域化本身的研究外，对东盟这一包含在东亚区域内的特殊因素的研究也相当丰富。这两个层次的研究现状构成了本项研究建立分析架构的基础。

1.2.1 区域主义理论研究状况

区域主义理论主要是对世界区域主义现象的理论反映和解释，在这个方面，起源于欧洲一体化研究的部分最为发达，同时，也兼有对世界区域主义现象的普遍分析。区域主义理论的成就和不足，正是本书研究缘起的总体背景。

国内相关研究状况：关于区域化（区域主义）的研究在国内起步较晚，但是发展很快，特别是针对冷战后的区域化发展（新区域主义）的研究。首先，近年来这方面研究数量最多、发展最快的是欧洲研究，包括一些总体性概述的理论著作，例如，陈玉刚的《国家与超国家：欧洲一体化理论比较研究》，对欧洲一体化的理论进行了系统的介绍和比较研究。此外，也存在很多对欧洲一体化的各个具体方面进行介绍和论述的著作，例如，陈志敏与古斯塔夫·盖拉茨合著的《欧洲联盟对外政策一体化——不可能的使命?》，林甦等主编的《欧盟共同外交和安全政策与中国—欧盟关系》对欧盟的政治和安全一体化进行了详尽的介绍和评论，田德文的《欧盟社会政策与欧洲一体化》对欧洲一体化的社会政策方面进行了评述，等等，与各类丰富的论文一起构成了国内对欧洲一体化研究[1]。其次，关于区域化现象和区域主义的研究，包括对区域化现象和区域主义理论的引进和梳理，这一方面，国内的研究基本上表达出了国际相关研究的进展，从庞中英的《地区主义与民族主义》一文较早介绍区域主义理论发展态势开始，肖欢容、耿玉峰、王学玉等学者的若干关于区域主义的著作及论文对区域主义、新区域主义

[1] 陈玉刚：《国家与超国家——欧洲一体化理论比较研究》，上海人民出版社2001年版；陈志敏、[比] 古斯塔夫·盖拉茨：《欧洲联盟对外政策一体化——不可能的使命?》，时事出版社2003年版；林甦、张茂明、罗天虹主编：《欧盟共同外交和安全政策与中国—欧盟关系》，法律出版社2002年版；田德文：《欧盟社会政策与欧洲一体化》，社会科学文献出版社2005年版；秦亚青主编：《观念、制度与政策——欧盟软权力研究》，世界知识出版社2008年版；董礼胜：《欧盟成员国中央与地方关系比较研究》，中国政法大学出版社2000年版；冯兴元等：《立宪的意涵：欧洲宪法研究》，北京大学出版社2005年版；等等。

的概念和发展脉络进行了进一步的解释和梳理[1]，近来郑先武等学者的文章更是对区域主义研究向区域间主义发展的趋势进行了前沿追踪介绍，如《国际关系研究新层次——区域间主义理论与实证》等文章[2]。

国外相关研究状况：国外对区域化的研究从欧洲一体化开始就形成了一种成体系的理论讨论，到新区域主义兴起，这种讨论已经达到最新的发展阶段。以 Björn Hettne 等人为代表的新区域主义理论代表人物，在新区域主义研究项目下陆续编著的 *New Regionalism* 系列著作，为所谓“新区域主义路径”（New Regionalism approach）打下了基础，从建构主义（反思主义）的角度，强调社会建构在区域化中的作用，并提出了“区域性”概念，提倡建立对新区域主义多维度、多学科综合分析的整体框架；Ian Bache 和 Matthew Flinders 编著的 *Multi-level Governance* 等著作，在欧洲经验的基础上提出了多层治理的概念，将区域理解为一个政治体系，并以此概念探讨世界其他区域化现象；Shaun Breslin 等编著的 *New Regionalisms in the Global Political Economy*，Mansfield Milner 编著的 *The Political Economy of Regionalism*，Neantro Saavedra-Rivano 等著的 *Regional Integration and Economy Development* 等，对新区域主义在世界政治经济中

〔1〕 庞中英：“地区化、地区性与地区主义——论东亚地区主义”，载《世界经济与政治》2003 年第 11 期；庞中英：“地区主义与民族主义”，载《欧洲》1999 年第 2 期；肖欢容：《地区主义：理论的历史演进》，北京广播学院出版社 2003 年版；王萍：《走向开放的地区主义——拉丁美洲一体化研究》，人民出版社 2005 年版；苏长和主编：《全球化、亚洲区域主义与中国的和平发展》，复旦大学出版社 2012 年版。

〔2〕 对区域间主义的介绍，参见郑先武：“欧盟与区域间主义：区域效用与全球意义”，载《欧洲研究》2008 年第 4 期；郑先武：“国际关系研究新层次：区域间主义理论与实证”，载《世界经济与政治》2008 年第 8 期；肖斌、张晓慧：“东亚区域间主义：理论与现实”，载《当代亚太》2010 年第 6 期。

的意义和特点进行了各学科分析；Björn Hettne 等人编著的 *Comparing Regionalisms：Implications for Global Development*，汇集了相关学者对世界范围内的区域化现象进行了初步的比较分析[1]。此外，关注于区域主义问题的 UNU-CRIS 等研究机构不断召开相关会议、推进相关研究项目，发表了许多区域主义相关的出版物和工作论文，从各个方面对区域主义现象的理论研究进行了补充[2]。

国内对区域化和区域主义的研究虽然发展快，评介及时，但是总体来说，（新）区域主义理论发展不足，基本上还停留在对国外相关理论的评介上，而这种评介显得尚不系统全面。比如，在比较研究上存在着相当的不足，这主要是指，欧洲一体化作为最重要的区域化现象没有在国内的区域主义研究中作为比较对象充分体现出来；另外，对冷战后区域主义的研究（特别是东亚）仍然较多地关注于经济领域，而对新区域主义在其他重要领域的发展没有作出很好的理论反映和解释，对区域化发展的总体状况也还没有一个较全面的、综合性的分析。这些都为本书的写作留下了一定的空间。

相对而言，国外对区域主义的研究已经发展到了比较高的水平，但是，国外的研究对冷战后区域化的关注仍然处于相对零散的状态，国外研究中的比较研究也还处于一种发展不足的

---

〔1〕 Ian Bache and Matthew Flinders eds.，*Multi-level Governance*，Oxford university press，2004；Shaun Breslin ed.，*New Regionalism in the Global Economy：Theories and Cases*，London：Routledge，2002；Mansfield，Edward D. and Helen V. Milner eds.，*The Political Economy of Regionalism*，Colombia University Press，1997；Björn Hettne and Osvaldo Sunkel eds.，*Comparing Regionalisms：Implications for Global Development*，N. Y：Palgrave，2001；Timothy M. Shaw and Fredrik Soderbaum，*Theories of New Regionalism：A Palgrave Macmillan Reader*，Houndmills，Basingstoke，Hampshire；New York：Palgrave Macmillan，2003.

〔2〕 参见 http：//www. cris. unu. edu/UNU-CRIS-Working-Papers. 19. 0. html.

状态，与区域化的复杂性相关，真正深入、全面的比较区域化著作还是缺乏的。以联合国大学比较区域一体化研究所（UNU-CRIS）的 Luc van Langehove 等人的观点来看，现今区域主义研究中还明显存在三类问题：①欧盟研究和世界其他区域主义之间的割裂；②学者之间普遍缺乏沟通；③区域专门化和规制化分析。因此，现在区域主义研究中的挑战有这样一些——同时也是有待进一步发展的地方：①更多概念澄清；②更合理的案例选择；③定性和定量分析的更好结合；④对各类事实更仔细的解释〔1〕。就本书而言，也希望在这些方面能有所贡献。另外，欧洲研究与国际关系研究实际上存在的联系和分离，对推进区域主义的研究来说既是一种现存问题，也是推进公开争论、重审“威斯特伐利亚”范式的契机，国外学者已经开始重视这个问题，强调应重新将欧盟研究与比较区域主义研究结合起来，使欧洲作为区域主义“实验室”的作用在国际关系研究中充分体现出来〔2〕。这也将成为本书建立在区域主义研究大背景之上的研究途径，将欧洲一体化作为区域化比较重要模本的意义呈现在案例分析当中。

1.2.2 东亚区域化进程相关研究状况

在区域主义研究的总体框架下，本书所涉及的主要研究对象是东亚区域化。这主要是指对以东亚各国之间建构区域性合

---

〔1〕 Luc Langenhove, “The IR theory and EU studies: a cross-insemination”, Presented in the 8th Garnet Ph. D. School, 8 ~ 12 June, 2009, Brussels.

〔2〕 Mario Telò, “*Global Governance & the EU: theoretical tradition and innovation*”, in the 8th Garnet Ph. D. School, 8 ~ 12 June, 2009, Brussels; Alex Warleigh-lack , “Learning from Europe? EU Studies and the Rethinking of International Relations”, *European Journal of International Relations*, 12 (1) 2006.

作机制、迈向区域共同体的进程进行分析，在现有的研究当中，对东亚区域化的研究主要集中于区域主义的一般性应用以及对东亚区域化中东盟组织的特别关注。东盟组织作为东亚区域化中的主导者和区域机制的创始者，对它的研究很大程度上也为加深对东亚区域化的机制特征和结构的理解创造了良好基础，特别是由于本项研究以东盟为分析案例，这一部分的文献理所当然地成为东亚区域化研究文献中的重要组成部分。

在对区域化和区域主义的关注中，国内学者尝试着将（新）区域主义理论运用于具体区域的区域化分析当中，主要是对东亚以及亚太地区的区域化现象进行分析和评论。例如，宋玉华等著的《开放的地区主义与亚太经济合作组织》，考察了表现为开放区域主义的新区域主义，并以亚太经合组织为案例进行实证研究；耿协峰的《新地区主义与亚太地区结构变动》也体现了相似的努力；韦红的《地区主义视野下的中国—东盟合作研究》、陈峰君与祁建华的《新地区主义与东亚合作》、马婴的《区域主义与发展中国家》等著作，以及大量的学术论文，体现了国内学者积极参与理解区域化现象，并在本区域的具体经验基础上探寻适合本区域现实的学术努力[1]。此外，可以看到，近年来，国内很多相关学科的研究生、博士生都积极地参与到东亚区域问题的探索中来，出现了一批以东亚区域化、东盟和东亚区域主义为主题的毕业论文，从各个角度对东亚区域化、东盟在东亚区域化中的作用等重要议题进行了有益的分析和总

〔1〕 宋玉华等：《开放的地区主义与亚太经济合作组织》，商务印书馆 2001 年版；马婴：《区域主义与发展中国家》，中国社会科学出版社 2002 年版；耿协峰：《新地区主义与亚太地区结构变动》，北京大学出版社 2003 年版；陈峰君、祁建华主编：《新地区主义与东亚合作》，中国经济出版社 2007 年版；杨虹：《新地区主义：中国与东亚共同发展》，中国社会科学出版社 2011 年版。

易规模，到它在经济危机中的不佳表现，一些学者质疑东亚区域化现存结构的效应[1]，特别是在与欧洲的对比下，他们认为东亚区域化在现实进展中成就并不显著、区域合作机制局限仍然较大的原因是缺乏中日这样大国的领导[2]。这些批评代表了对东盟和东亚区域化的质疑，它们揭示的是东盟（东亚）区域化中实际存在的种种不足和困难，也构成了本书所必须讨论的重要方面。

1.2.3 现有研究中存在的问题和不足

尽管现有研究已经为理解区域主义普遍现象以及东亚区域化议题打下了深厚的基础，并就一些重要问题作出了广泛的讨论，但由于区域主义现象、特别是东亚区域化现象是一个处于不断变化中的新课题，充满了各种难以预料的变数，为相关的研究带来较大困难。这导致现有的研究不可避免地存在一些问题。其中比较突出的是，对于区域主义相关研究来说，欧洲研究和国际关系研究存在的分离还未得到有效解决，欧洲一体化的研究和其他区域主义研究未能形成有效的、系统的比较分析[3]，对除欧洲以外的其他区域主义研究在理论上还不成熟，

---

〔1〕 David Martin Jones and Michael L. R. Smith, "Constructing communities: the curious case of East Asian Regionalisms", *Review of International Studies*, 33, 2007, p. 165.

〔2〕 Mark Beeson, "East Asian Regionalism at Times of Crisis", presented to the conference "Comparative Regional Integration: The European Integration Process and Its Implications to East Asia", 4 ~ 5 May, 2009, Beijing, China; Baldwin, Richard E., "East Asian Regionalism: a Comparison with Europe", presented to the Japanese Ministry of Finance's Study Group on China, Tokyo, 3 February, 2003, pp. 9 ~ 10.

〔3〕 如一些学者所提倡的那样，建立比较区域化的研究框架，以将欧洲研究和区域主义的普遍分析结合起来。See Alex Warleigh-lack , "Learning from Europe? EU Studies and the Rethinking of International Relations", *European Journal of International Relations*, 12 (1) 2006, pp. 31 ~ 51; Mario Telo, "Global Governance & the EU: theoretical tradition and innovation", pp. 27 ~ 31.

还需要更丰富和全面的分析和讨论。比如，甚至在最基本的概念界定上，区域主义研究都未能达到相当程度的统一，“区域”、“区域化”、“区域主义”这些概念在不同学者那里都存在不同程度的分歧。这要求区域主义的研究者首先进行概念厘清的工作，对本书来说同样如此。

被称为新区域主义的区域主义现象实际上具备的系列特征，集中表现在冷战后区域化进程中政治经济等各领域进展结合共生等现象上，这代表着新的区域化潮流中出现的多元化、多维度趋势，即包括欧洲一体化、东亚区域化在内的区域化进程都开始将政治安全事务、社会文化需求等与经济区域化联系起来，表现出一种综合性、整体性推进的趋势。这为相关的研究带来了较大困难，复杂和多维的行为体和互动关系使得一种单一的、囊括所有的分析框架变得愈加艰难，要求区域主义研究作出更深刻的反思和努力。总之，在现今国际关系发展潮流中，区域主义研究的发展要求打破欧洲一体化发展和其他区域主义之间的研究界限，要求对区域主义进行更全面的、综合深入的理解——不仅是对欧洲、更是对世界其他区域主义现象作出解释，以推动新区域主义阶段的理论思考[1]。

集中到东亚区域化本身而言，除了区域主义研究普遍存在的问题，还由于东亚区域的本身独特性而产生了特殊问题。这也正是当今区域主义研究普遍的问题来源之一，东亚区域主义研究的问题也正是区域主义研究的问题。

对东亚区域主义的研究是存在很大的争论的。实际上，东亚区域主义应当如何看待、从什么角度来看待，都还处于探索和争论之中——由于与欧洲区域主义相比存在明显差距，东亚

〔1〕 肖欢容：《地区主义理论的历史演进》，中国社会科学院2002年博士论文。

区域主义和区域化的相关研究中并未建立起得到普遍承认的共识。比如，有的学者甚至认为关于东亚区域主义的认识是建构主义的学术分析帮助塑造的悖论（paradox），怀疑关于东亚认同的政府声明不过是模糊了传统国家间关系的延续状态，并且没有传达出任何更广泛的、必然无疑的、朝向统一的区域共同体的运动[1]。有的学者从政治理性的角度，认为东亚区域化的区域制度安排表现出了与欧洲自由化相对立的另一种经济治理路径[2]。这些疑问和探索正是需要更多的理论和经验研究深入探讨的地方。

东盟作为东亚区域化进程中最显著的实例，一直受到研究者最大程度的关注，比如对东盟经济合作的关注——毫无疑问，这的确是东盟区域化迄今区域机制内容最丰富的方面；但是，如果仅仅关注东盟区域化的某一个方面，东盟所带来的其他变化以及对东亚区域化进展的影响无疑就被忽略了。例如，卢光盛的《地区主义视野中的东盟经济合作》，以区域主义的视角来看待东亚经济合作，虽然文章从政治经济学的方法入手建立起国家与市场的分析框架，把东盟合作看作政治经济的互动来分析，这种做法对于理解东盟合作当然是很有意义的，但同时也表明了当今东盟区域合作研究中的一种普遍现象，即很大程度上仅仅从东盟某一领域的合作来分析东盟区域化发展。近年来的其他关于东盟的研究，包括对东盟对外关系的一些论著，也大多从某种理论视角出发论析东盟的重要方面，说明对区域化

〔1〕 David Martin Jones and Michael L. R. Smith, "Constructing communities: the curious case of East Asian Regionalisms", *Review of International Studies*, 33, 2007, pp. 166 ~ 167.

〔2〕 Mark Beeson and Kanishka Jayasuriya, "The political rationalities of regionalism: APEC and the EU in comparative perspective", *Pacific Review*, Vol. 11, No. 3, 1998, pp. 311 ~ 336.

进程的总体发展特征的关注还是不够，未能把握住东盟合作作为世界新区域主义潮流的一部分所具有的意义，也没有在分析东盟区域化的基础上充分探讨其对东亚区域化的意义。本书的理论选择和写作结构也正是针对这一方面的问题所作的尝试。

1.3 研究构想及研究方法

基于对现有研究已取得的成就和尚存在的问题的认识，笔者建立起本项研究所依循的主要思路和研究结构。为了清晰地表达出这一架构，必须首先对相关概念作出清晰的界定，说明这些概念在本书中的涵义；在此基础上，本项研究的大致构想可以帮助确立文章的分析框架；其后，对本项研究的研究方法、难点和创新也将有所介绍，以突出重点、确定问题。

1.3.1 相关概念的界定

首先，由于区域主义研究对基本概念的界定存在分歧，为了研究定位和分析框架的准确性，有必要对研究相关概念作出界定。与本研究相关的概念主要是“区域”（region）、“区域化”（regionalization）、“区域主义”（regionalism）这几个涵义较广、认识较复杂的概念。

“区域”作为区域主义研究的最基本概念，是首先给研究者们带来争论的议题。区域包括若干层次，本书中涉及的区域指的是包含多个国家的“国际区域”。

一般而言，区域概念至少包含两个方面的内容，一是物质意义上的，二是行为或文化意义上的。最早的区域主义研究将区域的涵义集中于地理上的接近和政治上的相互联系，将区域定义为“数量有限的国家，它们通过地理上的联系和一定程度的相互依赖而连接起来"[1]，或"视为世界的各个地区，它包含地理上相连接的国家，形成在外交事务上互相联系的单位"[2]。当然，区域也并非必然依赖于政治，社会文化上的联系同样重要，"一个或更多国家，它们享有共同的种族、语言、文化、社会和历史联系，其认同感有时通过对体系外部国家的行动和态度而增加"[3]也被视为区域，并且，区域所包含的国家不必完全遵循这样的规定，而可以按核心、边缘和介入体系，程度不等地切合对区域的描述。

有的学者还为区域提出了定量分析标准，主要集中于："①社会和文化相似，即区域的组成国家在内部属性方面的情况。②国家的政治态度或对外行为相似，标准是根据各国在联合国的投票倾向。③政治相互依赖，各国透过超国家的或政府间的政治制度关系而联系在一起的情况。④经济相互依赖，这是以区域内部贸易作为主要标准。⑤地理上的邻近(proximate)"[4]。

区域也被视为一个国际体系或系统，如 William Thompsom 就从互动角度将区域理解为国际子系统。他认为，区域作为系统意味着，相邻的行为者互动的模式展示了特定程度的规律性，并且，其强度大得可以使子系统中一点的变化将影响到其他各

---

〔1〕 Joseph S. Nye ed., *International Regionalism: Readings*, Boston: Little, Brown & Co., 1968, "Introduction", p. 7.

〔2〕 Louis J. Cantori and Steven L. Spiegel, "The International Relations of Regions", in Richard A. Falk and Saul H. Mendlovitz eds., *Regional Politics and World Order*, Lexinton: D. C. Heath and Company, 1973, p. 335.

〔3〕 L. J. Cantori and S. L. Spiegel, *the International Politics of Regions: A Comparative Approach*, Prentice-Hall, 1970.

〔4〕 Bruce M. Russett, *International Regions and the International System: A Study in Political Ecology*, Chicago: Rand Mcnally Company, 1967, p. 11.

点，并且得到内外观察者的承认[1]。

总之，从大多数对区域的理解中可以看到，国家之间地理上的接近是重要的，但地理接近并不是区域之所以为区域的充分条件，更重要的是，区域应当表现为一个相互联系的过程，是“一个多种共同因素塑造出来的有着地缘色彩的国际政治经济概念……一种以经济合作和解决共同问题（如市场、发展、安全和生态）为中心的区域性次级国际体系”[2]。所以，对区域来说，关键是在地理条件基础上形成的一些共同准则或特性，以及一定模式的互动和共识。

在国际关系的建构主义学派兴起后，区域在共同文化方面的意义得到了更高程度的强调，学者们开始更注重区域作为一个互动建构过程的性质，如卡赞斯坦所说，“区域不只是世界上存在的物质实体……也是根植于政治实践的社会和认知建构”[3]；这一认识方向带来了“区域性”（regionness）的概念，即将区域内政治、经济和社会各方面联系综合起来，用以衡量区域化的发展进程和内部凝聚力程度，并按发展程度的不同将区域进程分为若干阶段[4]。这一概念是由新区域主义研究的代表人物赫特纳首先提出的，为观察区域建构的动态过程提供了一个有益的观察工具：按照区域内相互联系特征的不同，区域性概念将区域化发展过程分为区域空间（regional space）、区域复合体（regional complex）、区域社会（regional society）、区域

---

〔1〕 William R. Thompson, “Regional Subsystem: Conceptual Explanation and Catalogue”, *International Studies Quarterly*, March 1973, pp. 89 ~ 117.

〔2〕 庞中英：“地区主义与民族主义”，载《欧洲》1999 年第 2 期。

〔3〕 Peter Katzenstein, “Regionalism and Asia”, *New Political Economy*, Vol. 5, No. 3, 2000, p. 354.

〔4〕 See Björn Hettne and Fredrik Söderbaum, “Theorizing the Rise of ‘Regionness’”, *New Political Economy* 5 (3), 2000, pp. 457 ~ 473.

同的合作特征，其中，经济领域的区域机制发展最为典型和迅速，而其他一些领域（如政治安全领域）仍处于层层羁绊中，但总体来看，东亚合作寻求区域治理的发展趋势是毋庸置疑的[1]。并且，在东亚区域化中强调区域治理，特别是强调在治理过程中推动东亚价值和共识的发展，将有助于发展东亚软实力，实现东亚区域认同，对促进区域化进步也是非常必要的[2]。所以，本书设想，要切实把握东亚区域化的实质和发展趋向，从区域治理的角度来进行分析和理解是必不可少的，并且这个工作恰好也是现在的研究所缺少的。

区域治理作为治理在区域层次上的应用，按治理概念的一般定义而言，是通过各种行为体在互动和共识的基础上建立各种正式和非正式的制度和规则来实现的[3]；因此，本书的基本设想是，通过对区域治理中制度建设方面内容的重点考察来描述和分析东亚区域化的实践，并以此为评判东亚区域化的发展特征和可能前景打下基础。鉴于此，本书将东亚区域化中治理机制最为成熟，且作为东亚区域化进程（尤其是合作机制建构进程）主导者的东盟作为区域治理分析的案例，以具体解释在东亚区域的背景下区域治理主要表现为怎样的特征、可能会有怎样的发展，为东亚区域化的发展研究作出贡献。

此外，现有文献中对东盟在东亚区域化中的地位和作用也还未有深入全面的分析，大多数学者要么对东亚区域化进行一

---

〔1〕 通过将“开放的区域主义”理解为区域治理，可发展区域主义框架为治理工程（project）。See Kanishka Jayasuriya ed., *Asian Regional Governance: Crisis and Change*, New York: Routledge Curzon, 2004, p. 10.

〔2〕 Geun Lee, “East Asian Soft Power and East Asian Governance”, *Journal of International and Area Studies*, Vol. 16, No. 1, 2009, pp. 53 ~ 63.

〔3〕 The Commission on Global Governance, *Our Global Neighborhood: The Report of the Commission on Global Governance*, Oxford University Press, 1995, p. 2.

般性分析，要么专注于东盟组织，因此，本书计划将东盟作为通向理解东亚区域化的分析途径，在区域治理的分析框架中对东盟作为一个治理案例的制度渊源和基本特征作出更深理解（如图1.1所示），就如同将区域治理的光射入东盟案例构成的棱镜，照亮东亚区域化的领域。这也是实现对东亚区域化全面、系统分析的贡献。

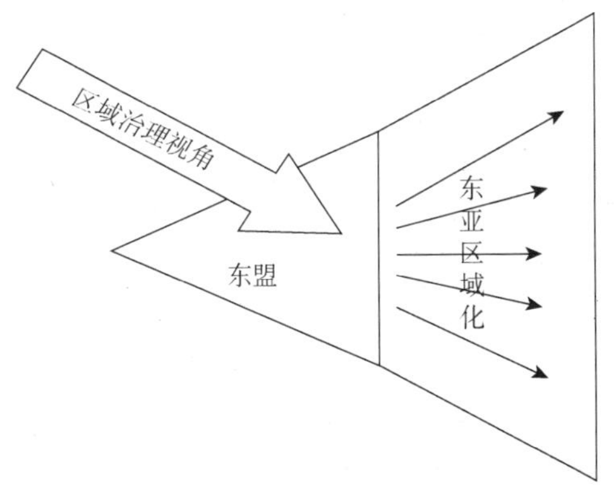

图1.1 区域治理视角：从东盟到东亚区域化的分析

1.3.3 本项研究的主要方法

本项研究将主要采用的是比较研究基础上的案例分析法。比较方法与其说是一种操作方法，毋宁说是一种研究设计和理论思考的方式，在本书的研究和写作中，这种方法是作为基本的背景和基础存在的；这即是说，对东亚区域化研究的各个环节都不可避免地、或明或暗地包含与其他区域化，特别是欧洲一体化的对比。本项研究的主要案例描述和分析也同样建立在这样的区域比较之上，以探求东盟与他者存在异同的根本原因及其影响。总之，这两种方法各有其重要意义，本书中将通过各种不同的方式结合起来。

由于本书是在区域主义的研究基础上分析东亚区域化，区域比较的方法是贯穿始终的思考背景。这一点主要是指区域治理视角将运用于东盟区域化的案例与最典型的区域治理范例——欧洲一体化进行比较，区域治理的基本内容和结构需要在对欧洲经验的阐释中进行确立，并经由欧盟治理的特征进行验证，为本书的案例分析和最终结论铺陈。这是本项研究展开案例分析的基础。

在确立了区域治理的分析框架之后，有必要针对具体的、具有典型性的案例进行分析，以推进对研究对象的认识，案例分析的方法对本书是适用的。以东盟作为分析东亚区域化发展的案例是因为东盟的发展是东亚区域化中最为典型的案例，并且在区域化现实和未来总体发展中具有不可替代的主导意义，其区域治理的制度建设理念和特征对东亚区域化而言尤为关键。

在本书对案例的深入分析和探讨部分，也同样是建立在区域比较的基础上，归纳案例分析得出的结论，对案例所呈现出来的问题追根究底、评估其未来可能性，并在随后的结语中，结合东亚区域化的现实障碍和契机展望其发展前景。

1.3.4 本项研究的难点和创新

东亚区域化研究本身包含着对区域主义现象内错综复杂因素的阐释和理解，这一越来越表现为多层次、多元化的进程需要将一切可能的理论工具利用起来，对东亚区域化内重要影响因素进行全面、系统的分析，它表明了现有的研究中仍存在的诸多艰难和欠缺，这也正是本项研究需要努力的方向，亦即创新之处。具体来说，本项研究以区域治理的视角来分析东亚区域化现象，从对东盟案例的研究来切入对东亚区域化机制特征的分析，正是在创新研究方法上的尝试。

对东亚区域化的研究是和当今区域主义研究总体趋势联系在一起的。当今区域主义研究的一个重要争论在于，欧洲区域一体化是个别的还是普遍的，其他区域的区域化是处于欧洲区域化的轨道上，还是各有其合理而独特的发展路径，欧洲之外其他区域化的前景如何、是否必然会走向欧洲一体化代表的区域主义结果[1]。东亚区域化进程是一种不同于欧洲经验的区域化现象，虽然它尚未走到一体化的阶段，但其区域化进程已然表达出了独特的、需要加以特殊理解的发展方向。东亚区域化的特征究竟应当如何得到理解、具有怎样的可能前景，在本研究中是以区域治理的视角来进行分析的。这里需要提出的是，区域治理之所以能作为本书的分析视角，在于它与当今区域化进程相适应的特征。区域化的发展，作为作出区域安排的过程，同时也正是一种区域治理的过程。作为一种“公共管理活动和过程”，区域治理对于评估区域化现象不仅是可能的，也是有利的[2]。区域化在此采用的定义是，在特定的地理区域内，通过政治经济互动而向着紧密联结的方向不断发展的过程，也是在这种发展中进一步获得区域特性和共有观念（认同）的过程，用区域治理来分析这一过程，将集中于区域化实践本身，避免在价值争端、认同和文化分歧上进行不必要的争论。但是，如何将区域治理的分析框架运用到具体区域化进程中去，还需要对区域化本身作出更加细致的描述和分析，特别是将对其机制

〔1〕 Kim and Mi-Kyung, *the Logic of Regionalism: a Comparative Study of Regionalism in Europe and Asia*, Dissertation for the Ph. D degree, submitted to Texas A&M University, December 2003, pp. 65 ~ 69.

〔2〕 如 Edward Best 通过对区域治理方式的系统梳理和评介，对区域治理在区域主义研究中的意义作出了很有意义的贡献。See Edward Best, “Assessment of regional governance: principles, indicators and potential pitfalls”, UNU-CRIS Working Papers, W－2008/10.

建设方面的评价引入到对区域治理的总体分析中来。由于治理概念的广泛，如何选取具体的概念界定、如何在案例分析中利用区域治理的分析视角，使之与区域化进程中制度（规范）的具体特征结合起来，并以此对区域化的成果作出评估，是本研究需要突破的一个重点。

现有的文献对东盟在东亚区域化中的角色和地位有大致的认识，对东亚区域化也存在各种不同的评价和预测，但是在区域治理的视角下分析东盟案例，并以东盟治理的特征和发展前景为基础对东亚区域化作出评估，还是罕有的尝试。笔者认为，以东盟案例来切入东亚区域化分析自有其合理性：从区域治理的发展来看，东盟区域治理的特征和既有经验是东亚区域化的启动和随后的机制创建的基础，那么，东盟的历程和成就很大程度上决定了东亚区域合作的特征和前景——特别是在现实中，东盟仍然是东亚区域化的主导者，对东亚区域化的制度特征与发展方向产生重要影响。因此，本书通过区域治理的视角分析东盟案例，以形成理解东亚区域化的更佳途径，对于区域主义研究和东亚国际关系研究都是一项有益的尝试和贡献。

当然，东亚区域化内在的复杂性和多样性决定了对其中某一方向的集中关注难免导致对另一些重要事物的忽略；同样，针对这一复杂进程也产生了基于多种理论流派的不同理论分析，对其中各种观点和解释也需要甄别和辩证利用。本书为了补充和完善相关研究，关注的焦点将锁定于治理模式的特征和效应，在区域合作具体领域上的描绘和分析上和各种理论解释的综合运用上不得不有所取舍，不可能面面俱到。因此，怎样把握重点，在纷繁的议题当中突出本书所需要集中关注之处，也是极为关键的。

1.4 本书的篇章结构设计

本研究所希望回答的核心问题是，与欧洲区域化的制度化模式相比，东亚区域合作主要以非正式性、弱制度化为特征的区域治理模式，可能实现的区域化道路是怎样的，其前景如何。在全球化的大背景下，特别是在与欧洲区域化特征的比较下，对东亚区域化（冷战后）应当如何作出理解和分析，对当前区域主义研究来说是及时和必要的。迄今为止，东亚区域化更多地表现为一种政府间合作的形式，各民族国家对区域化的影响还是占据主要地位的，东亚尚未形成显著超越民族国家的制度化建设，而且在一定时期内也尚不足以达到这样的条件，但是，从东亚区域合作的已有经验来看，这一进程一直在稳步前进，区域制度建设已经取得不可忽视的成就，区域认同已经具备一定基础。因此，有必要从区域治理的角度来探析东亚区域化的特征，特别是通过其制度建设与区域化的关系来呈现区域化的特征。东盟作为东亚区域化的主导者，区域合作经验也相对丰富，自然成为区域治理视角下最适当的案例。考察东盟区域化中制度建设的进程和特点，进而分析其区域治理模式，是考量东亚区域化动力、过程和特征，评估东亚区域化前景的有效途径。

按照这样的规划，本研究大致分为五个部分。第一个部分是第一章，内容包括研究背景介绍和研究评述等。这一部分首先主要描述全球化与区域化趋势对东亚区域化进程来说具有的背景意义，以及其他区域化（主要是欧洲区域化）对东亚区域化的比较意义。研究评述部分将对区域化相关的系列概念，如区域、区域化、区域主义以及治理等，作出解释和界定，并对

第2章 区域化与区域治理：理论建构与欧盟案例

2.1 区域治理：涵义及其应用

治理是当今社会科学中广泛应用的一个概念，它反映了对现代政治社会生活中新趋势、新现象的理解和把握，有利于理论视野的更新和拓展；同时，对这一概念的运用还包括了从全球到地方的多个层次，其中，介于全球社会与民族国家之间的国际区域层次正是本书的关注点，在这个层次上的区域治理即是本书展开分析的理论视角。

2.1.1 治理的概念界定及特征

冷战结束后，全球政治视野里的关键问题发生了巨大变化，特别是全球化日益成为世界政治发展的标志性事件，国家和区域面临的问题随之开始向低政治领域延伸，形成了众多超越传统政治界限的公共管理议题；随着国家和全球公民社会的发展，治理开始成为人们关注的话题，并在政治学、国际关系学等研究领域吸引了大量研究者的目光。

治理概念的界定，可谓众说纷纭，迄今并不存在一个得到普遍承认的定义；一般认为，治理的基本含义是："官方的或民间的公共管理组织在一个既定的范围内运用公共权威维持秩序，满足公众的需要，其目的是在各种不同的制度关系中运用权力去引导、控制和规范公民的各种活动，以最大限度地增加公共利益”。[1]或者按照联合国全球治理委员会比较权威和具有代表性的定义来说，“治理是个人、公共或私人机构管理公共事务的诸多方式的总和，是使相互冲突的或分歧的利益得到调和，并使得联合行动得以持续的过程。它包括了迫使人们服从的正式机制和规则，也包含了公民和组织认同符合其利益的各类非正式的制度安排”[2]。按照这一定义，治理所指代的不是一种静态的规则或体系，而应当是一个过程，是多种部门共同参与、基于协调而非控制形成的持续的互动过程。

治理具有不同于统治概念的特征。首先，治理的主体一般是多元的，它意味着其权威来源于一系列包含政府，但又不限于政府的公共机构和其他行为体。在政府治理的研究中，特别重要的一点是，传统政治观念强调政府是排他的承担国家与社会事务管理的权力核心，社会秩序与管理的实现都必须依赖政府的权威，但在治理观念里，权威就不一定来自政府了，它可以来自植根于公民社会的非政府组织、社区组织甚至私营机构，因而，这些第三方的权力也可以得到承认，并实际地发挥作用[3]。其次，伴随着治理的多元性，在解决社会问题的过程中，政府与各种社会组织行为者之间的责任划分不再那么清晰，这表明了政府权责向社会行为体转移的倾向。治理的控制和管理模式是互动的、多方参与式的，各行为者之间存在明确的网

[1] 俞可平：“全球治理引论”，载《马克思主义与现实》2002年第1期。

[2] The Commission on Global Governance, *Our Global Neighborhood: The Report of the Commission on Global Governance*, Oxford University Press, 1995, pp. 2 ~ 3.

[3] 俞可平：“全球治理引论”，载《马克思主义与现实》2002年第1期。

络式相互依赖，这与传统统治概念的等级制模式大为不同。在治理行为所面对的问题下，公共和私人的行为者都没有相应的信息和能力独立主导管理模式、动用足够的工具解决所有问题〔1〕。与此相关的是，治理的概念并不像统治那样自上而下单向地发挥作用，而是在网络结构中通过合作、协商、共识等方式实施对公共事务的管理，认同和共识是治理权威的来源，这即是说，统治可以建立在强制的基础上，而治理的规则必须得到大多数相关者的认同才能生效〔2〕。此外，治理还与“善治”一词相联系，当今国际社会普遍承认：治理的目的是实现“善治”，善治就是使公共利益最大化的社会管理过程。善治的本质特征在于它是“政府与公民对公共生活的合作管理，是政治国家与公民社会的一种新型关系，是两者之间的最佳结合状态”，它具有“合法性、法治、透明性、责任性、回应性、有效性、参与、稳定、廉洁和公正十个方面的基本内容”〔3〕。作为一个过程，治理本身并非规则的集合，在现代社会的背景下，它带有明显的非政治化的涵义，指向行为体通过持续互动而进行互相协调的过程。

这里还需要指出的是，与善治相联系的治理概念涉及关于社会和社会共同体组织所作安排的民主品质，这意味着对治理的民主性、参与性和透明性的要求。这一概念最初来自世界银行对撒哈拉以南非洲的调查研究，在该调查研究的报告中，联

---

〔1〕［英］罗伯特·罗茨：“新的治理”，载俞可平主编：《治理与善治》，社会科学文献出版社2000年版，第92～94页。

〔2〕“治理是只有被多数人接受才会生效的规则体系，而政府政策即使受到普遍的反对也能付诸实施”，参见［美］詹姆斯·N. 罗西瑙主编：《没有政府的治理》，张胜军、刘小林等译，江西人民出版社2001年版，第5页；吴昕春：“治理的层次及其基本内容”，载《安徽师范大学学报（人文社会科学版）》2003年第3期。

〔3〕俞可平：《治理与善治》，社会科学文献出版社2000年版，第8～12页。

合国开发计划署（United Nations Development Programme，UNDP）将治理界定为“经济、政治和行政权威管理一国事务的实践。它是那些公民和组织用以表达他们的利益、实践他们的权利义务、协调他们的差异的复杂机制、过程、关系和制度”，并且，UNDP 认为，治理的有效民主形式依赖于公共参与、责任和透明度，这为后来关于治理的讨论设定了参考指标〔1〕。

治理在不同流派的学者那里被赋予了不同的涵义，但大体看来，都强调了治理在方式和过程当中与传统的政治统治概念的差别。治理所要达到的结果在实践中也许仍是一定的政治秩序，但其整个过程的性质已经随着新的社会条件而变化：治理的范围更为广阔，各行为体之间存在权力相互依赖，其结果也不仅要求基于政府权威的强制力，更强调基于共识的合作〔2〕。治理概念被广泛应用于政治分析当中，其贡献在于提供了一种有益的分析框架，“列举了主要的发展趋势和情况……治理的观点实际上是透过简单化的镜头来观察复杂的现实”，但关键在于“是否有助于我们的理解，是否有利于我们找到正确的道路或方向”〔3〕。

2.1.2　治理的应用：从全球治理到区域治理

治理被人们用以描述和分析不同的层次范围，并因此具有不同的涵义和内容。现今关于治理的研究主要涉及四个层次：

---

〔1〕 Edward Best, *Assessment of regional governance: principles, indicators and potential pitfalls*, UNU-CRIS Working Papers, W－2008/10。

〔2〕［英］格里·斯托克：“作为理论的治理：五个论点”，华夏风译，载《国际社会科学杂志（中文版）》1999 年第 1 期。

〔3〕［英］格里·斯托克：“作为理论的治理：五个论点”，华夏风译，载《国际社会科学杂志（中文版）》1999 年第 1 期。

特定社会组织、民族国家、区域组织和全球社会。

表 2.1 治理概念应用层次示意表

治理层次	地理范围	政府部门	其他参与者
超国家层次	全球社会	政府间组织、民族国家	跨国公司、非政府组织
区域层次	国际区域	民族国家政府	非政府组织、公司
次国家层次	国内地方	地方政府	地方社团组织、公司
社会组织层次	特定社会组织	相关政府部门	社团、公司

（来源：［美］约瑟夫·S. 奈、约翰·D. 唐纳胡主编：《全球化世界的治理》，王勇等译，世界知识出版社 2003 年版，第 11 页。作者有所修补）

治理作为一种理论视角，可有助于对不同层次的政治社会生活作出观察和分析；如表 2.1 所示，由于治理活动实际上并未脱离政府活动，这些层次的治理中都不可避免地包含相关的政府活动和各类社会参与者，体现为各种行为体综合作用的活动过程；当然，在每一个具体的层次中，政府和其他参与者都会有所差别，其行为方式和原则也会不同。这些都是在各层次运用治理视角进行分析的基本关注点。

本书所论述的治理集中于区域治理，即是治理研究四个层次里的第三个层次，研究视野关注于治理的区域（国际区域），要求在这个基础上来对治理进行定义和规范。治理在另外几个层次的应用在治理研究中并非不重要，只是与本研究的关系相对不那么密切，因此不再予以详细讨论；对治理不同层次的介绍与分析，本书重点关注区域和全球社会这两个层次。

对区域治理的界定和描述要求首先对全球治理做出介绍。这是因为，本书所关注的区域治理是与全球化和区域化的出现相伴兴起的国际现象；对区域主义的观察表明，很多情况下，区域主义的启动和全球化对区域内国家政府带来的挑战紧密相关，但区域治理并不是为应对这些挑战而首先获得关注的治理模式，人们最初关注的焦点是国际社会层次的全球治理。

全球治理是随着全球化现象的展开而进入到理论话语中的。全球化带来了将世界各地联系在一起的强大动力和丰富的资源，但同时也带来了新的跨国问题。全球化现象引致对全球治理概念的关注其缘由在于，它引发了世界范围内的双重变化，需要用治理的概念加以理解和提出对策[1]：一方面，传统民族国家所能掌控的功能领域一定程度上出现了权力转移，民族国家在信息、能力和组织结构上已经部分落后于全球化带来的现实变化，使得民族国家进行管理的传统能力更显得力不从心，而国际组织、跨国公司、国际机制和全球社会的发展增添了全球化的变量，使世界呈现出多中心的发展倾向；另一方面，与全球化相伴的新的威胁，如环境污染、核扩散、人口问题、民族宗教冲突等，往往跨越国境，超过了单个国家能够掌控和解决的范畴。这些新的问题领域，由于其特殊的作用范围和行为主体地位，导致传统上完全由各民族国家政府运用政治和行政手段来解决问题的方式遭遇了较大困难，特别是对许多跨国难题，在缺乏全球政府的背景下，单独的国家政府无力解决[2]。

为了应对这样的具体困难，人们倡导的全球治理概念被设计为一种全面的、多层次的解决问题的方式。全球治理是指

---

〔1〕［美］马丁·休伊森、蒂莫西·辛克莱："全球治理理论的兴起"，载俞可平主编：《全球化：全球治理》，社会科学文献出版社2003年版，第32~48页。

〔2〕Robert O. Keohane, "Governance in a Partially Globalised World", *American Political Science Review*, 95 (1): 1~13, 2001.

“各国政府、国际组织、公民团体和个人为最大限度地增加共同利益而进行的民主协商和合作，是通过建立具有约束力的国际规则来解决全球性问题，以维持正常的国际政治经济秩序”〔1〕。在此基础上发展起来的“全球治理论”认为，由于国际社会的无政府状态难以消除，靠建立一个世界政府或世界联邦来防止战争并不现实。特别是在关系到人类生存的资源、环境、粮食等问题上，世界范围内对立和冲突十分严重，只有靠各国之间的协调来解决这些问题，特别是通过建立和发展为促进合作而设立的国际制度体系来调整相互冲突的利益。“全球治理论”还主张像西方七国首脑会议那样的调节制度的不断发展，认为将会出现若干包括各类国际组织在内的多层次的全球治理结构框架〔2〕。可以看到，全球治理本质上体现了治理理论在全球范围内的运用，而尤其突出的是，这种解决全球问题的方式是为应对全球化的负面影响，特别是市场的全球扩展对国家政府、社会以及个人所带来的损害所作出的自我保护和抗争〔3〕。

按“全球治理”理论的设想，全球治理包含一些不同于以往全球秩序的特点。全球治理实际上要求的是一种新的全球秩序，区别于传统的大国主导的统治型国际秩序，它是由多元的行为主体共同承担的，包括了各种从事跨国活动的区域、国家，也包括了各种国家间关系、国际运动以及私人机构等内容，正如安东尼·麦克格鲁所说，“全球治理不仅意味着正式的制度和组织——国家机构、政府间合作等——制定和维持管理世界秩

〔1〕 吴昕春：“治理的层次及其基本内容”，载《安徽师范大学学报（人文社会科学版）》2003年第3期。

〔2〕 樊勇明：《西方国际政治经济学》，上海人民出版社2001年版，第114页。

〔3〕 ［瑞士］彼埃尔·德·塞纳克伦斯：“治理与国际调节机制的危机”，冯炳昆编译，载《国际社会科学杂志（中文版）》1999年第1期。

序的规则和规范，而且意味着所有其他组织和团体——从多国公司、跨国社会运动到众多的 NGO——都追求对跨国规则和权威体系产生影响的目标和对象”[1]。全球治理不仅在主体上与传统国际秩序不同，其运作方式也是一个新的要点，它是建立在多元行为体的协商、合作和共识基础上，是各主体之间的共同管理，意味着平等的、网络式的国际管理体制[2]。综观这些特点，其实正是将治理基本概念的特点应用于全球公共领域而自然具备的。

“全球治理”理论自有其积极意义。作为一种理论主张，它为我们提供了一种超越传统的、以民族国家为中心的政治观念，肯定了新兴非国家行为者（如国际组织、跨国机构等）的作用和地位，也改变了国际社会对国际秩序管理体制和权力来源性质的旧的认识，是人们对世界政治变化的现实状态作出的正常反应和有益尝试。全球治理理论对解决全球新形势下的国际社会问题具有强烈的启示意义。

然而，全球治理理论在很大程度上还只是一种理论主张，并未真正带来它所宣示的那样的“治理社会”。首先，很关键的问题在于，全球化是不均衡的、不平等的，全球化所带来的变化并不平均呈现在每一个国家和地区，在许多贫困落后的边缘地带，经济基础、生活设施、管理机构甚至社会稳定都是成问题的，在这种状态下所谓的治理模式根本无法发挥作用，而全球治理不可能仅仅依靠和局限在发达国家和地区，至少迄今为止，全球治理的设想在现实中还只是一种乌托邦[3]。甚至在世

---

〔1〕［英］戴维·赫尔德等：《全球大变革：全球化时代的政治、经济与文化》，杨雪冬等译，社会科学文献出版社 2001 年版，第 70 页。

〔2〕［美］约瑟夫·S·奈、约翰·D. 唐纳胡主编：《全球化世界的治理》，王勇等译，世界知识出版社 2003 年版，第 33 页。

〔3〕唐贤兴：“全球治理：一个脆弱的概念”，载《国际观察》1999 年第 6 期。

界上一些地方，由于利益、情感、意识形态、政治背景等原因，存在着强烈反全球化的思想和力量，这使得全球治理绝难被接受[1]。其次，全球治理虽然把握住了民族国家的功能在全球化浪潮中受到损害的趋势，但并未对现代国际关系的现实作出深刻的、全面的理解，全球治理无法否认当今世界仍然是无政府状态的世界，其低估了民族国家适应和抵御全球化的能力。实际上，在当代全球秩序中，起核心作用的仍然是民族国家，即便在已经出现多元主体的全球社会中，国家政府仍然是最基本、最重要的力量来源，并且能够逐渐学会利用全球化来维护其控制能力[2]。这即是说，迄今为止，民族国家政府仍然主导了国际机制的创建、跨国组织的活动范围，担当着制定规则、提供保护、作出仲裁、平衡利益等各类任务，对现实主义者来说，这决定了全球治理（国际治理）当中的“权力问题”难以解决[3]。全球治理还提出了全球共同价值体系的要求，如全球治理委员会所倡导的那样，全球治理的实现需要建立指导共同行为的全球公民道德即核心价值体系，如“自由、正义和公平”等[4]；然而，全球范围内在价值观念方面的差距还没有真正得到缩减的迹象，这种必需的全球共同的核心价值仍是可疑的。总之，全球治理如果只是简单地倡导一个平等的、网络式的管理模式，而不全面理解全球化的各方面，并不能应对全球性问

[1] 时殷弘：“全球化潮流中的国家——关于国家在当今世界政治中的地位、权能和积极作用的系统论说”，载《国际政治研究》2002 年第 3 期。

[2] 时殷弘：《21 世纪初期世界政治的基本性质和中国的应有战略》，中国人民大学出版社 2006 年版，第 82 ~ 90 页。

[3] ［美］罗伯特·吉尔平：“国际治理的现实主义视角”，载［英］戴维·赫尔德、安东尼·麦克格鲁编：《治理全球化——权力、权威与全球治理》，曹荣湘、龙虎等译，社会科学文献出版社 2004 年版，第 339 ~ 356 页。

[4] Commission on Global Governance, *Our Global Neighborhood*, p. 333.

题，反而会因为不切实际而难以实现[1]。

此外，全球治理理论对现实问题的理解未足以产生能够有效地解决问题的方式，还因为其以市场方式消解了国家政治的合理作用，容易陷入新自由主义的负面效应当中，掩盖现实不平等、缺乏合法性等问题；因而在一些论者那里，全球治理的观点不是真实的解决问题的工具，而是西方主导的、遮蔽新自由主义经济发展缺失的霸权话语[2]。

全球治理的设想在全球范围内迄今难以实现，并受到了相当程度的怀疑，这和它的过于理想化不无关系。全球治理是为应对全球化时代问题而提出的主张，但是这种应时性并不意味着足够的现实性。实际上，全球化带来的问题之复杂性，是超出了以往政治管理经验之外的，不可能以一种简单的管理模式回答所有国家和地区提出的全球化问题——全球治理的理想在构建时忽视了不同国家和地区的历史传统、政治体制、社会基础、经济状态等各方面因素的复杂程度，更不用提全球化时代的多元主体所带来的更庞杂的影响，要将这无比复杂的现实用一个概念模糊、权责不清的框架整合起来，无疑是艰难的[3]。全球治理理论从得到普遍关注至今的现实已经表明了这一点。因此，实践中的全球治理更像是对理想状态的一种描述，而不

〔1〕 如罗伯特·基欧汉所说，治理的设计必须兼顾理想与现实，充分考虑制度可能具备的正负效应。参见［美］罗伯特·基欧汉："非均衡的全球化世界的治理"，载［英］戴维·赫尔德、安东尼·麦克格鲁编：《治理全球化——权力、权威与全球治理》，社会科学文献出版社2004年版，第505～515页。

〔2〕 Commission on Global Governance, *Our Global Neighborhood*, p. 196.

〔3〕 全球治理在实际操作中的局限和问题，参见陈绍锋、李永辉："全球治理及其限度"，载《当代世界与社会主义》2001年第6期。亦参见［英］格里·斯托克："作为理论的治理：五个论点"，华夏风译，载《国际社会科学杂志（中文版）》1999年第1期。

是为全球化问题所提出的解决办法[1]。

当人们逐渐认识到全球治理的困境，而又不得不寻求在全球化为象征的新时代浪潮中维护自身安全和利益的答案时，处于民族国家和全球社会之间的区域治理就自然地成为了一种选择，随着区域主义的兴盛而开始受到关注。

首先，世界各区域的区域主义现象在冷战结束后获得了发展的有利环境，在全球化的刺激下纷纷出现了较大进展；区域主义的发展也源于全球化带来的各种难以通过传统的国家政治手段解决的问题，这构成了同全球治理观点相同的背景，将治理手段摆在了具有现实意义的政策选择的地位，只不过治理活动的具体范围减缩到了区域（国际区域）而已。其次，全球治理作为其倡导者提供用以解决全球新问题的手段，在实际的操作过程中遭遇了种种具体困难，最终表明，全球治理在本质上更多是一个可以追求的目标，它所代表的还是较理想化的观念，这和全球化的根本困境（即全球化的限度）是相伴而生的。简言之，全球治理提出了可供利用的选择，但是它很大程度上并不完善，并不能真正切合所谓“全球化”体现的世界政治经济现实，需要对这一概念的运用作出改变。区域治理正是在这个意义上得到普遍关注的，如亚洲金融危机表明的那样，在全球治理方案遭遇挫折之后，民族国家将目光投注到区域治理方案上，是再自然不过的事情了。

区域治理，简单说来就是治理在区域层次上的运用。根据

---

〔1〕 对全球治理概念的含混、空洞的分析，参见［法］玛丽－克劳德－斯莫茨：“治理在国际关系中的正确运用”，肖孝毛译，载《国际社会科学杂志（中文版）》1999 年第 1 期。全球治理的意义很大程度上也的确体现在其规范性作用方面，代表了将各种力量集中起来解决超越传统政治能力范围的全球公共问题的努力，代表了一种方向和规划。参见郑安光：《从国际政治到世界社会：全球治理理论与当代大规模毁灭性武器控制》，南京大学出版社 2009 年版，第 59 页。

治理概念的基本涵义，可以将治理的几个要点代入到区域层次，从而得到区域治理的初步界定：治理的范围，应该局限于区域（国际区域），这里的区域是指在区域主义中兴起的、出现区域化进程的特定地理范围；治理的内容，即公共管理过程的权威、规则、方式等，就区域治理来说就是区域内通过协商和共识形成的共同权威、机构和规范；治理的目的是为了最大程度的增进公共利益，在区域治理而言就是维持区域秩序、维护区域内安全、经济和社会文化各种利益。在这样的范围内以这样的方式来促成这样的目的，因而形成的共同管理的活动和进程，可理解为区域治理的一般涵义。

相比于全球治理，区域治理明显具有更加切实的优势。治理范围的缩小是优势的关键。以区域为界限使得治理的具体问题更加细化、治理目标较容易达成一致，属于同一区域的行为体的需求更加集中。同时，治理涉及的主体在同一区域内的互动是长期发展的过程，在历史传统、文化认同、公共利益等方面容易取得共识，更有可能在符合本区域特性的基础上创建实现治理目标的途径、规则。另外，区域范围内各国在共同利益的基础上的互动较可能产生共同体感，而区域认同对治理是必不可少的，能有力地促进和巩固治理的成效〔1〕。

2.2　区域化中的区域治理

区域治理作为治理概念的一种，是和具体的政治社会生活紧密相联的。对于本书来说，它与区域化进程的关系尤为重要，正是由于它在考察区域化进程中体现出的适用性和必要性，本

〔1〕卢静："全球治理：地区主义与其治理的视角"，载《教学与研究》2008 年第 4 期。

一体化进程中，任何一体化的决定事实上都是一种政治决定，而任何方面的一体化进展，最后也必然影响到政治层面”[1]，一体化每一层次的推进都是作出政治安排的过程，也就是治理的过程。区域治理最大地体现了国际关系的现实状态，承认国家政府在治理过程中的核心地位，更切合于国际区域的实际要求。当然，区域治理并不否认其他主体的作用，但是必须看到，在不同的区域化进程中，各种多元主体的地位是有所区别的。一般而言，在公民社会发展比较成熟、区域化程度较高的区域（如欧盟）多元主体的地位更趋向于平等，而其他区域则相反。

（2）区域治理的运作方式。区域治理作为区域内主体间的共同管理活动和过程，特别是在民族国家占据核心地位的背景下，主体间互动是基于平等、协商、合作的原则来进行的。因此，区域治理的运行主要是通过行为主体间的协调与谈判，通过达成妥协、签订条约，以各方都能接受的方式来达成区域性的规则和制度，以此约束各方行为和维持区域内的秩序。由于区域治理作为治理的本质，对它来说，规则和制度显得相当关键。当然，制度也存在正式制度和非正式制度，或者强制度和弱制度的区分，在不同的区域化进程中，可能采用不同的制度形式，甚至可能在具体形式上呈现巨大的差异；但不管采取什么样的具体形式，区域治理对协商和对话、对规则和制度（正式和非正式）的追求都是相通的，各区域化进程都力图通过制度建设巩固区域化成果、提升区域化的层次。

（3）区域治理的内容。区域治理的内容是随着区域化的进展而确定的，在区域化的不同阶段，区域内各国的具体需求和

〔1〕 陈玉刚：《国家与超国家———欧洲一体化理论比较研究》，上海人民出版社2001年版，第10页。

愿意合作的具体领域有所不同，因而体现为区域治理的内容也随之各异。一般而言，区域化是从经济合作（如自贸区建设）扩展到社会文化合作，最后才完全扩展到政治安全合作，作为区域化的另一种观察视角，区域治理的内容也随之由经济领域向安全、社会文化等各领域扩展；即使是在经济区域化领域，根据生产要素和流动的程度不同，也可分为特惠关税区、自由贸易区、关税同盟、共同市场、经济同盟和完全经济一体化六种等级状态[1]。这些不同的等级状态下，由于区域需求和结构的差异，区域治理的内容也会有具体差别。

（4）区域治理的成效。区域治理的成效当然是针对其目标而言的，达到了维护区域秩序、增进区域内行为者利益的结果都应当算是良好的治理成效。但是，就一般的区域治理实践而言，进行治理评估是一件困难的事情。治理评估最初是为了给外国投资者、国际援助、发展改革决策者们提供一份（特别是针对新兴经济体）政策依据而创制的系列指标，其评估涉及与对象国有关的复杂数据，而实际上各种评价指标千差万别，从未达成共识；而且，如果考虑到世界上各区域（国家）的基础条件、国际环境、历史机遇、现行体制、文化特色等一系列复杂因素，研究者们会发现，它们很难被置于一个比较普遍和客观的框架内进行评估[2]。同时，就治理指标的核心价值来说，

---

[1] Richard Lipsey, "Economic Unions", in *International Encyclopedia of Social Science*, Vol. 7, Macmillian Company and the Free Press, New York , 1972, pp. 541 ~ 542.

[2] 现有的数量化治理指数体系来源众多，如世界银行、透明国际、世界经济论坛等，但通过运用包含大多数指标的 KKZ 标准对东亚国家的治理绩效进行评估，却得到了与现实相悖的结论；这表明，治理指标体系在运用时应加审慎，需要特别注意评估对象的特殊性。See M. G. Quibria, "Does Governance Matter? Yes, No or Maybe: Some Evidence from Developing Asia", KYKLOS, Vol. 59, No. 1, Blackwell Publishing Ltd. , 2006, pp. 103 ~ 113.

各类指标又存在一些相通之处，如民主、人权、法治、平等、透明等，基于联合国发展项目对“治理”的定义，治理评估一般是由“公共参与、责任性、透明度”这三种与治理定义相符合的原则来考量的。这也正是现代治理理论中追求的“善治”对民主品质的基本要求[1]。因此，对治理的需要特别谨慎，需要根据不同的客体情况来选择适宜的评估方式，同时又需要明确其方向性，即评估是为了改进治理状况、趋向“善治”。

区域治理的评估是治理评估中的一个新问题，迄今还没有出现真正普适性的方式，这是因为，国际区域存在比单纯的主权国家更复杂得多的治理状况，原本就远未达成共识的治理评估在这里不可避免地更加艰难。在这里，本书将有关学者的观点尝试性地运用于东盟区域治理案例中，力求寻找到适宜的评估方式。在区域治理的评估问题上，Edward Best 综合各种主张，提出了三组用于观察区域治理的指标，以评价是否“符合善治的核心原则”：①正确性（correctness）——行为体确保资源被用到且仅运用到所追求的目标、尽可能有效且无滥用的能力；②开放性（openness）——行为体通过适当和易于理解的方式为持股人和相关方提供文档和信息，向公众提出有意义的咨询并主动沟通其行为；③反应性（responsiveness）——详细行动的有效策划、评估和回馈，以及常规审查程序的执行以确保项目反映了持股人的需求和偏好[2]。通过对一些治理案例的分析，他作出了关于治理原则和实践的总结，对治理评估指标进行了进一步说明：“首先，开放性没有绝对或普遍的实践，即便人们

---

〔1〕周红云：“国际治理评估指标体系研究述评”，载《经济社会体制比较》2008 年第 6 期。

〔2〕Edward Best, *Assessment of regional governance: principles, indicators and potential pitfalls*, UNU-CRIS Working Papers, W-2008/10, pp. 9~10.

相信开放是例外而非应当为之辩护的规则。其次，参与性，不能按照存在的正式行为体和机制的数量来进行评价，其中比较明显的风险在于，组织有力的私人利益集团会比松散的公共利益合作有更大的影响力，特别是如果它们能提供专业技术的情况下。再次，善治最重要的指标不是正式的规则或机制，而是存在适当的体系，在这样的体系中问题能得到有效解决。这取决于区域安排的性质和参与国的行政文化（administrative culture）。正式机制也许不是足够的，也许不是必要的，但是规则和实践的国际化是根本的。最后，最低标准还要求使'持股人'和相关方获得及时和适当的信息，使得国际协调和国内政治控制得以完成。在区域一体化进程深化的情况下，这还意味着给区域行为体增加权力使之能够进行有法律约束力的控制。"但是他也提醒人们，这些指标只是作为一种参考，不存在绝对或普遍的实践规则，"善治最重要的指标不是正式的规则或机制，而是存在适当的体系，在这样的体系中问题能得到有效解决。"[1]

因此，对区域行为体的评价必须与其目标、参与者的期望、特殊区域背景的现实挑战相联系。区域行为体是按照它在功能性合作管理上的表现来评估，还是按在包含对约束性共同规则和限制行使主权的多边体系中的角色来评价，不同的评价方式使得那些期望和挑战在本质上相区别。比如，一些区域组织既负责功能性合作，又进入了规则制定（如欧盟委员会），也有一些区域互动方式正好在两者之间（如经合组织，或欧盟开放的协作方式）。所以，对区域治理的评估首先应该从区域行为体的性质着手，针对不同的行为体设置不同的观察视角。此外，对区域治理体系的评估还应当考虑其制度体系在多大程度上符合

〔1〕 Ibid., pp. 18～19.

了历史和现实的特别要求。

这也成为本书对区域治理成效作出评估的重要原则，上述的各种指标体系是有益的参考，但就东亚区域化或东盟的现实而言，更有意义的还是区域治理对区域发展具体问题的解决、对区域未来需求的满足。

2.2.2 区域化、区域治理中的制度建设

在关于区域化和区域治理的讨论中，制度化、制度建设的问题是一个重要部分，有必要专门进行分析，以深入理解区域化中的区域治理。

从人们对区域主义的涵义理解来看，区域主义本身就包含了对制度的要求。国际制度大致包含三种形式：①有明确规定的规则和章程的正式政府间国际组织和非政府组织；②政府之间经协商达成的、涉及某一问题领域的明确规则（国际机制）；③没有明文规定但可以帮助行为体协调各自行为、达到共同预期的非正式制度。国际制度安排具有法理和实际上的影响力，虽然没有真正能对国家行为作出制裁的世界机构，但是制度体系具有影响国际行为体的非强制性能力〔1〕。制度一方面从因果作用的功利性上约束区域内行为体的行为，迫使其在区域共同规则的框架内进行活动；另一方面，制度还可以形成行为意识和认同的建构功能，“使在制度体系中的行为体通过制度的各种功能逐渐内化（制度体现的）理念，进而引导它们的行动”〔2〕。

如欧洲一体化历史所启示的那样，制度建设是区域化的成

---

〔1〕 秦亚青主编：《观念、制度与政策——欧盟软权力研究》，世界知识出版社2008年版，第78~80页。

〔2〕 秦亚青主编：《观念、制度与政策——欧盟软权力研究》，世界知识出版社2008年版，第17页。

果体现和巩固，也是区域化进一步推进的保障和基础。

区域治理与制度建设的关系主要体现在制度对区域治理的重要意义上。区域治理作为一种共同管理的活动，需要确定的形式使整个管理过程得以表达、确立以及推动，因此，制度在区域治理中的作用主要表现在这样几个方面：

（1）制度是区域治理所主要依靠的手段，区域内各国通过协商和合作，以建立规范和签订条约等各种方式进行共同管理。

（2）区域治理的成果也体现在制度的建立上，区域内的区域组织机构、国际合作机制、仲裁机制、经济协议等，都是各种不同类型的制度形式，体现了区域治理在各领域的具体结果。

（3）区域治理的巩固和进展也需要制度建设的支持，这不仅体现在制度将既有的治理成果加以肯定并固定下来，还体现在制度建设对区域认同的促进上。由于治理各领域相关制度的建立，促使人们更广泛地在区域内进行合作和交流，有利于增进区域良性互动，在区域的基础上形成共同体认同，而认同又能进一步提供区域治理的合法性和有效性，推进区域治理的更深发展。

简言之，区域治理中需要区域制度的支持，制度在形式上确立了治理的方向和方式，虽然在具体的制度设计和安排上可以有各种特色的差别，但总体来说，制度对区域治理来说至关重要。区域治理的过程，同时也体现为制度建设的过程。

因此，从观察区域治理的角度来看，可以将制度建设作为区域化进程的一个分析变量，甚至将制度建设的具体安排和成效作为区域治理的一个重要指标。制度建设的具体内容和特征体现了区域化的实际状况，也有助于对区域治理的运作方式、所达到的发展程度以及未来发展趋势的分析和判断。在本书的研究中，将制度建设的进程、内容和特征作为考察区域治理的重点，正是基于这样的理由。一般而言，治理评估指标包括两类，即规则性治理指标和结果性治理指标。由于具体条件限制，本书主要观察的是前者，它指的是各类“成文的”法律法规及制度机构，它们大多清晰明了、易于对比分析，但同时也有解释逻辑方面的问题，即规则性指标和治理结果方面的逻辑联系有时是不够清晰的：一定的成效是否必然来源于某种规则？某种规则的建立是否必然带来预计的成效？[1]这是对区域治理进行评估时需要特别注意的问题。此外，在对区域制度进行评估的时候，还要求注意的是，区域制度体系需要具备管理区域和历史背景的特殊困难的能力，即兼具问题解决能力和本地合法性。除了那些完全超出区域控制的因素（如国际经济形势）外，挑战的性质和强度都会由正式协议的目标和参与国间的实际关系塑造，因此，有必要从区域化的背景和现实状况来评价区域制度，而非完全遵循普遍的治理原则[2]。

2.3 区域化与区域治理：欧洲一体化的验证

区域治理理论视角的运用（特别是制度建设在区域治理视角中）的意义，还需要得到进一步确认和巩固，因此有必要引入区域化案例进行具体验证。欧洲一体化作为较为成熟的区域化进程，也体现了明显的区域治理特征，无疑是验证区域治理观察视角的最佳选择。以欧洲一体化的历程为基础，将区域治理视角尝试代入对其区域机制特征的分析中，可以验证区域治理视角的运用，也有望在此基础上为东亚区域化的案例分析做

〔1〕［美］丹尼尔·考夫曼、阿尔特·克拉：“治理指标：我们在哪儿，我们应去向何方?”，庞娟、闫健译，载《国家行政学院学报》2008 年第 6 期。

〔2〕 Edward Best, *Assessment of regional governance: principles, indicators and potential pitfalls*, pp. 13 ~ 14.

好区域比较的准备。

2.3.1　欧洲区域化中的区域治理：历程及其特征

欧洲区域化的整个过程都可以看作朝向一体化方向的区域治理过程。虽然运用区域治理的视角来看待欧洲一体化并不是由来已久的做法，但可以看到，欧洲一体化从一开始就具备了区域治理的特征，并在其整个进程中越来越明显地表现出区域治理的色彩。在欧洲一体化的几十年进程中，每一步进展都建立在平等合作的基础上，针对区域共同问题，采用协调、磋商达成共识的方式确立区域化机制，并以不断完善、增进制度的方式予以确认。此外，欧洲一体化从一开始是由民族国家完全主导发展进程，随着欧洲公民社会的发展、各种跨国组织的兴盛、区域机构的完善，实际上到如今，欧洲一体化已经在行为主体方面表现出较充分的多元性，形成了突出的多层次网络治理体系[1]。

欧洲一体化是从二战后，吸取欧洲长期战争动乱的经验教训，并受当时国际关系的冷战对抗所催动，迫使西欧各国开始消除隔阂、结合为共同体的区域化运动。最初的区域化进程是为了解决欧洲国际关系的若干紧要问题。经历了两次世界大战后，如何避免战祸成为欧洲需要解决的头等共同问题，对区域内国际关系的协调和区域秩序稳定的需求促使欧洲各国采取共同措施，在国际共识的基础上进行合作。欧洲各国经过反思，认为有必要采取国际联合的方式，将战乱的祸根消弭在一个新

〔1〕 欧盟作为区域治理的最显著范例，体现了欧洲人对治理的理解。See Richard Higott, "The Theory and Practice of Global and Regional Governance: Accommodating American Exceptionalism and European Pluralism", *European Foreign Affairs Review*, Vol. 10, 2005, pp. 575 ~ 593.

的共同体中[1]。另外，也许与欧洲内部协调同等重要的是，西欧各国在二战后很快进入了冷战的国际关系对立状态，以美国为首的西方阵营要求西欧各国进行联合，在美国的经济军事援助下成为一体，为支持冷战对抗、确保区域安全而进行复兴。总之，出于解决欧洲区域问题的需求，主要在西欧国家内部形成了结成一体化的国际共识，在平等协商的条件下，各国抛弃战争仇恨，特别是德法两国的历史积怨，开始了欧洲一体化的最初阶段[2]。

欧洲一体化始终遵循平等合作、寻求一致的前进方式，在国际关系上是一种极大的进步。它创建了从以国家为中心逐步转移到以国家联合共同治理为重心的新型体制和全新的欧洲政治经济结构，产生了国际事务中前所未有的治理模式。总体而言，欧洲区域治理的创新之处关键在于其权力的获得方式，它超越了旧有的无政府状态下民族国家体系不可避免的权力政治模式，更多地通过合作共识、行为体自主自愿的授权来获得权威，并在治理过程中发展了区域认同，使得作为行为主体的国家和区域结为共生共荣的关系。

从1951年巴黎条约决定建立欧洲煤钢共同体至今，所有欧洲一体化的成员国都是出于自愿参与这一进程的。欧洲一体化发展起来的超国家机构和机制，无不是依靠成员国的主权让渡、在成员国的共识之上建立起来的。任何区域共同治理的规则、制度，都必须符合成员国通过协商、妥协进行授权的原则，还必须符合“在成员国法规外另设共同体法，属于必需行为时方可通

---

〔1〕 崔杰通：“欧洲安全的历史沿革及其理论分析”，载林甦、张茂明、罗天虹主编：《欧盟共同外交和安全政策与中国—欧盟关系》，法律出版社2002年版，第129～133页。

〔2〕 陈玉刚：《国家与超国家——欧洲一体化理论比较研究》，上海人民出版社2001年版，第306～320页。

过”的辅助性原则。总之，欧洲一体化的治理模式表现出极强的协商性、认同性，通过这样的治理模式，“欧洲一体化和欧盟治理就是要使国家利益区域化，使国家利益和集体利益、集体安全紧密结合，是欧盟共同治理的主要动力、主要行动目标，也是欧盟共同治理得以持续推进发展的基本可靠的保证和坚实基础”[1]。

通过将国家利益和区域公共利益结合在一起，欧洲区域治理实际上还致力于培育和形成牢固的区域集体认同。形成跨国政治共同体必然要求与之相应的集体政治意志的存在[2]，而这种区域共同体的政治意志只能从超越传统民族国家意识的新的区域认同当中获取。欧洲一体化的创建和发展已经证明了区域内各国对共同体的认可，并甘愿出让部分主权以结成共同体，随着欧洲区域化的发展，区域集体认同也开始在成员国逐渐确立起来。欧洲区域认同的特点在于，它是建立在国家认同之上且超越单独国家的认同，但并不替代国家认同，相反还可以认为是国家认同的延伸和补充。区域集体认同是成员国在一体化的共同治理过程中形成的，在这个过程中，欧洲一体化始终坚持协商合作的治理模式，基本达到了区域治理所设计的目标：欧洲在冷战期间所享有的长期稳定和和平，各国经济迅速得到恢复并超过战前水平，在国际政治、经济、贸易舞台上重新成为主要成员，都从不同程度证明了欧洲区域治理的成效，并促进了欧洲区域认同的确立。当然，欧洲治理的经验与各成员国拥有的长期历史文化传统相比仍显根基浅薄，这表现在欧洲认同其具体内容的抽象和空洞上，而欧洲各国内部也长期存在对

---

〔1〕 伍贻康：“欧盟治理模式的特征和发展态势”，载《世界经济研究》2008 年第 5 期。

〔2〕［德］尤尔根·哈贝马斯：《后民族结构》，曹卫东译，上海人民出版社 2002 年版，第 113～116 页。

欧洲区域认同的抵制和对立，但这并不能否定欧洲通过新的治理模式所建立起来的区域认同的特殊意义。也许欧洲认同的巩固和发展还需要经历较漫长的时间，但是必须承认欧洲一体化的区域治理模式已经建立起来了前所未有的独特区域认同，并取得了区域共同发展的治理成效。

现今的欧盟机制的结构状态，也是欧洲区域治理的主要特征之一。所谓的“网络治理”，表明了欧洲区域治理的适应性发展。据相关学者的描述，这是由于现实条件的改变，在治理体系中引发了国家功能、行为准则（模式）乃至整个治理理念的改变，当社会各类行为体的自主性都要求得到尊重并在治理过程中体现出来，欧盟治理的转型也就不是不可想象的了〔1〕。因此我们看到，欧盟的政治体系成为一个复杂的、包含各类行为者的组织结构，在区域化进程所建立的政治运作制度中，欧盟组织部门、成员国政府、跨国公司、特定领域集团、欧洲政党等多种行为体依循欧洲共同体庞杂的制度规则参与决策，形成了所谓的“网络中治理”：“所有的决策都要由大大小小许多委员会事先进行商议，现在，各成员国的官僚机构已经深深加入到这个跨国互动过程中……在国家层面进行的谈判协商是政府各部之间的协调，或者是与社会上有影响力的行为者进行协调……各个利益集团都可以自愿加入到谈判协商中来……最后，欧盟委员会还有其自身的机构利益，其地位要通过与社会利益集团的代表相联合才能得到加强”〔2〕。欧盟治理的网络特点表

〔1〕［德］贝娅特·科勒－科赫：“转型视角下的欧洲联盟治理”，吴志城、李向阳编译，载《南开学报》2006年第1期。

〔2〕［德］贝娅特·科勒－科赫、托马斯·康策尔曼、米歇勒·克诺特：《欧洲一体化与欧盟治理》，顾俊礼等译，中国社会科学出版社2004年版，第178页，详参第六章“欧共体系统的运作方式”及第十四章“欧盟政治中有组织的利益集团”。

明其设计是为了创建一种非等级制的体系，使得各类行为者能够经由一定的渠道全面地参与和介入，以确保参与者利益最大化[1]。

由于欧洲区域治理的行为主体表现出越来越强的多维度特性，它也被人们用多层治理加以分析和描述[2]。这是针对欧洲治理同一特征的不同观察方法。一般而言，多层治理的主体被认为是由成员国的政府间会议、超国家性质的欧盟机构、特殊领域的社会组织共同构成的，也即区域治理是在成员国、区域组织、跨国领域三个层次上进行的[3]。多层治理反映了欧洲区域内各种行为主体的共同合作与参与，也要求各行为主体之间达到一定的趋同性，这是区域一体化获得进展的必需条件，但是随着欧洲一体化的发展，特别是在欧盟实现东扩之后，区域内各行为主体之间差异性明显加大，以协调、共识为基础的欧洲治理模式也表现出了形成有效决策的困难；因此，欧洲区域的多层治理与超国家的区域化方向也产生了难以避免的矛盾[4]。这在欧洲一体化进程中表现为欧盟宪法通过的困难，因为成员国利益变得更为分散，欧盟共同利益和成员国利益的协调也就更加困难，而作为欧盟制度基本特色的主权让渡在新成员国那里接受度并不高，使欧盟内部政策协调显得尤为费力。欧盟治

〔1〕 Markus Jachtenfuchs, "The Governance Approach to European Integration", *Journal of Common Market Studies*, Vol. 39, No. 2, June 2001.

〔2〕 Ian Bache and Matthew Flinders eds., *Multi-level Governance*, Oxford: Oxford university press, 2004, p. 2; William M. Downs, "Regionalism in the European Union: Key Concepts and Project Overview", *Journal of European Integration*, 1 January, 2002, pp. 171～177.

〔3〕 Andrea Lenschow, "Transformation in European Environmental Governance", in Beate Kohler-Koch & Rainer Eising eds., *The Transformation of Governance in the European Union*, London: Routledge, 1999, pp. 40～42.

〔4〕 牛海彬："欧盟治理的变量与困境"，载《现代国际关系》2004 年第7 期。

理的困境，可以从欧盟自身价值与现实的矛盾来看，即长期存在的“民主赤字”问题，建立在民主政治基础上的欧盟机制实质上长期徘徊在民主进步的道路上，在决策过程的民主性、权力的民主分配等方面都缺乏真正的民主合法性[1]；与之相伴的是欧洲层次的认同危机，一体化的加深带来了欧洲认同与民族认同、新老成员国认同等社会认同的矛盾，从公众心理上对欧盟的合法性造成挑战，表明欧洲体制的合法化急切地需要公众社会在认同取向和情感上的支持[2]。

2.3.2 欧洲区域化中的制度建设

欧洲一体化被研究者认为是现今最成功的区域化进程，与其他区域化相比，其显著特点在于强制度化的一体化建设。因此，分析欧洲区域化进程的特征，关键点在于其制度建设。

欧洲一体化是由区域内主权国家推动的、旨在维护区域秩序和增进共同利益的治理进程，如前文所述，制度是治理运作必须的倚仗手段，通过表达、确立和推动治理活动的具体内容来发挥其重要作用，在欧洲一体化中，这几个方面的作用表现得极为明显。

欧洲区域化的制度体系主要包括保障共同体运行的一系列组织机构和决策程序以及相关正式或非正式的原则、规范、惯例等，其中最主要的是由欧洲国际条约建立起来的共同体机制框架和规范。欧洲共同体框架从二战后欧洲一体化的启动就开

---

〔1〕 卢静、衡孝军：“透析欧盟治理困境”，载《国际问题研究》2008 年第 2 期。

〔2〕 Joachim Schild, “National v. s. European Identities? French and Germans in the European Multilevel System”, *Journal of Common Market Studies*, Vol. 39, No. 2, June 2001, p. 335；[德] 菲舍尔：“从国家联盟到联邦：对欧洲一体化形式的最终思考——在洪堡大学的讲话（2000 年 5 月 12 日）”，载曹卫东编：《欧洲为何需要一部宪法》，中国人民大学出版社 2004 年版，第 3～14 页。

始出现了。这主要体现在欧洲一体化所建立的最初形态的共同体机制上。1950年，根据让·莫内的主张，法国外长舒曼正式向外公布了这份倡导欧洲煤钢共同体（ECSC）的计划，即舒曼计划。这一计划的目标是克服德法之间的长期敌对，将德国和西欧邻国结合为一个整体，方法是从特别具有战略意义的煤钢工业开始，实现西欧各国联合。从这个最初的欧洲共治计划开始，西欧各国计划建立对成员国具有约束力的煤钢联营高级机构，为最初的超国家机构打下了基础。在《巴黎条约》签订后，为了保障共同体运行，又成立了部长理事会、共同大会和法院等机构，这些机构“为了共同体的整体利益完全独立地行使职权……不接受来自任何政府或来自任何其他机构的指示”[1]，构成了一套共同治理的超国家机制。1957年，欧洲一体化随着《罗马条约》扩展到经济共同体（EEC）、原子能共同体（EAEC），并于1965年根据《合并条约》整合为欧洲共同体（EC）；整合之后的共同体继续扩大其机构设置，建立了统一的部长理事会和委员会，欧洲议会、欧洲法院和其他功能性机构与后来建立的欧洲理事会一起，构成了欧洲共同体持续至今的基本框架。

欧洲一体化通过签订国际条约、创设区域性组织机构，确立了一体化的初步成果，打破了欧洲区域内国际关系传统，将区域共同治理的状态变成了现实。

欧洲共同体建立后，继续推进欧洲一体化进程，虽然由于种种原因，其间出现过一体化的低潮，但不可否认的是，欧洲一体化的制度体系一直在发挥着维持和推进一体化的作用。到1986年，在欧共体的努力下，《欧洲单一法令》（SEA）确定了

[1]《欧洲共同体条约集》，戴炳然译，复旦大学出版社1993年版，第4～5页。

是在全球化的冲击和压力下成员国在制度上的积极反应，是在区域层次上的具有制度优势的制度形式。贝娅特·科勒－科赫将欧盟的治理总结为四种相互关联的特征，即“①国家主义，以多数规则为基础，依靠对共同目标的忠诚来维护；②团体主义，包括不同社会利益，在同一结构中寻求共同的利益；③多元主义，将多数规则和个人对利益的追求结合在一起；④网络治理，利己的行为体在谈判过程中增加共同利益”[1]。本书认为，欧洲区域治理的这些特征表明：它在协调国家权力和利益、让渡共享国家权力等方面对治理模式的实践体现出了具有普遍性意义的价值，因而对其他区域也有一定的示范效应。

2.3.3 欧洲经验的验证：治理框架的确立

通过对欧洲区域化和区域治理的简要描述，以及对欧洲一体化中制度建设的分析，可以更深入地理解区域化与区域治理的内在联系，并据此为本书的研究确立分析架构。

区域化意味着区域内行为体（主要是民族国家）创建共同体、进行联合的活动和进程，区域化得以前进的推动力主要是各国在协商基础上的共同政治意愿，在这里，行为主体具有平等的参与权，是为了区域集体目标而进行合作，所以，区域化的基本要素和区域治理的概念构成是一致的；区域治理为区域化进程提供了一个有利的观察视角和分析工具。区域化包含了太多复杂的内容，各种行为体、各种区域进程和制度架构掺杂在一起，使区域化本身难以把握、难以在确定的分析框架下得到理解；而区域治理作为一种理论工具，正是在复杂的区域化进程中梳理概念、确立框架、认清问题的有力手段。

---

〔1〕［德］贝娅特·科勒－科赫：“欧洲治理的演变与转型”，转引自俞可平主编：《全球化：全球治理》，社会科学文献出版社2003年版，第280页。

区域治理属于治理概念的范畴，如前文所述，本身也涉及对“善治”的要求。利用区域治理的概念工具对区域化进行分析，可以从对区域治理的规范性要求中得到启示、弥补疏漏，在优化区域化进程、推动区域化良性发展的道路上有所助益。所以，从区域治理视角分析区域化进程，有望作出很有意义的评判。

以欧洲区域化进程而言，它体现为一种在国际关系中全新的治理模式，即各主权国家自主自愿地转让出部分主权给共同体，按照共同创建的规则、采取协调共商的方式来实现秩序稳定和共同发展。这种区域治理的方式超越了传统威斯敏斯特国际体系下的等级制和旧式国际关系中追求均势的斗争模式，为区域内相关各方的共同目标和利益最大化提供了非常良好的实现渠道。

这种国际关系互动模式的具体过程在欧洲一体化理论的各流派［如（新）功能主义、自由政府间主义和社会建构主义］那里都得到了较为精细而明确的描述。综合分析不同理论的描述，对理解欧洲治理框架有重要的参考意义。

欧洲一体化初期，由煤钢联营开启的区域合作表现出强劲动力，受此影响，以厄恩斯特·哈斯为代表的功能主义派学者将一体化视作一个自我推动的进程，用“外溢”效应解释一体化从一个领域推广到另一个领域并不断强化的原因，在这样的逻辑下，欧洲一体化从煤钢共同体开始，由于共同机构的存在和共同管理的需要，必然推向其他领域的合作，像滚雪球一样自我增强，以至于形成关税同盟甚至政治共同体〔1〕；他们关注的是超国家机构的重要作用，即认为高于单个欧洲国家的区域

〔1〕 Ernst. B. Haas, *the Uniting of Europe: Political, Social, and Economic Forces 1950～1957*, Stanford University Press, 1968.

性机构具有独特的“企业家精神（entrepreneurs）”，强调欧洲共同体官员们在提出创议、调解矛盾和动员集体行动当中的作用，正是这样的超国家行为体作为一体化的核心，推动了国家间谈判、塑造区域合作结果〔1〕。欧洲一体化的发展一度遇到挫折，使得新功能主义解释力受到普遍质疑，因为功能领域的一体化并未自动向前推进，发展出更深度的一体化成果。此后，新功能主义者也对“外溢”概念做出过一定的补充，但总体而言，从一个部门延伸到另一个部门的功能性扩展、超国家的中心机构的地位始终是新功能主义解释的核心，而这一解释也确实在很大程度上对欧洲一体化有着深刻的影响〔2〕。

自由政府间主义在欧洲一体化20世纪60年代出现危机之后成为功能主义的替代性理论，特别是安德鲁·莫劳夫奇克在其著作中，对欧洲一体化的动力、过程和成效做了非常有启发性的分析。与理想主义的说法不同，他坚持认为：国家利益，特别是因国际经济趋势变化而变化的国家经济利益，才是欧洲寻求一体化的真正原因。欧盟本身就是用以协调各国政策的国际组织，与其他国际组织（如世界贸易组织、国际货币基金组织）并无不同〔3〕，那么，对工具理性的政府行为的一般解释也就同样可以应用于欧洲一体化进程：“政府确定自己的一系列潜在目标或者说是偏好，然后就有关系合作事宜进行谈判，达成基本协议，最后选择恰当的国际机制把这些协议内容予以落实，加

〔1〕［美］安德鲁·莫劳夫奇克：《欧洲的抉择——社会目标和政府权力：从墨西拿到马斯特里赫特》，赵晨、陈志瑞译，社会科学文献出版社2008年版，第9～10页。

〔2〕房乐宪：“新功能主义理论与欧洲一体化”，载《欧洲》2001年第1期。

〔3〕［美］安德鲁·莫劳夫奇克：《欧洲的抉择——社会目标和政府权力：从墨西拿到马斯特里赫特》，赵晨、陈志瑞译，社会科学文献出版社2008年版，序言，第4页。

以保障”[1]。通过强调国家政府在一体化进程中的核心地位，莫劳夫奇克建立在理性框架基础之上的分析就可以将一体化的发展分解为三个部分，即形成国家偏好、国际博弈、建立制度。这一套框架被证明适用于欧洲一体化各发展阶段的重要案例[2]。在他的解释中，欧洲一体化的主体地位从始至终都是牢牢把握在国家政府手里的，最根本的区域化动力是国家经济利益，由国内政治议程塑造的国家目标和政策偏好决定了各国在国际博弈中的立场，国际相互依赖形成的相对权力对一体化谈判有重要影响，从而最后得到我们今天所看到的历史结果。至于欧洲联盟的制度建设，在他看来，所谓联邦主义的意识观念或者技术官僚治理的需求，都不够解释一体化中国家主权的汇集和委托现象，真正的解释在于参与共同治理的各国需要由制度提供一种“可靠的承诺”，因为国际领域中，必须借由这样的承诺使得合作成为可能，即各国都自愿放弃某些情况下的自主行动权，保障在集体行动中政策协调的实现和合作收益的获得[3]。

新功能主义和自由政府间主义对欧洲区域化的解释分别代表着自由主义和现实主义国际关系理论对欧洲一体化现象的不同理解。从欧洲区域治理的视角来看，它们对欧洲区域化的动力、主体和预期都走在两条道路上，似乎呈现出两种不同的区域治理图景。不同的理解图景实际上是对同一事物的不同理解

---

〔1〕［美］安德鲁·莫劳夫奇克：《欧洲的抉择——社会目标和政府权力：从墨西拿到马斯特里赫特》，赵晨、陈志瑞译，社会科学文献出版社 2008 年版，第 7 页。

〔2〕［美］安德鲁·莫劳夫奇克：《欧洲的抉择——社会目标和政府权力：从墨西拿到马斯特里赫特》，赵晨、陈志瑞译，社会科学文献出版社 2008 年版，第 29 页。

〔3〕［美］安德鲁·莫劳夫奇克：《欧洲的抉择——社会目标和政府权力：从墨西拿到马斯特里赫特》，赵晨、陈志瑞译，社会科学文献出版社 2008 年版，第 97～102 页。

方式，对本书的研究来说，重要的不是做出对错判断，而是陈述其各自理论的价值以深入理解欧洲区域治理，同时从其缺陷中得到启发。新功能主义无疑是最“一体化”的理论，它强调了区域治理过程中最重要的部分，即不同于传统国际关系模式的新的“区域”的出现，以超越传统国家互动为典型特征，国际合作在一个独立的、具有自我意识和利益的行为体的主导下发展成为史无前例的治理模式，治理内容从技术性领域“外溢”到其他各个领域、从经济合作等低层次领域到政治安全高层次领域，由此，它从理论和实践上提醒人们关注区域性机构、超国家合作的重要性，也一定程度上概括和指示了区域治理发展的可能性选择——实际上欧洲一体化的确大致遵循了这样的路线；但新功能主义明显高估了区域性机构的能力、低估了区域化中国家政府的作用，至少欧洲一体化的挫折是它不能充分解释的。作为新功能主义的替代性解释，自由政府间主义将区域治理重新带回国家间合作的层次，在欧洲区域治理的框架中突出了国家作为理性行为者的博弈过程，从莫劳夫奇克的卓越论述中确实可以看到这一点相当有说服力。但它的解释太过强调国家的独立性和实际作用，不仅有将区域化局限于国际多边合作的嫌疑，而且也未能认识到区域治理机制对国家利益和政策的影响，对区域化发展方向上的解释不足〔1〕。

建构主义理论兴起后，也对欧洲一体化做出了分析。欧洲经验表达了国家间关系如何可能在制度中获得共同体感和归属感，使国家行为体相互间角色和身份发生转化，特别是冷战后欧盟东扩的过程说明了欧盟的制度架构是如何适用于新成员并

〔1〕 王学玉：“欧洲一体化：一个进程，多种理论”，载《欧洲》2001 年第 2 期。

产生转化的[1]。建构主义的分析还凸显了欧洲治理模式的特点，带来了对诸如价值、规范、认同等因素的关注。比如，欧洲区域治理模式的影响力不仅仅在于区域内的治理成效，还在于其作为良好治理模式而带来的欧洲（欧盟）软权力——通过制度示范而产生的权力效应。一般而言，“软权力”被看作是“通过吸引和影响而不是以强制手段来达到目的的一种能力，是一种主要基于政治文化、价值观派生出的感召力、吸引力、影响力，是通过制度、规制、秩序和政策以及国际组织等体现出来的一种精神、理念之类的力量，能通过诱导和说服，使他者接受和认可某种行为准则、价值观念和制度安排”[2]。欧盟区域化从区域治理来看符合治理理论对善治的要求。它适应了国际问题利益相关者的切身利益，并明显取得了较好的经济社会成效，在世界范围内造成了强烈的影响力和吸引力；相对而言，欧盟理念造成了欧盟的软实力优势[3]。在欧洲区域治理模式的刺激下，世界各区域的区域化进程普遍发展，自由贸易区、共同市场等区域化合作遍及全球。欧盟治理模式“所代表的对法律和制度的尊重、对多边合作和协商谈判的强调，也在一定程度上影响了国际社会处理国际争端和社会冲突时的倾向，在欧盟治理模式的影响下，引领国际社会更致力于建立联动机制、多方协调的国际秩序”[4]。

---

〔1〕 Jeffrey T. Checkel, “International Institutions and Socialization in Europe: Introduction and Framework”, *International Organization*, Vol. 59, No. 4, Autumn 2005, pp. 801 ~ 826.

〔2〕 倪世雄等：《当代西方国际关系理论》，复旦大学出版社 2001 年版，第 392 ~ 398 页。

〔3〕 冯仲平：“欧盟‘内倾’弱化了其国际影响”，载《现代国际关系》2006 年第 9 期。

〔4〕 伍贻康：“欧盟软力量探析——欧盟治理模式的效应评价”，载《世界经济与政治》2008 年第 7 期。

在对欧洲区域治理的制度建设分析过程中，还有必要注意到的一点是，欧洲一体化的制度形式在本质上对价值观和社会制度的要求。欧洲一体化的成员国大都是所谓自由民主和人权价值观的信奉者，如"法治、市场经济中的私有制、民主参与的权力、尊重少数民族权益，以及社会多样性……是欧盟的灵魂"，这些原则深植于欧洲区域主义体系中，由区域层次上的诸多条约和法律文件确立下来。这与欧洲自二战后所信奉的政治文化价值观相一致，是欧洲各国现代政治理念的延伸，以致欧盟通过"哥本哈根标准"将这些价值诉求确立为法律指标，所有申请入盟的国家必须符合其基于价值理念的要求才能加入到欧洲区域一体化中来[1]。在西方学者的区域主义研究中，对区域治理的价值观诉求或许会成为一个重要的考量因素，但问题是，区域治理本身并不必然带来一定的价值理念，它更体现为一种处理问题的模式，与政治概念相区别。所以，在对区域治理的评估中，简单地以某种价值观为标准是可质疑的；某一价值观未必适用于评价所有区域化和区域治理，特定的社会政治文化背景所构成的具体形势才是评估区域治理更有意义的依据。

欧洲区域化也为治理理论的讨论提供了有益尝试。欧洲区域化的进程和成效是对区域治理理论的实践，在全球治理设想处理各种具体问题显得无能为力的情况下，欧洲区域化表明了区域治理会是解决区域难题的有效方式。欧洲区域治理证明，在成员数量相对较少的区域范围内，通过平等合作的方式达到共同目标的治理是更加现实可行的。具体来说，欧洲区域化从一开始就是西欧国家小范围内进行的，很容易就需要解决的问题、希望达到的目标取得一致，这些国家都有消除战争危险、

〔1〕［美］彼得·卡赞斯坦：《地区构成的世界：美国帝权中的亚洲和欧洲》，秦亚青、魏玲译，北京大学出版社2007年版，第74～75页。

维护区域秩序的需求，在启动区域合作的问题上有高度共识。即便在欧洲共同体经历了扩大之后，区域治理的成果在制度化的框架内固定下来，同样有利于减弱成员间不均衡的困难。另外，欧洲区域化过程中出现了非常明显的认同建构，在传统的欧洲共有文化基础上，欧洲各国很容易寻求得一种新的、超越单个民族国家认同的区域集体认同，而这种认同对区域化和区域治理都是极为重要的。基于欧洲文化的接近，欧洲各国在法治、理性的原则下找到了极富欧洲特色的区域治理方式，不仅有效地解决了内部发展问题，还对外形成了强有力的示范效应[1]。

通过对欧洲区域化进行区域治理视角的分析，大致可以得到一个分析架构。在欧洲区域一体化进程中，区域治理的视角主要关注于主体、目标、制度、文化（认同）、成效等方面：区域主体，仍然是民族国家，但欧洲区域化的过程表明，在不同阶段，治理主体的构成、地位作用是在不断变化的，总体而言呈现出越来越多元、平等的态势；区域目标，从最初的消除战争危险、维护区域秩序，到后来进一步建立自由贸易区、推进共同市场，以至货币的统一、外交和安全政策的协调，也呈现出一条从简单到复杂、从单领域到多领域的发展路径；欧洲区域化建立在多个国际条约的基础上，通过对区域化进度的总结、成员国利益协调，不断创建新机制、巩固和完善既有制度，从而最终发展起来一套高度法制化的正式制度体系；同时，欧洲区域化也是区域认同和治理绩效相互促进的互动过程。

需要特别指出的是，制度建设在欧洲区域化中占据极其重

〔1〕 欧盟治理表明了区域化中全球化与区域、民族国家的互动关系处境，是它成为区域化和区域治理范例的来源，同时也带来了对区域化中更深层次问题的探究。参见 William M. Downs, "Regionalism in the European Union: Key Concepts and Project Overview", *Journal of European Integration*, 1 January, 2002, pp. 171 ~ 177.

要的地位，这对于区域治理视角的分析框架来说同样如此。欧洲区域化的整个进程，如上文的分析所示，是在制度建设不断累积和完善基础上实现的——多边协议的稳定性必然促使区域内国家被推入同一个协议里，促使各国注重制度的重要性〔1〕——制度建设构成了欧洲区域治理的核心内容，并因其高度的正式化和法制化，以其独一无二的超国家性为欧洲区域治理的前景和特性提供评估依据。欧洲区域化历程验证了制度建设在区域化、区域治理中的特殊意义，证明可以也应当把它作为区域治理分析的核心部分。

因此，通过区域治理视角的分析，可以在欧洲区域化不断变化发展的经验基础上尝试提出包含如上治理要素的基本分析架构，用于本研究的目标案例。

同时需要注意的是，对欧洲区域化基础上确立的区域治理分析结论不能抱有普遍绝对适用的态度。

欧洲区域化长期存在固有问题，如欧洲区域治理的实例还表明，区域化朝向的共同体方向虽然可以借由网络式的平等协商和谈判形成有力的推动，但是当发展到一定的阶段，区域化进程要求在朝向超国家性上获得进展时，就难免和成员国主权发生冲突，或者换一种说法，“欧洲特色的区域治理模式在区域化对治理高效率的要求和多元治理主体的权力分散性之间的矛盾不可避免”〔2〕。实际上，很多学者针对欧盟的治理与合法性问题已经有各种评议，简而言之，如果欧盟希望朝着“区域国

〔1〕 Richard E. Baldwin, “East Asian Regionalism: a Comparison with Europe”, presented to the Japanese Ministry of Finance's Study Group on China, Tokyo, 3 February, 2003, pp. 7 ~ 8.

〔2〕 牛海彬：“欧盟治理的变量与困境”，载《现代国际关系》2004 年第 7 期。对欧盟主权转让的实质和问题的描述，亦可参见 William Wallace, “the Sharing of Sovereignty: the European Paradox”, *Political Studies*, XLVII, 1999, pp. 503 ~ 521.

家”（regional-state）的方向发展，就必须充分发展其治理机制，在欧盟层次实现更高的合法性[1]。怎样解决这一问题，还需要对区域化和区域治理的关系进行更加深入的分析研究，以及有待于世界各区域治理模式的创造性发展了[2]。

另外，欧洲区域治理的具体特点，如最显著的强制度化特点，是否是区域化和区域治理的唯一或者最优选择，有待于在评价世界其他区域的区域化过程中进一步验证。总之，欧洲区域化虽然获得了一定成功，但是其治理模式的每一方面因素所表现出来的特点是否是普遍的、必需的，并不能简单地作出断定。所以，本书对东亚区域化的分析虽然必不可少地利用在欧洲区域化基础上得到验证的区域治理架构，但对从区域治理视角观察到的区域间差异，还需要谨慎对待、具体分析。欧洲区域治理是一套系统、完整的制度框架；是在全球化的冲击和压力下，成员国在制度建设方面的积极反应；是在区域层面上形成的具有显著竞争优势的新制度形式。在协调国家权力和利益、让渡共享国家权力方面，它体现了具有一般实践意义的理念和价值，对其他区域有一定的示范效应。

---

〔1〕 Viven Schmidt, “The European Union: Democratic Legitimacy in a Regional State”, JCMS, Vol. 42, No. 5, 2004, pp. 975 ~ 997.

〔2〕 欧盟的民主合法性实际上对其机制转型提出了要求，即在机构设置和权力分配、功能运作等方面进行更体现民主实质的改变，这也需要对欧盟治理有更深理解和未来发展契机的支持。参见［德］贝娅特·科勒－科赫：“欧盟治理：寻求民主的合法性”，载俞可平主编：《全球化：全球治理》，社会科学文献出版社 2003 年版，第 293 ~ 308 页。

日本对于东亚这一国际区域的整体认识。当然，除了这样比较理想主义的思想之外，对日本影响更大的是对外扩张性的亚洲主义思想，到最后随着日本在本区域的势力兴盛而实现为对外侵略的行为。这种思想的核心逻辑是，由于东亚各国在西方的侵略扩张浪潮下大都无能为力，只有日本一国成功地跻身世界强国之林，日本自然与东亚各国身份不同，肩负解救东亚、领导群伦的领袖任务——自身实力加上狭隘的民族主义理念，使日本最终走上了追求“大东亚共荣圈”的侵略道路〔1〕。但日本以“大东亚”为号召的扩张政策最后变成了狭隘民族主义的借口，并不代表东亚各国人民的真实意愿，是不可能成功的。

二战结束后，东亚各国大都进入了各自现代民族国家建构的起始阶段，特别是东南亚各国逐渐摆脱西方殖民主义的影响，开始出现了一系列的独立民族国家。在冷战的背景下，虽然尚未出现大的东亚区域联合，但东亚次区域合作的现象很早就开始了。由于冷战的影响，东亚区域从整体上看是出于相互对立的状态之中，因此，这个时期的区域合作主要是在次区域内进行的。

冷战期间，东亚区域内最主要的区域合作是东南亚国家创立的东盟机制。早在20世纪五六十年代，东南亚国家在共同的政治和安全需求下就进行了初步合作的尝试，如反帝反殖民为主旨的亚非会议、东南亚联盟（the Association of Southeast Asia）、马菲印多（the Maphilindo）等区域合作组织或机制；但是由于种种原因，只有1967年成立的东南亚国家联盟（the Association of Southeast Asian Nations）才是使东南亚区域合作真正得以实现的区域组织。其后，东盟经历了发展的高潮和低谷，也

〔1〕 时殷弘：《现当代国际关系史（从16世纪到20世纪末）》，中国人民大学出版社2006年版，“新兴强国的选择和命运”。

经历了几次扩大，但始终作为东亚区域合作中最活跃的区域机制而存在。

到冷战结束后，东亚区域的国际环境已经有了较大的改变，国际关系氛围得到了缓和，旧有的区域合作障碍消除。东亚经济经历了被称作“东亚奇迹”的增长阶段后，全球化时代背景又为东亚区域增添了更新的合作动力，在这样的背景下，东亚区域化的构想再次被提上议程。1990 年马哈蒂尔提出的建立“东亚经济集团”的倡议虽然在当时未能迅速实现，但这表明东亚各国都已经开始将东亚区域合作纳入战略思考的范畴，为进一步的东亚区域化作出准备。

1997 年金融危机是促成东亚合作机制迅速扩展的直接动因。东亚各国早先仍存的种种顾虑到此时被现实压力所抵消，蔓延整个区域的危机状态要求东亚各国抛除猜疑、迅速将区域合作提到日程上来。1997 年召开的东盟—中日韩领导人非正式对话合作会议标志着“东盟 +3”机制的启动，这一机制成为迄今东亚区域化的主渠道，并在合作进程中不断扩展其功能和范围；1999 年在马尼拉举行的东亚领导人对话合作会议就推动东亚合作的原则、方向和重点领域达成了共识，并发表了《东亚合作宣言》，将一年一度的领导人会议固定下来，完善了合作机制的功能。2001 年，由东亚合作支持的“东亚展望小组”提出研究报告，明确指出，东亚合作的长期目标是由政治、经济、社会文化三根支柱构成的“东亚共同体”，这一报告激起了东亚各国对东亚区域合作的热烈讨论，也在根本上确定了东亚区域化的方向。虽然后来的区域化进程并未完全按照这一报告的设想前进，但是从长远来看，它所奠定的区域化目标得到了东亚各国的承认，为东亚区域化的长远发展打下了有利基础。之后，东亚区域化在“东盟 +x”的框架机制上，以东亚共同体为目标发展起来。

在东亚区域化的发展中，有一个非常重要的外部因素需要特别指出，那就是美国因素。出于战略规划和具体利益考虑，美国长期插手东亚区域的政治经济事务，并力图主导东亚区域内的区域化进程，或者予以阻挠，这一影响贯穿了二战后东亚区域的发展历程。

二战末，美国就开始将东亚区域纳入其全球称霸和对抗的战略规划中。美国对东亚的控制是以双边联盟的方式实现的，其关键是对日本的处理。美国对日政策服务于冷战对抗的需要，处理态度极其宽大、几乎保留了原军国官僚体系的整个制度结构和人员，对战犯和战争责任的清理也敷衍了事，马上转入对日本的复兴援助〔1〕。美国在东亚的影响力随着其与日本、韩国、菲律宾等国和我国台湾地区建立军事同盟关系，以及直接军事干涉东亚局部战争而确立起来，形成一种对中苏阵营半包围、以美国为轴心的军事战线。这样，美国通过其同盟体系帮助塑造了东亚区域内的对立状态。

冷战环境下东亚区域内长期的对立和分裂状态使得东亚区域化无从谈起。东亚的区域化进程在60年代随着第三世界国家的兴起就有萌芽，如东盟，但并未成为区域主义发展的有利基础〔2〕。整个冷战期间，东亚区域合作都由于对立和战争没有什么进展。

东亚区域化的真正发展随着冷战结束而出现之后，美国仍

---

〔1〕［美］彼得·卡赞斯坦：《地区构成的世界：美国帝权中的亚洲与欧洲》，秦亚青、魏玲译，北京大学出版社2007年版，第51～52页。

〔2〕东盟建立的基础是发展中国家保持自身独立的需求，体现了强烈的传统主权观念，因此东盟的区域合作方向更接近于维护主权独立而非区域性建构，在东盟建立之初尤其明显，见王子昌、郭又新：《国家利益还是地区利益——东盟合作的政治经济学》，世界知识出版社2005年版，第41～63页。

然关注着东亚区域化进展，不肯放松对东亚区域维持的一定程度上的控制力。简言之，冷战后，维持自身地位和防范崛起中的中国成为美国对待东亚区域化的首要考虑。经济领域，美国认为“拥有进入关键市场和战略资源产地的权利”是美国“永恒的国家利益”〔1〕，因此强调东亚区域的开放性和自由贸易，反对任何将其排斥在外的区域组织；东亚国家提出的区域化设想，如马哈蒂尔提出的“东亚经济圈”（EAEG）、日本提出的“亚洲货币基金组织”等，因被视为不符合美国的利益或有排美的倾向而被遏止，而美国能发挥强大影响力的区域安排，如亚太经合组织（APEC）等受到美国支持。在政治安全领域，美国坚持双边政治和军事联盟体系的优先性，继续操控盟国的对外政策方向，对其联盟体系外的区域安排保持戒心，利用双边联盟防范可能的威胁，特别是防范中国〔2〕。总之，美国面对东亚区域化的必然趋势，仍然希望保持在东亚事务中的主导地位，积极干涉东亚区域化的各项事态〔3〕。

美国的干涉与东亚区域本身就存在的各种矛盾——如区域内历史旧怨、社会制度和意识形态分歧等因素，特别是中日之间的对立纠结在一起，造成了东亚区域国际关系的现实结构状态和东亚区域化发展进程中的高度复杂性。但实际上，东亚区域化反映了东亚区域内的历史发展状况，表达了东亚各国走向进一步融合的现实需求，这并不是美国能够长期阻止的。对美国来说，最有利的策略是理解和支持东亚区域化，并因此在东

---

〔1〕 U. S. Department of Defense, *Quadrennial Defense Review Report*, September 2001.

〔2〕 Robert B. Zoelik, “A Republican Foreign Policy”, *Foreign Affairs*, No. 1, January/ February 2000. 转引自马荣升：“美国在东亚一体化中的角色扮演——以区域主义为视角”，载《国际论坛》2007年第3期。

〔3〕 吴心伯：“美国与东亚一体化”，载《国际问题研究》2007年第5期。

亚区域化的进程中占据一定的参与地位，更好地发展与东亚各国的关系，维护自己的战略利益〔1〕。

3.1.2 东亚区域化的现实结构

现今东亚国际格局呈现出复杂的双边、多边关系，区域内各国不同政治经济考虑的相互作用塑造了多层次的东亚区域化机制架构。因此，东亚区域化机制是东亚区域内复杂关系缔造的多层结构，特别是相互联结并竞争的大国关系。

就东亚大国关系而言，主要由于中国、日本和美国的相互关系，造成了东亚区域格局最主要的难题。这和现今中日美三个国家各自的政治经济状况，以及它们在本区域的政策、意愿相关。

第一，区域最大的难题是中日关系。20 世纪末以来，中国经济的持续高速增长和日本发展相对缓慢形成对照，使日本对中国的发展抱有强烈的忧虑，认为是对日本的一种威胁，甚至从 2001 年起在《国防白皮书》中明确把中国列为“防卫对象”；而中国在增强的国家实力基础上，也要求在本区域获得应有的地位、发挥作用。中日的姿态在中日领土主权争端、历史问题争议等问题的催化下，激化了中日之间的政治猜忌，使得中日出现长期的“政冷经热”奇异现象。中日之间的问题或许是区域内权力转移时期必然出现的国际关系现象，新兴国家的崛起难免带来旧有大国的猜疑，这需要双方尽力改善双边政治互信，妥善处理好历史和现实矛盾——然而，要做到这一点并不容易，中日历史积怨和现实冲突很难在短期内解决〔2〕。

---

〔1〕 秦亚青：“东亚共同体建设和美国的作用”，载《外交评论（外交学院学报）》2005 年第 6 期；Hugh White，“Why War in Asia Remains Thinkable”，*Survival*，1 December，2008，pp. 96～102.

〔2〕 Hugh White，“Why War in Asia Remains Thinkable”，*Survival*，1 December，2008，pp. 96～102.

第二，与中日问题相关的是美国因素在东亚的影响。美国自东亚区域合作起始之初就开始关注并用各种手段进行干涉，冷战结束后，随着中国实力的上升，美国同样感到中国对自己在东亚区域权力的威胁，因此具有强烈的意愿干预并阻止以中国为主导的东亚区域化[1]。日美同盟成为美国实施干涉的重要工具，美国通过与日本的政治军事合作，在安全上针对中国提出超越正常范围的“日美防卫指针”，在政治上促使日本抵制以东亚区域为限的区域化架构，对东亚区域化产生了阻碍和拖延的消极作用——就此而言，美国对中国的强硬政策也许增强了它所认为可能出现的冲突中的反应能力，但是也因对区域内安全关系的消极影响而增加了冲突的可能性，实际上并不符合其战略利益[2]。

第三，东盟各国对区域化的态度也对区域化进程本身产生了重要影响。虽然东盟是东亚区域内区域主义的先驱，但涉及东亚整体的区域化进程时，东盟各国对与大国关系还存有疑虑。对中国的飞速发展，东盟各国同样抱有程度不等的猜忌，担心中国的独大会产生区域霸权，因此希望能够在东亚区域框架内引入对中国更多的制约。同时，东盟国家也对日本的历史问题存有阴影，并不愿意日本在东亚区域化进程中过于强势。东盟对自身安全的担忧伴随着对主导权的要求而生，可以说，东盟国家希望自己能始终占据主导者的位置，也是对平衡东亚国际关系考虑的结果[3]。

---

〔1〕 Wu Xinbo, “A Forward-Looking Partner in a Changing East Asia”, *the Washington Quarterly*, Autumn 2008, pp. 155 ~ 159.

〔2〕 Thomas J. Christensen, “Fostering Stability or Creating a Monster? The Rise of China and U. S. Policy Toward East Asia”, *International Security*, Vol. 31, No. 1, Summer 2006, p. 125.

〔3〕 雷小华、段璐灵：“东亚合作中东盟发挥主导作用的原因分析——基于建构主义的视角”，载《东南亚纵横》2009 年第 2 期。

在东亚现存的大国关系结构下，区域化进程出现了多层次的架构特点。“东盟+3”是最初的、也被认为是最主要的区域化渠道，但由东亚大国与东盟单独进行合作的“东盟+1”相对进展迅速，正是其中各国对大国间权力关系的顾虑所致。此外，日本更推崇的是“东盟+6”甚至更多的合作框架，这体现在东亚峰会的组成上；由于日本担心中国在区域框架内占据实际的主导权力，坚决主张将域外国家拉进区域合作中，以平衡中国的影响力，东亚峰会最终由最初设想的东亚国家领导人峰会变成了东亚及域外大国甚至亚太国家的论坛，域外的印度、澳大利亚和新西兰加入东亚峰会，确立了它作为战略对话和讨论场所的地位，而非东亚区域化机制主流。当美国签订《东南亚友好合作条约》后加入东亚峰会，使得这一层次的对话框架范围更广，也可能迫使其离东亚区域化的渠道越行越远。除了这两层框架外，东亚区域合作的外围机制还包括中日韩领导人会议、APEC会议等，也在不同的层次和领域发挥区域合作的作用，对东亚区域化的整体进程产生影响〔1〕。

东亚区域化中存在的多层次性是现实需要的产物，特别是在“10+3”、“10+1”之外的区域合作架构，它们作为东亚区域化主流机制的补充和增进，一方面增加了东亚区域化的复杂性，使东亚区域的合作进程更为漫长，统合各方共识更加困难；但另一方面，它们共同构成的多层次区域合作架构也是东亚区域国际关系现实的正常反映，正是因为区域内国际关系的复杂，导致必须有相应的多层次合作架构来满足各方的利益和战略需要。所以，东亚现存的多层次区域合作框架虽然是无可奈何的选择，但同时也可视为东亚区域化获得进展的必经之路，只有在符合东

〔1〕 张蕴岭：“对东亚合作发展的再认识”，载《当代亚太》2008年第1期。

亚区域现实的基础上进行各种合作框架的尝试，通过层次区域机制的互动和对比，才有可能在现存基础上为东亚区域化寻找到符合本区域现实的独特发展道路，真正适应东亚区域发展的需要。

3.2 东盟在东亚区域化中的地位和意义：以东盟为案例的理由

东亚区域化进程从开始至今，很大程度上是由东盟主导的，这种状况在可预见的将来可能不会发生根本变化。这对于本书的思考和分析极为重要，东盟在东亚区域化中的地位和意义正是本书选择它作为分析案例的来源，同时其地位和意义也将在本书对案例的深入剖析中得到进一步验证。

东盟在东亚区域化的地位是历史性获得的。首先，它是东亚区域内最早进行区域化建设的国家集团，其机制建构可追溯到冷战时期；其次，东亚区域化的启动是和东盟的倡导分不开的，特别是金融危机给它带来的震撼性影响，促使它成为东亚区域化中最积极的因素，在它的努力下建立了东亚区域化的主要合作框架。东盟首先与中国进行自贸区谈判，建立了“10+1”的第一条渠道，尔后，日本、韩国也不甘落后，先后与东盟展开“10+1”的谈判与合作渠道，并在此基础上形成“10+3”模式；在这整个框架中，都是以东盟为主导的，即是说，至少从一开始，区域合作会议大多在东盟国家进行，其时间和议程的设置由东盟主导，充分尊重东盟在整个框架内的地位。具有强烈东盟特色的所谓“东盟方式”，以其非正式的制度性合作、基于人际协商和成员国共识的决策方式、非正式和非约束性的国际协议等特征[1]，对东亚区域化产生了重要影响。

---

〔1〕 Laurence Henry, “The ASEAN Way and Community Integration: Two Different Models of Regionalism”, *European Law Journal*, Vol. 13, No. 6, November 2007, p. 859.

然而，一些研究者对东盟的主导地位产生了怀疑，他们认为东盟的能力有限，不适合主导东亚区域化进程[1]。这些怀疑并非没有道理，就现实状况来说，东盟的发展确实遭遇了很大的阻碍，就整个东亚区域化来看，继续由东盟来主导确实有些艰难。质疑东盟主导地位的主要原因有如下几点：

第一，东盟本身的硬实力不够，特别是经济总量太小，对整个东亚的拉动作用有限。这是研究者质疑东盟主导地位的根本原因，一直以来，人们都认为，东盟10国加起来的经济总量只占东亚经济的一小部分，没有办法在区域化的道路上起到拉动作用。此外，历史经验表明，东盟的主导态势是和其本身的发展态势联系在一起的。东盟的主导作用表现为：冷战后，东盟发展经历了大致两次起伏，当东盟发展较为顺利、获得有效推动时，就能在东亚区域化中发挥有力的主导作用，而反之则显得无力。随着近年来东盟内部困难，特别是缅甸问题升温，泰国政局动荡，以及造成普遍较大影响的全球金融危机的影响，使得东盟再次进入发展的低谷；在这样的阶段，东盟对推进东亚区域化的进取心减弱，拉动作用明显减少，自然引起观察者的怀疑[2]。

第二，东亚合作机制创建以来，东亚区域除了东盟主导的框架机制外，还出现了更多区域协调机制；由于东盟本身的能力所限，东亚区域的某些问题领域（如重大政治安全问题）似乎难以在东盟为主导的框架机制内取得进展，因而发展起来的其他东亚合作机制，一定程度上转移了人们对东盟主导模式的

---

〔1〕 David Martin Jones and Michael L. R. Smith, "Constructing communities: the curious case of East Asian Regionalisms", *Review of International Studies*, 33, 2007, p. 165; Richard E. Baldwin, *East Asian Regionalism: a Comparison with Europe*, pp. 9 ~ 10.

〔2〕 张蕴岭："东亚区域合作的新趋势"，载《当代亚太》2009年第4期。

支持和认可。例如，为解决朝核问题而建立的六方会谈大国协调机制，议题领域得到扩大的APEC会议机制，以及中日韩领导人会议，等等，都是在东盟主导模式之外建立和发展起来的其他区域合作机制。这一点很明显直接针对东盟作为小国联盟的特点，在许多区域性的重大问题上，特别是涉及东盟本身能力较弱的政治安全领域时，需要大国之间的直接协商和谈判，需要比由东盟主导更为高效和直接的能力。特别是由于东亚区域内各种利益的错综复杂，利益相关的各国都需要在区域事务中发表意见、获得参与，原有的“东盟+x”的合作机制多少显得不能适应现实需要。新的区域协调机制的兴起，也是导致人们质疑东盟主导模式的重要原因。

第三，东亚区域大国之间的争夺使得东亚区域内部呈现出对立态势，而东盟在这一方面现在还未能发挥明显的协调作用。这主要是指中日关系带来的区域内主导权争夺。近年来东亚区域的重要变化之一是中国实力的持续发展，成为东亚合作的最主要动力之一，而日本在美国的影响下，对中国实力的持续上升并未做好准备，不能接受中国的地位改变，担心中国取得区域合作主导权，在诸多区域事务上与中国呈现出争夺态势[1]。在日本的坚持下，东亚峰会吸纳了澳大利亚、印度等域外国家参与，正是日本用以平衡中国影响力的筹码，导致形成了中日竞争的客观态势。而东盟在整个过程中也未能取得一致意见，并没有真正发挥出它作为主导者的应有协调作用，甚至东盟一些国家也抱着各种利益考虑，参与区域内部竞争，加剧了东亚区域化政治共识的困难[2]。

---

〔1〕 杨扬：“日美同盟与东亚区域合作”，载《国际关系学院学报》2009年第3期。

〔2〕 金熙德：“东亚合作进入了‘深水区’”，载《世界经济与政治》2008年第10期。

这些原因都源于东盟主导模式的运行过程中，特别是在当前的东亚区域现状下，相关研究者们对东盟主导地位的怀疑，其当然有一定的道理。但是，同样就现今的东亚区域化状态而言，存在更重要的原因，使得东亚区域化即便不情愿也必须以东盟为主导而将现在的合作模式继续下去。

东亚区域化的现实状态是，虽然区域合作已经取得一些进展，区域框架的安排也逐渐建立和巩固起来，但是摆在面前的问题仍然很多：各种机制相互关系仍然混乱，未能形成相互促进相互协调的有利状态；大国之间（特别是中日之间）在区域化的重大问题上仍然争执不下、分歧较大，使区域化缺乏足够的推动力；区域化的制度建设落后，由于区域内各国意见分歧太大而无法在推进制度建设方面有所进展；区域内合作的政治意愿处于低谷，对东亚区域化发展的战略考虑尚处于争论之中，前景难以预测〔1〕。如 Ralf Emmers 承认的那样，虽然东亚区域主义论调长期存在，但在现实中面临太大困难，如“东亚共同体”这样的理念被接受的状况都很不理想，因为“涉及领导责任的问题没有得到解决”，在找不到所有参与者都可接受的选择时，东盟因其制度经验而成功地得到了东亚区域化制度架构的主导权〔2〕。

在东亚区域化现实的层层问题面前，东盟主导的区域化机制实际上是当前最具可能性和操作性的。

第一，就现今东亚区域的大国关系而言，大国之间的争夺

---

〔1〕［印尼］尤素夫·瓦南迪：“东亚战略趋势”，王玉主译，载《当代亚太》2008 年第 6 期。

〔2〕 Ralf Emmers and See Seng Tan, “Trends and driving force in East Asian regionalism”, in Ralf Emmers ed., *ASEAN and the Institutionalization of East Asia*, London and New York: Routledge, 2012, p. 192.

决定了像欧洲一体化那样依靠大国核心作为区域化的发动机是难以实现的。区域化需要强大的推动力，这当然要求由区域内的主要大国来提供，欧洲经验证明了这一模式的有效性。但是，当前东亚区域化面临的问题是，作为东亚最主要的两个大国——中国和日本，由于历史问题、战略猜忌等各种原因，政治上长期相互疏远，在东亚区域化的进程中更是相互竞争，一直抱有害怕对方获得区域主导权的担忧，这导致要想使中日如德法那样在区域事务中发挥核心作用虽不至于绝无可能，至少也是相当困难的。中日之间的争夺给了东盟作为第三方的有利地位，虽然中日双方都担心对方主导区域事务，但对于东盟这样不可能被视为"大国竞争对手"的小国联盟，中日都是可以认可的；由东盟来主导区域化，来设定相关议程、协调各方关系，是在东亚区域大国关系现状之下最能获得普遍接受的现实选择[1]。东盟的角色在于，它能够将区域内各方拉到同一张会议桌前创建新的制度安排，以缓和各方原有的紧张冲突。在可预见的将来，中日之间的关系当然有可能得到缓和，但是中日之间的结构矛盾、战略方向以及日美联盟等因素的影响下，中日之间的合作要达到能够共同承担起区域核心的程度，可能性仍然不大。只要中日关系在东亚区域化中仍然处于竞争状态，那么东盟的主导者地位就仍是必不可少的。

第二，东亚区域化由东盟来主导，不仅仅是历史的选择，还在于东盟本身在区域化建设中的软力量优势。东盟本身就包含了一个次区域一体化的发展经历，在它的发展过程中，区域化建设也有过开创的艰难，有过内部争端的长期存在和集体协

〔1〕 翟崑："小马拉大车？——对东盟在东亚合作中地位作用的再认识"，载《外交评论（外交学院学报）》2009年第2期；雷小华、段璐灵："东亚合作中东盟发挥主导作用的原因分析——基于建构主义的视角"，载《东南亚纵横》2009年第2期。

调，有过制度化的层层进展等一系列区域化经验，这些经验对于东亚区域化来说非常有借鉴意义。东亚作为一个整体的区域化进程仍然是刚刚开始而已，还需要大量的各个领域各个方面经验教训，而本身经验丰富且处于东亚区域化内的东盟无疑是最佳的选择。很明显的例证是，东盟的非正式性、对和平共处的支持、对话驱动的（dialogue-driven）区域化进程都使得区域内多边安排更能为域内各国所接受。对于域内的强国和弱国来说，东盟的非威胁性制度文化和地缘政治重量都有助于消除将各国团结在一起的障碍[1]。东盟在区域化建设、制度创设等各方面的经验和成就赋予它在东亚区域内无可替代的地位，东亚区域化应当如何前进、制度设计应当如何考虑，都需要东盟来作出最初的安排——这也决定了东盟的主导者地位是理所当然的，最直接有利的[2]。

从建构主义的视角而言，可以认为区域化是指“建构某一区域空间内合作、一体化、内聚（cohesion）以及认同的过程，或者可以简单理解为社会与经济联合的过程”[3]；因此，区域化本身要求的就是一种联系、学习和模仿的互动过程，东盟在东亚区域化中的主导者地位迫使它必须对东亚区域化作出推动，在这里就意味着，在东亚区域的社会建构过程中起到引领的作用。从这一点看，东盟内部已然形成的合作状态和区域认同无疑是对东亚整体区域化的有力引导，东盟内部的区域化成效、其既存的共有认同对整个东亚区域的区域化来说具有一种强烈

〔1〕 Alice D. Ba, “Regional Security in East Asia: ASEAN's Value Added and Limitations”, *Journal of Current Southeast Asian Affairs*, 29 March, 2010, p. 117.

〔2〕 翟崑：“小马拉大车？——对东盟在东亚合作中地位作用的再认识”，载《外交评论（外交学院学报）》2009 年第 2 期。

〔3〕 Fredrik Söderbaum, *The Political Economy of Regionalism: the Case of Southern Africa*, Palgrave, 2004, p. 7.

的示范效应，从而使得区域化进程产生内聚力、吸引力，形成持续的社会建构。东盟的这种制度性力量和示范性效应，正是它应当主导东亚区域化的软力量因素，在这个方面，东亚区域其他国家都需要依靠东盟经验的引导〔1〕。因此，可以设想，即便中日之间竞争关系得到了缓和，东亚区域化仍然需要东盟作为主导者，在区域化进程中制定议程安排、主导制度建设。

第三，东盟近年来的确遭遇了一些困难，在内部成员国的动荡以及普遍的经济金融危机影响下，东盟自身的发展出现较大问题，同时也导致其在东亚区域化中的主导作用受到牵制。但是，对东盟的困难要从长远着眼，不能仅仅因为当下的困难就否定东盟的长远意义和作用。东盟的内部困难在东盟的发展历史上出现过多次，而出现困难的同时，也是东盟获得更进一步发展、解决内部问题的契机，这正是一种辩证的关系。当前的危机给东盟带来困难并未达到不可解决的程度，而正是困难给东盟成员国更大的推动力，使之产生更强烈的政治决心来推进区域建设，这表现为东盟更急切地寻求一体化的新进展，如在东盟领导人会议上决定提前五年将东盟建设成共同体，包括经济、安全、社会与文化各方面，《东盟宪章》的推出，也在法理上为东盟确立了未来的地位〔2〕。东盟在东亚区域化中要保持其主导地位，就必须不断追求自身建设的进步，维持它作为协调者和区域化建设主导者的软实力和示范作用。

东盟内部已经开始认识到这一点，正如印尼战略和国际研究中心主任 Rizal Sukma 指出的那样，面对新的挑战，东盟在东亚区域内未来的角色不仅有赖于其内部协作能够达到的深度，

---

〔1〕 张蕴岭："如何认识东盟"，载《当代亚太》2006 年第 7 期。

〔2〕 何强、郭倩："《东盟宪章》：东盟一体化进程的里程碑"，载《东南亚纵横》2008 年第 7 期。

也要求东盟做出更能凸显存在的机制创新以促进东亚合作[1]。所以，东盟现今的困难的确给它带来了一定的危机，但是这种危机感同时也是发展的动力，有望促使它寻求更进一步的区域化成果，将其在东亚区域化中的地位和作用维持下去。

根据东盟在东亚区域化中的特殊地位，对东亚区域化的结构和前景进行分析研究，东盟是其中最重要的部分之一。东盟在东亚区域化中的主导者地位在可预见的将来不太可能有太大的变化、也不应变化，这表明，对东盟本身从发展历程到未来前景的研究是有意义的。更重要的是，从东亚区域化的长远发展来说，作为主导者的东盟一直发挥着制度设计、议程安排的重要角色，东亚区域化的整体发展必然受到东盟区域经验和治理模式的影响，这也要求对东盟的具体运作进行分析。进而言之，东亚区域化作为社会建构的学习和互动过程，东盟方式所起到的示范作用是极其关键的，东亚其他国家都需要从东盟的制度建设、协调方式等各方面汲取经验教训，并从对东盟的具体分析中获得东亚区域化发展方向和实际操作中的有益启示。东盟在东亚区域化的地位和意义是本书选择它作为案例的缘由，并通过其自身的案例展示验证其地位和意义。

鉴于东盟的特殊意义，本书将以东盟自身区域化发展的历程作为案例，分析其具体的治理模式特别是其中的历史经验和制度建设的特征，并以此为例，从中总结出东亚区域化发展可资借鉴的具体内容。特别是在区域治理方面，从以下的案例获得对东亚区域化有益的结论，并尝试对东亚区域化的未来发展有所助益。

---

〔1〕 Rizal Sukma, “ASEAN and Regional Security in East Asia”, pp. 119 ~ 120; http://www.kas.de/upload/dokumente/2010/06/PolDi-Asien_Panorama_02-2010/Panorama_2-2010_SecurityPolitics_Sukma.pdf.

3.3　东盟案例的相关背景和说明

对东盟区域治理案例的研究是本书最主要的分析依据，因此，有必要描述和澄清这一案例的基本背景，并对案例分析的设置作一说明。

东盟区域化是建立在东南亚国家复杂的区域状况基础上的，这是对东盟区域治理进行分析和评估的前提。

（1）东南亚区域本身并没有一个区域的观念，历史上从未作为一个单独的“区域”存在过[1]；直到二战中，盟军为了全球战略部署的需要，才将东南亚单独划为一个战区，使得东南亚这一片的国家和地区正式以一个地理区域的面目出现，并为国际社会接受。人们真正开始意识到“东南亚”是从这个时候才开始的。就此而言，东南亚作为一个区域，本身没有深刻的历史渊源，欠缺区域合作中的天然基础。

（2）东南亚区域具有高度的多样性，从地理、文化、种族和宗教等各方面来看都差异极大。东南亚区域在地理条件上表现为较强的分散性，幅员 1210 多万平方公里的面积（陆地面积 460 多万平方公里、海洋 750 多万平方公里）被大大小小的岛屿所分割，历史上也从未实现过统一。东南亚区域的地理条件也促成了其民族、宗教和文化上的多样性，在这个区域内，“各种种族的代表性特点、文化类型、经济制度和政治制度的纷繁杂陈，其种类之多，范围之广，几乎囊括人类所见识过的全部类型。在这个地区的将近 3 亿人中，世界主要宗教都有其代表，

---

〔1〕 王正毅：《边缘地带发展论——世界体系与东南亚的发展》，上海人民出版社 1997 年版，第 14 页。

许多伟大的文化也有其代表"[1]。的确，这个区域内的多民族性是有目共睹的，例如，印尼有100多个民族，菲律宾有90多个民族，越南也有50多个民族，众多的民族及其相应语言带来了高度的复杂性。此外，世界上主要宗教，如佛教、伊斯兰教、印度教、基督教等，在这里都有数量不小的信徒。东南亚由于地处交通要地，深受多种文化的影响，如印度文化、中国文化、阿拉伯文化、西方文化等，并通过选择性地吸收融入了东南亚各民族文化当中[2]。东南亚的多样性还表现在政治和社会制度上，东南亚国家经历了长期的殖民和战乱历史后，形成了不同的政治社会制度，如泰国保留了君主制、菲律宾和印尼实行了总统制、新加坡实行内阁制等，与之相对的是，属于印支国家的越南、老挝等国都坚持了共产党领导，并建立了社会主义制度。

(3) 长期的殖民历史也给这个区域带来了深刻的影响。殖民统治者为了自身需求切断了原有的经济联系，改变了区域本身的生产结构和模式，造成区域内经济联系的缺乏和对原宗主国的依赖。更重要的是，在争取民族独立的过程中，殖民者无视区域内具体的民族、文化宗教和历史条件，将东南亚区域按照自己的利益划分为若干国家，并以此作为东南亚各国独立的基础。殖民统治留下的疆界把原有的民族或种族统一体分割开来，形成了东南亚国家大部分边界问题，人为地制造了东南亚国家间领土和边界冲突的祸根[3]。东南亚国家独立之后，长期

---

〔1〕 马嬰:《区域主义与发展中国家》，中国社会科学出版社2002年版，第67~68页。

〔2〕 [英] D. G. E. 霍尔:《东南亚史》(下册)，中山大学东南亚历史研究所译，商务印书馆1982年版，第20~21页。

〔3〕 Lee Yong Leng, *Southeast Asia: Essays in Political Geography*, Singapore University Press, 1983, pp. 8~9.

困扰于边界问题，因为各国之间形成了错综复杂的边界争端网络，每一个国家与其相邻国家都存在程度不等的领土边界争端，这也导致一开始东南亚区域内的相互不信任和排斥行为，如东盟成立前印尼对马来西亚一直抱有强烈的敌意[1]。并且，分离运动也长期伴随着东南亚国家的民族国家建构过程和发展过程，始终是东南亚国家所忧虑的严重国内问题。这些问题都不可避免地影响到东南亚国家对区域内国际关系的判断，造成了它们对政治安全问题的长期关注和焦虑，并在区域进程中时刻警醒。

东南亚国家的社会政治一般体现出一党专政或等级制的特征，使其成为威权主义政治研究的典型对象。这种政治特征带来的后果是，区域内各国政治领导人地位较为稳固、执政时间一般较久，例如，在新加坡，李光耀和他的人民行动党从1956年开始就主导着新加坡政治生活，长期作为执政党存在；印尼苏哈托政权自从1965年建立之后也一直控制着印尼的政治生活，直到1998年金融危机等重大动荡局势；同样，马来西亚的马哈蒂尔的联合政府也是长期执政的代表。这样的政治特征有利于东南亚各国的政治稳定，使国家政策能够具有有效的持久性，同时，领导人在国家政治生活中稳固地发挥作用，也导致东南亚各国之间的国际合作更明显地表现出注重人际关系、更倾向于非正式协商和交流的特点。

东南亚国家大多是经济发展水平不高的小国，往往还处于农业社会向工业社会转化的挣扎中，在战后的互动历程中，它们普遍追求的是经济发展和政治稳定，这成为东南亚区域化的最重要驱动力。区域主义是它们克服国家弱小限制、争取抗衡

[1] 郑先武：《安全、合作与共同体：东南亚安全区域主义理论与实践》，南京大学出版社2009年版，第183～184页。

东盟区域化的初始阶段（冷战时期的区域化进程）

4.1 区域合作的背景和过程

东盟，全称“东南亚国家联盟”（the Association of South-East Asian Nations，ASEAN），成立于1967年8月8日，迄今已经走过40多年的历程，覆盖了东南亚所包含的10个主要国家，其区域化经历了复杂而曲折的转变，需要分阶段进行描述和概括。

东盟区域化的第一个阶段是从1967年东盟成立到20世纪80年代，这一阶段，东盟国家进行了区域治理的初步尝试，建立起了基本的治理机制，但同时表现出明显的不成熟之处。

4.1.1 东盟诞生的国际环境

东盟的诞生和东南亚区域的国际政治环境、东盟国家的对外关系经验密切相关。

随着二战的结束，东南亚国家首先进行了一系列民族独立斗争。二战结束使东南亚摆脱了日本建立的“大东亚”体系，也刺激了东南亚各国摆脱西方支配的民族独立斗争。1945年，越南爆发革命，越南共产党与其他十几个革命组织构成的越南独立同盟宣布建立越南民主共和国，面对着法国重建殖民统治的野心以及美国直接干涉的困难，越南先后开展了抗法战争和抗美的越南战争，一直坚持民族独立斗争，直到 1975 年最终取得独立〔1〕。这段长达 30 年的民族独立斗争改变了东南亚的国际关系环境，由于越南的独立斗争集中了中美苏三大国的干涉，促成了东南亚区域冷战格局的形成，也在东南亚国家之间塑造了对立和疑虑。出于对区域稳定和共产主义威胁的担心，越南的独立斗争成为东南亚条约组织乃至东盟建立的重要背景〔2〕。1945 年，印度尼西亚也爆发革命，并迅速宣告独立，建立了印尼共和国，但英国和荷兰不愿放弃海外殖民利益，不承认印尼的独立政府，并派出军队与印尼民族武装发生冲突，经过反复多次的武装斗争和谈判，特别是在大国干预下，直至 1949 年，荷兰才被迫正式向印尼移交主权；印尼独立斗争的后果是，印尼对大国干预深恶痛绝，秉持独立外交传统，这对于东盟之前的区域合作起到了消极作用〔3〕。1946 年，菲律宾与美国签订独立条约而成功获得和平独立，虽然菲律宾在名义上获得了主权地位，但是毕竟美国在很大程度上仍然保留了在菲律宾的特殊影响力，如保留了美军海空军事基地。菲律宾和美国之间的特殊关系导致菲律宾在重大议题上紧随美国，在美国的保护下对区域安全合作缺乏热心，同时也正是因为这种关系，菲律宾急需表现出其独立性，它积极参与东盟的行为正是出于获得身份

〔1〕 梁英明等：《东南亚近现代史》，昆仑出版社 2005 年版；时殷弘：《美国在越南的干涉和战争（1954～1968）》，世界知识出版社 1993 年版。

〔2〕 王子昌：《东盟外交共同体：主体及表现》，时事出版社 2011 年版，第 42～46 页。

〔3〕 王子昌：《东盟外交共同体：主体及表现》，时事出版社 2011 年版，第 72～87 页。

承认的意图[1]。1948 年，缅甸从英国殖民统治下获得独立，1953 年老挝、柬埔寨也获得独立，这些国家大多奉行相对中立的外交政策。1957 年马来亚联邦建立，后于 1963 年重组为马来西亚联邦，1965 年新加坡从中独立出来。东盟建立前，其成员国基本上都摆脱了殖民体系，建立了独立的民族国家。

由冷战塑造的国际体系结构是东盟启动区域化所面临的最主要国际环境。二战后，东南亚也成为美苏冷战对抗的场所之一，其中美国对东南亚的影响是最具支配性的：二战结束时，法国、荷兰、英国在东南亚仍然占有殖民地，但实质上随着二战的结束，美国在亚太地区最具有利的战略优势，而同时欧洲各国普遍衰落，所以，在东南亚区域，美国的影响力是最大的。美国在菲律宾还保留有大量的军事基地，成为美国在东南亚军事优势的支柱和战略工具。在两极格局的国际环境下，美苏争夺并没有忽略东南亚这个东亚战略要地和丰富的自然资源产地；美国在经历了中华人民共和国的建立和朝鲜战争的失败之后，在东亚面临的冷战对抗局面成为一种大陆和海洋之间的平衡[2]，东南亚区域成为美国展开冷战对抗的重要一环。美国的东南亚政策附属于其东亚政策，基于过度敏感的“多米诺骨牌”理论，美国相信，一个东南亚国家倒在共产主义面前，会削弱整个区域内国家的政治意志，必然地带来其他国家一个接一个地倒下，因此，阻止共产主义在东南亚的扩张，防止西方阵营失去至关重要的资源，以及维护美国的国际信誉，成为决定美

---

〔1〕 Jürgen Haacke, *ASEAN's Diplomatic and Security Culture: Origins, development and prospects*, London and New York: Routledge Curzon, 2003, p. 36.

〔2〕 即所谓“共产主义阵营在亚洲大陆上”与“基于岛屿环线上的美国海空军的互相对峙”，使“朝鲜半岛和东南亚成为两个阵营政治军事斗争的目标”。[美]邹谠：《美国在中国的失败，1941～1950》，王宁、周先进译，上海人民出版社 1997 年版，第 508 页。

国在东南亚行为的关键因素。1950 年，法国发动印支战争，企图重新获得对越南的支配权，但已经衰落的法国无法将战争坚持下去，这时，基于冷战对抗的全球战略考虑，美国给予了法国大量经济和军事援助，并在法国最终未能达成目的之后亲自上阵，大力扶持南越政权，继续支持泰国和菲律宾政府和其他反共组织。在美国牵头下，菲律宾、泰国等国建立了以反共为首要目标的安全同盟组织"东南亚条约组织"，随之又与泰国于 1962 年签署双边共同防御协定，并为柬埔寨和老挝提供经济和军事援助[1]。美国提供金钱、武器、军事顾问和培训，通过东南亚国家支持右翼政治活动和所谓"秘密战争"，甚至自己直接派军队参与越南战争，在东南亚区域掀起了反共浪潮。无可否认，由于美国在东南亚的有力支配地位和强烈的反共倾向，对东南亚国家的政策选择构成了严重制约[2]。

另一方面，苏联在本区域内的行动相对较少，虽然也曾经鼓动东南亚革命，但并未坚持支持东南亚的独立运动。反而是新成立的中华人民共和国在东南亚构成越来越大的影响力。新中国从建立之初就明确表示坚持在平等的基础上发展对外关系，并在对外交往中与其他国家一起倡导"和平共处五项原则"，积极争取同东南亚国家建立友好关系。中国致力于维护东南亚国家的独立自主，反对美国控制东南亚国家，因而支持越南民主共和国的民族独立战争，坚持维护柬埔寨和老挝的中立地位；

---

〔1〕 1955～1964 年，柬埔寨接受了超过 4 亿美元的美国援助，其中 1/4 是军事援助。大致同期的菲律宾和泰国也分别接受了约 4 亿和 9 亿的军事援助。韦民：《民族主义与地区主义的互动——东盟研究新视角》，北京大学出版社 2005 年版，第 165 页。

〔2〕 Mark Beeson, "the United States and Southeast Asia: Change and Continuity in American Hegemony", in Kanishka Jayasuriya ed., *Asian Regional Governance: Crisis and Change*, New York: Routledge Curzon, 2004, pp. 218～219.

但是在美国遏制政策之下，大部分东南亚国家并未对中国的政策作出积极反应，反而在美国的授意下与中国拉开距离。

因此，从冷战开始到20世纪70年代，对东南亚区域发挥最大支配作用的是坚持积极反共政策的美国，大部分东南亚国家的国家安全和对外政策都被融入美国的冷战架构中，同时也存在与美国政策有一定距离的民族主义国家，以及社会主义阵营国家。东南亚区域由于冷战对抗而分裂为以意识形态划分为的3个阵营，即菲律宾、泰国等受美国支持的国家和社会主义阵营的越南以及不愿受美国控制的东南亚民族主义国家。

4.1.2 冷战初期东南亚区域合作的萌芽

在面临东南亚区域大国斗争的全面影响下，东南亚国家进行了维护自身独立和安全的长期努力。由于东南亚各国本身的条件和政策，它们在处理和应对内外需求时的政策倾向并不一致，它们所作的努力主要包括不结盟运动、军事防务合作、同盟体系等不同形式。

首先，主要受制于美国区域政策支配的国家，如菲律宾、泰国、马来西亚等，同时也进行了一系列多边或双边的、主要以防务为目标的反共协作。菲律宾等国在冷战初期怀有强烈的反共心态与美国的反共宣传、冷战战略体系建构有关。美国在亚洲东部构筑起一道防止共产主义蔓延的堤坝，建立“从阿留申群岛、日本、琉球群岛到菲律宾、澳大利亚和新西兰的防线”，以加强东南亚防务为名，游说东南亚各国参与其双边和多边防务合作[1]。

---

〔1〕 王士录、王国平：《从东盟到大东盟——东盟30年发展研究》，世界知识出版社1998年版，第17页。

这一时期，菲律宾和泰国是东南亚国家中最积极的两个，这是因为它们的国家安全似乎都面临着所谓“共产主义威胁”，例如，菲律宾被来自中国大陆和台湾海峡问题的安全威胁所困扰，而泰国更是与咄咄逼人的越南共产党政权近在咫尺[1]。美国在东南亚战略体系的基础是它和东南亚国家建立的双边军事同盟。1946年，菲律宾从美国手中获得独立地位的同时，美国就与之签订了《菲美总关系条约》和贝尔贸易协定，规定保留为两国共同防御所需的一切债务，也规定了两国继续实行自由贸易制度，但在具体协定中，菲律宾需要给美国对菲经贸活动以充分的优惠政策；美国为菲律宾提供高额经济援助，但规定必须与贸易协定相关联[2]。1947年，美国与菲律宾签订《美菲军事基地协定》和《美国对菲律宾军事援助协定》，规定保留美国在菲的23处军事基地并在这些基地享有司法权和免税等优惠条件，以及美国向菲律宾派遣军事顾问团以帮助菲训练军队。1951年，美国与菲律宾签订《菲美共同防御条约》，规定两国共同维护菲律宾国家安全，建立起所谓“战略伙伴关系”。至此，菲律宾完全被拉入美国在东亚的冷战战略体系中了。同菲律宾类似，泰国也于1950年和美国签订了《泰美军事援助协定》和《泰美经济技术援助协定》，将双边军事合作制度化，从而也被纳入美国的冷战战略体系中。

在建立起双边同盟体系之后，美国试图扩大在东南亚的防务合作，将其他国家也纳入其军事体系。美国筹划仿照北约组织建立一个东南亚区域内军事集团，即“东南亚条约组织”

〔1〕 Jürgen Haacke, *ASEAN's Diplomatic and Security Culture: Origins, development and prospects*, London and New York: Routledge Curzon, 2003, p. 33.

〔2〕 James A. Tyner, *America's Strategy in Southeast Asia*, Powman & Littlefield Publishers, 2007, pp. 51 ~53.

(the Southeast Asia Treaty Organization)。1954年，澳大利亚、法国、新西兰、巴基斯坦、菲律宾、泰国、英国和美国8个国家在马尼拉签订《东南亚集体防务条约》(the Southeast Asia Collective Defense Treaty)，宣称其目的是“对付共产党在东南亚地区的威胁”[1]。这个组织虽名为东南亚条约组织，却只有菲律宾和泰国两个国家属于东南亚区域，实质上是美国用以扩展其在东南亚军事势力、以集体名义进行反共活动的工具。然而，由于这个组织并不代表各国的真实意愿，其内部分裂性十分突出；美国对它寄予厚望，借组织名义召开过一些会议，也举行过军事演习，但大多数成员对这一组织并不满意，拒绝承担任何有意义的安全责任，将组织的主要精力转向发展卫生和教育的区域性项目。东南亚条约组织自始至终都不是一个有意义的实体，而是名义上的集体合作[2]，最终自行解散。此外，美国还曾经鼓动泰国提出建立一个将泰国、老挝、柬埔寨合成区域组织的“东南亚佛教国家集团”，将老挝和柬埔寨两国拉入美国的反共阵地，但由于柬埔寨反对而失败。

另一方面，东南亚国家也存在反帝反殖民的民族主义运动。出于新兴民族国家维护独立和和平的愿望，在印尼等国号召下，29个新独立的亚非国家于1955年在印尼万隆召开了亚非会议，正式向世界各国倡导第三世界国家处理国际关系的准则，即“和平共处五项原则”。这表明了东南亚国家摆脱大国干涉、追求独立的和平意愿。

相对于共产主义威胁而言，印尼、柬埔寨和缅甸这些东南

---

〔1〕［英］D·G·E·霍尔：《东南亚史》(下册)，中山大学东南亚历史研究所译，商务印书馆1982年版，第975页。

〔2〕［美］约翰·F. 卡迪：《战后东南亚史》，姚楠等译，上海译文出版社1984年版，第410页。

亚国家对殖民主义更具疑虑，它们经历了西方殖民主义的长期统治，对和平、独立和自由有着强烈需求，对外政策中，它们相信大国干涉是区域动乱的根本原因，因此都表现出不愿受控于美国的反共政策，不认可美国在东南亚及周边建立军事同盟的行为，拒绝参加美国建立的同盟组织〔1〕。这些国家希望减少对西方国家的依赖，在国际社会中树立起新的形象，因而更愿意同其他同样刚刚独立的发展中国家进行交往和合作。1954 年，印尼总理阿里·沙斯特罗阿米佐约首先提出召开亚非会议的倡议，随后，缅甸、锡兰、印尼、印度等国在科伦坡举行会议，讨论了召开会议的可能性，并在其后的茂物会议上研究了具体的细节问题。1955 年 4 月，29 个亚非独立国家的代表聚集到印尼万隆出现会议，就反帝反殖民、团结合作的总体目标进行了讨论，最终取得共识、达成了协议。会议提出了《最后公报》和《关于促进世界和平与合作的宣言》，提出国际社会“和平相处、友好合作”的十项原则，引申和发展了“和平共处五项原则”。万隆会议反映了亚非民族国家反对强权和霸权，维护和平与独立的共同意愿。在万隆会议后，世界范围内的区域主义形成强大的浪潮，在东南亚范围内，印尼等国倡导的独立、中立和不结盟为特征的区域主义潮流形成强大的影响力，和美国的军事同盟体系相抗衡。

4.1.3　东盟诞生前夕的东南亚区域合作

在区域主义运动的影响下，东南亚各国开始考虑创建不受

〔1〕 最为典型的就是印尼，它的外交政策“被设计为维持印尼的独立性，使得该国能追求最大程度上服务于其国家重要利益的议题，而不会被它无法控制的外部承诺所束缚”。Jürgen Haacke, *ASEAN's Diplomatic and Security Culture: Origins, development and prospects*, London and New York: Routledge Curzon, 2003, p. 34.

简称东盟）的共识，会后发表的《曼谷宣言》宣告了东南亚国家联盟的正式成立。

1967 年《曼谷宣言》表达了各国加强东南亚合作，维护区域和平、自由和繁荣的愿望，规定了东盟的组织机构和具体功能，它宣称：东盟主要是社会、文化和经济性的组织[1]。

东盟成立后的初步阶段，主要致力于协调内部关系和对外关系，并一度处于高度危机之中。

具体而言，1968 年开始的菲律宾与马来西亚之间关于科雷吉多事件的争端是东盟面临的第一个危机。仅仅在东盟成立 7 个月之后的 1968 年 3 月，一些穆斯林新兵在马尼拉湾的科雷吉多岛因兵变被杀，有消息证明菲律宾在该岛上训练的穆斯林军队是为了派往沙巴地区从事颠覆活动；其后，尽管菲律宾政府进行了辩解，但马来西亚政府反应强烈，双方不断攻击和指责，致使双边关系变得十分紧张，冲突逐渐升级。在这一问题上，东盟进行了积极调解，最终促成了两国在曼谷举行谈判；但谈判未能取得效果，反而激化了双边矛盾。到同年第二届东盟外长会议，虽然按照东盟的默契，会上没有提出沙巴问题，但在会议之外东盟其他成员国的劝解下，菲律宾和马来西亚达成了谅解，同意了一个冲突"冷却"时期。其后，双边关系再次出现反复，迫使东盟其他国家加紧调解工作，在联合国亚洲和远东经济理事会会议之外继续讨论沙巴问题，得以促成再一次冲突"冷却"。在东盟调解下，两国在第三次东盟外长会议上宣布复交，最终达成了妥协，化解了这次危机[2]。

---

〔1〕"The ASEAN Declaration", Bangkok, 8 August, 1967, http://www.asean.org/news/item/the-asean-declaration-bangkok-declaration.

〔2〕［菲］鲁道夫·C. 塞韦里诺：《东南亚共同体建设探源：来自东盟前任秘书长的洞见》，王玉主等译，社会科学文献出版社 2012 年版，第 144～146 页。

在科雷吉多危机尚未完全解除时，新加坡和印尼在“海员事件”中又陷入对抗。新加坡曾逮捕印尼两名海员，并不顾印尼和马来西亚的要求，处死了这两名印尼人，因而激发了印尼国内大规模游行示威等对抗行为，导致双边关系急剧恶化。在东盟的框架下，泰国充分发挥了调解作用，使两国关系重新正常化，再一次解除了东盟内部危机[1]。

东盟危机之后，内部关系得到调整，整体意识越来越受重视，在此基础上，合作的愿望更加强烈。进入20世纪70年代后，东盟开始了一系列经济合作，主要表现在：东盟建立了一批常设委员会，涉及商业、工业、旅游、交通运输等领域，它们对该领域的合作进行了广泛讨论，并实际支持了区域内合作。此外，在东盟推动下，一些区域内专门性组织的成立也丰富了区域合作机制的构成，如东盟工商会、东盟旅游协会、东盟石油理事会等，在这些领域都进行了区域合作，并继承了原有的部分合作项目。但东盟的合作成效不大，谈判达成的项目真正得到落实只占一小部分，而区域内贸易也没有太大增长。东盟各国出口商品主要面向的是发达国家市场，相互间互补性不高，在1976年巴厘会议之前，东盟没有考虑过要实现一体化的市场[2]。

东盟初步合作的成效并不明显，在世界性经济衰退的背景下，东盟国家不得不对经济合作的方式进行反思；同时，区域内安全形势的影响，如越南独立代表着共产主义势力的迫近、中国的革命输出等，使东盟国家感受到严重威胁[3]。东盟适时

〔1〕王士录、王国平：《从东盟到大东盟——东盟30年发展研究》，世界知识出版社1998年版，第63～68页。

〔2〕［菲］鲁道夫·C. 塞韦里诺：《东南亚共同体建设探源：来自东盟前任秘书长的洞见》，王玉主等译，社会科学文献出版社2012年版，第178页。

〔3〕王子昌：《东盟外交共同体：主体及表现》，时事出版社2011年版，第119～120页。

提出进一步推进区域合作的号召。1976 年，东盟首脑会议在印尼巴厘岛举行，这次会议签署了三个重要文件，即《东南亚友好合作条约》、《东南亚国家联盟协调一致宣言》以及《最后公报》。会议对东盟成立后的工作进行了总结和评估，明确促进政治合作是东盟的重要职能，但又重申军事和安全合作不列入东盟框架内。会议建立了东盟秘书处，完善了东盟工作机构的设置〔1〕。

4.2 区域化制度建设及治理特征：以安全为主的区域合作

东盟初创阶段的治理核心主要体现在机构设置的初步成就，以及其机制运行的原则方式的确立。这为东盟治理的长期发展打下了基础。

4.2.1 东盟制度中的机构建设

这一阶段，东盟的建立经历了长期的酝酿和反复尝试，充分展现出东南亚国家在区域治理创设过程中的艰难。当然，东盟这一区域组织的最终建立和发展，开启了东南亚区域治理的初步进程，为区域化的推进和进一步效应奠定了基础。

东盟组织是东南亚区域主义的核心机制，从区域治理内容分析，组织机构的设置构成了这个阶段制度建设的主要内容。

按照《曼谷宣言》的规定，东盟的机构设置主要包括：①东盟部长会议，每年一次，由各成员国轮流主持；②常务委员会，由东道国的外交部部长或其代表主持，其他国家的大使参与，以进行外长会议休会期间的联盟工作；③由专家组成的

〔1〕“Declaration of ASEAN Concord”, Bali, Indonesia, 24 February, 1976, http://www.asean.org/news/item/declaration-of-asean-concord-indonesia-24-february－1976.

特别委员会和常设委员会；④各国秘书处，代表本国在联盟工作，为其他机构服务。[1]

这样的机构设置初步解决了东盟体制的组织问题，使东盟能够真正运转起来。但由于缺乏真正有决定权力的权力机构、各国秘书处各自为政等因素，这一套组织机构效率低下，成效很不明显。

到 1976 年巴厘会议，东盟建立了东盟秘书处，极大地完成了东盟机构设置，提高了组织效率。按照会议协议的规定，东盟秘书处由秘书长主管，在东盟部长会议期间对外长会议负责、平时对常务委员会负责，并负责执行东盟部长会议和常务委员会授予的全部职责。此外，秘书处还包括一整套工作人员建制，主持各方面的具体工作[2]。这样，东盟组织终于有了一个将各个机构统合起来共同发挥作用的运作中枢，在制度设计上变得更为完整、有效。这次会议同时也是东盟第一次首脑会议，开创了东盟首脑会议的机制，作为民族国家主导的区域组织，东盟首脑会议成为最高决策机构。

东盟机构的设立和完善，促进了组织内各国在各个领域的区域合作。

4.2.2　政治安全领域的东盟治理

在东盟运行的初步阶段，安全是区域合作最主要的实质目标。虽然东盟成立宣言中明确表示，东盟的正式目标和宗旨主要是“非政治”的，并以经济合作作为东盟最主要目标，但是，

---

〔1〕 王子昌、郭又新：《国家利益还是地区利益——东盟合作的政治经济学》，世界知识出版社 2005 年版，第 190 页。

〔2〕 王子昌、郭又新：《国家利益还是地区利益——东盟合作的政治经济学》，世界知识出版社 2005 年版，第 215 页。

东盟成立本身就是在强烈的政治动机的推动下实现的，其实质性的行为也是在政治和安全领域发挥主要作用的，因此，东盟一开始是一个政治组织，它在创建自身的宣言中将经济合作列为主要目标，本身就是出于共同的政治需要：东盟内各国都是新兴的民族国家，国家主权相当“年轻”，在经历了长期的殖民统治和动乱后，其国家利益集中于国内政治社会的稳定和国家主权的巩固，而东盟对经济的强调成为各国的共识，正是符合了各国维持稳定、防止颠覆的需要〔1〕。菲律宾总统马科斯曾表示，东盟“成立一个和谐的经济集团，让东南亚各国经济得以联合起来充分发挥潜力。这方面能取得多少成绩、对于实现地区稳定也就有多少助益”〔2〕。另外，外部世界的影响也为东盟各国带来了政治安全方面的压力，这主要是由于美苏争霸给东南亚造成的不安定局面使各国忧心区域环境，特别是在此背景下东盟面临的所谓“共产主义威胁”和东盟国家的内部政局动荡结合在一起，迫使东盟国家在政治安全领域加强合作〔3〕。从东盟内部关系来看，错综复杂而又极具危险性的相互关系也是创建东盟的一大考虑，因为东盟的创建国之间实际上是长期处于不信任甚至敌对的状态中，反而更迫切要求一种安全机制的出现；可是在东盟之前，东南亚区域合作基本上都是不成功的，一种新的方式就需要被创造出来，也就是独具特色的东盟——其对内部关系的首要意义就在于解决相互冲突，比如，抑制印

---

〔1〕 Laurence Henry, “The ASEAN Way and Community Integration: Two Different Models of Regionalism”, *European Law Journal*, Vol. 13, No. 6, November 2007, pp. 858 ~ 859.

〔2〕 陆建人主编：《东盟的今天与明天——东盟的发展趋势及其在亚太的地位》，经济管理出版社 1999 年版，第 5 页。

〔3〕 R. Nagi, *ASEAN, 20 Years: a comprehensive documentation*, New Delhi: Lancers Books, 1989, pp. 41 ~ 47.

尼的军事威胁而将其转为和平的领导者，以及减少小国在区域关系中的脆弱感，等等[1]。

东盟的政治合作一开始并不以公开名义体现在正式组织框架内，在巴厘会议之前，这个领域的合作是在东盟框架之外的特别部长会议内进行的。但实际上，从 1967 年的《曼谷宣言》开始，东盟就在强调“遵守法律原则”、“坚持联合国宪章”、促进“区域和平与稳定”[2]。1971 年，东盟特别部长会议通过了《东南亚和平、自由和中立区宣言》（《吉隆坡宣言》），宣称将努力“使东南亚作为一个不受外部强国的任何形式和方式干涉的和平、自由和中立区”，并表达了扩大成员国合作关系的意愿，此外，它还具体强调了几条联合国宪章的原则，如“放弃使用武力解决威胁”、“和平解决争端”[3]。这一宣言开启了东盟政治合作的制度化进程，公开将合作领域从经济社会推向政治领域，并提出了作为东盟规范重要内容的“和平方式解决争端”，构成了东盟区域安全治理的原则基础。其后，东盟政治合作逐渐公开化，在国际和区域事务中以集体的身份行事，形成了国际舞台上一股引人注目的独立政治力量。1972 年，东盟第五届外长会议提出了反对马六甲海峡国际化的主张，以维护成员国利益；1973 年，东盟第六届外长会议又一致拒绝苏联倡导的“亚洲集体安全体系”，再一次表明了东盟共同的政治立场。

1976 年巴厘会议开始将政治合作进一步公开化，会议将印

---

[1] [加] 阿米塔·阿查亚：《建构安全共同体：东盟与地区秩序》，王正毅、冯怀信译，上海人民出版社 2004 年版，第 68 ~69 页。

[2] “Bangkok Declaration”, Bangkok, 8 August, 1967, http://www.asean.org/component/zoo/item/the-asean-declaration-bangkok-declaration.

[3] 王子昌、郭又新：《国家利益还是地区利益——东盟合作的政治经济学》，世界知识出版社 2005 年版，第 192 页。

支国家共产党政权建立后的东南亚形势作为中心议题，并在会后发布了三个宣言，其中两个都与政治安全合作直接相关。通过《东南亚友好合作条约》，东盟各国再次肯定了东盟内部建立起来的睦邻友好和协商合作关系，强调使用和平手段解决内部争端；而《东南亚国家联盟协调一致宣言》说明了东盟关于政治合作的目标和原则，宣称“决心消除颠覆活动对稳定造成的威胁，加强各成员国以及东盟的抵御力”，要为“早日建成和平、自由、中立区”继续努力，该宣言还规定了东盟政治合作的行动纲领，包括在必要时举行成员国首脑会议、用和平手段解决争端、改进东盟机构以加强政治团结等〔1〕。尤为重要的是，在《东盟协调一致宣言》中，着重提出了要“积极地培育一种区域认同意识，全力创造一个强大的东盟共同体”，表达了东盟国家对建构区域认同的态度〔2〕。1977 年，东盟第二次政府首脑会议再次将中立化问题提出，重申“和平、自由、中立”。

通过一系列条约和宣言，东盟在政治安全合作领域确立了基本的原则方向、共同的制度框架，在东盟政治合作中，维护稳定、防止干涉始终是其中心目标；东盟国家强调的“中立化”原则，在第三次政府首脑会议上甚至发展到了“东南亚无核区”的主张。东盟国家积极发展与第三世界国家的友好关系，如东盟成员国陆续与中国建交，改善了区域对外关系状况。

东盟政治安全合作是这一阶段东盟治理的主要着眼点，也是最有成效的部分。

一方面，东盟区域合作达到的最重要效应就是内部和平与

---

〔1〕 王子昌、郭又新：《国家利益还是地区利益——东盟合作的政治经济学》，世界知识出版社 2005 年版，第 198 页。

〔2〕 “Declaration of ASEAN Concord”, Bali, Indonesia, 24 February, 1976, http://www.asean.org/news/item/declaration-of-asean-concord-indonesia - 24 - february - 1976.

团结的实现。在东盟框架下，原有的成员国间争端和积怨都得到了缓解甚至消除，内部关系达到了前所未有的和谐。例如，菲律宾和马来西亚之间在沙巴主权上的争端，一度使双边关系达到一触即溃的边缘，但在东盟内部的积极调解下，作为同一集体的两国都表达出了和解的善意，恢复了友好关系，为其他成员国解决相互争端树立了模范，增强了东盟的凝聚力和团结；其后马来西亚和印尼之间关于马六甲海峡的争端、领海争端都在东盟框架内实现了缓解，并逐渐回复正常关系。东盟成功地运用和平协商的办法缓解了冲突，其解决内部争端的积极作用得到了国际社会的普遍认可。通过这一阶段的长期互动，东盟内部加强了集体认同，巩固了团结友好的区域关系，消除了内部合作的隐患，使东盟长期没有再出现大的矛盾，从成效上看大致实现了合作的目标。

另一方面，东盟在维护区域稳定与和平的过程中，建立起“中立化”的核心原则，以共同身份积极参与区域事务的处理，有效地提高了东盟作为一个整体在国际社会的地位，并从外而内加强了东盟区域认同。东盟始终坚持在内部团结的基础上共同行动，在国际舞台上协调各自立场，以一个声音说话，将东盟区域化的和平方式推广到区域事务的解决中，获得了国际普遍承认。这集中体现在柬埔寨问题的解决上。

1978 年，越南发动大规模侵略战争，插手柬埔寨内部问题，引发了长达 13 年的柬埔寨战争。东盟迅速作出反应，在东盟外长特别会议上发表公报，谴责越南的侵略行为，呼吁保护柬埔寨独立、主权和领土完整，敦促联合国采取措施。在事件发生之初，东盟内部是有分歧的，与柬埔寨接壤的泰国、民族矛盾本就深重的新加坡感觉到了迫切的安全威胁，要求对越南的行为采取有力的反对措施，而印尼和马来西亚却对越南抱有同情心理，不认为越南的行为是重大威胁，双方进行了系列调整，才形成统一立场[1]。此后，东盟接连在外长会议以及联大会议上提出关于柬埔寨的议案，要求外国军队撤出柬埔寨，并且在各种国际会议、国际组织发出倡议，吁请国际社会予以支持[2]。在东盟的努力下，联合国召开关于柬埔寨的国际会议，通过了要求越南撤军的《柬埔寨问题宣言》。不仅如此，东盟还积极推动柬埔寨抵抗力量的联合，支持它们组成联合政府，并促成这个政府保有柬埔寨在联合国的席位。东盟始终积极坚持各方通过谈判解决柬埔寨问题，以积极的外交活动促使柬埔寨问题相关方开启谈判，这段时期内，几乎每一年东盟都会就柬埔寨问题提出不同的倡议，从所有可能的方向鼓励和要求相关各方在适当条件下开展谈判[3]。在东盟的努力下，柬埔寨问题终于走出僵局，形成解决问题的框架文件，并成立了柬埔寨最高委员会，接受联合国决议。1991 年，第 46 届联合国大会上，柬埔寨各方达成了解决政治问题的最后协议，最终结束了长期战乱。这个过程中，东盟作为一个整体行动，其外交精力大部分投注在了柬埔寨事件的解决上，甚至为了促成柬埔寨和越南的和谈，不得不满怀痛苦地鼓励包括红色高棉的柬埔寨政治力量三方联合[4]。在这个过程中，东盟始终以集体身份、共同立

---

〔1〕 王子昌：《东盟外交共同体：主体及表现》，时事出版社 2011 年版，第 138～141 页。

〔2〕 Mochtar Kusuma-Atmadja, "Let Peace Prevail in South-East Asia", Address before the UN International Conference on Kampuchea, New York, July 1981, in R. Nagi, *ASEAN, 20 Years: a comprehensive documentation*, New Delhi: Lancers Books, 1989, pp. 69～75.

〔3〕 Michael Leifer, *ASEAN and the Security of Southeast Asia*, London and New York: Routledge, 1989, pp. 127～132.

〔4〕 ［菲］鲁道夫·C. 塞韦里诺：《东南亚共同体建设探源：来自东盟前任秘书长的洞见》，王玉主等译，社会科学文献出版社 2012 年版，第 150～151 页。

场积极参与解决问题，并始终坚持以和平方式来处理政治争端，不仅提高了其国际地位，更重要的是，在这种一致的对外行为中东盟成员国加强了内部团结，巩固了区域集体认同[1]。东盟在政治安全合作中形成这一特点延续至今，成为东盟治理方式的重要组成部分。

这一阶段的政治安全区域治理确实取得了显著的成效，但同时也需要认识到，政治安全合作的背后仍然存在种种不利因素，并在这一阶段的东盟治理表现出来。

首要的一个制约因素是大国关系在本区域的影响。由于殖民势力的遗存和冷战的影响，外部大国在这个时期介入东盟区域政治安全事务较多，东南亚国家长期面临外部大国的干预，甚至区域内军事冲突和战争。例如，法国与越南的战争长期得不到解决，并由美国接手继续进行下去，越南的分裂和战乱带来了整个东南亚区域的动荡不安；当美国在全球战略中逐渐收缩，通过各种方式撤出越南战场，另一个超级大国苏联又开始积极介入本区域政治安全事务，在它的支持下，统一后的越南入侵柬埔寨、干涉柬埔寨内政，造成了十多年的柬埔寨问题。从整个历史阶段来看，由于大国对本区域的干预和争夺，造成了区域内长期动乱，区域和平与安宁无法得到真正实现，也造成了东南亚区域的长期对立和分裂，使东南亚处于层层威胁之中[2]。东南亚国家发展水平落后，大多是新获得独立的国家，国家实力无法与域外超级大国对抗，更由于东盟合作机制非正

---

〔1〕 Amitav Acharya, *Construct a Security Community in Southeast Asia*, pp. 80～98.

〔2〕 Amitav Acharya, *the Quest for Identity*: *International Relations of Southeast Asia*, Oxford University Press, 2001, pp. 66～67; Barry Buzan and Ole Waever, *Regions and Powers*: *The Structure of International Security*, Cambridge University Press, 2003, pp. 133～134.

式和松散的特色，东盟政治安全治理实际上并不能发挥什么强制性作用。在这个方面，东盟区域治理是相当无力的，对域外大国的干涉不能作出任何实质性的反应和抵制。因此，虽然大多经历过殖民历史的东盟国家非常希望能够摆脱外部大国的干预，能够真正实现区域事务的独立自主，更有效地维护本区域的和平与独立，但在这第一个阶段内成效并不显著，从外部来看，它们更多是依靠外部大国和国际环境的变化逐渐减少外来干预的影响。

不仅如此，由于东盟机制在面对与域外大国有关的区域安全问题时的软弱，东盟国家长期严重依赖西方国家提供安全保障，与西方大国建立了紧密的军事安全同盟体系。对集体安全组织的怀疑削弱了成员国之间的互信和区域机制的威望，导致东盟各国对内外威胁的认识在很长一段时间内都无法达成共识，强烈的现实主义考虑阻碍了东盟合作的进程，明显不利于东盟的团结和发展。这在东盟国家复杂的多样性背景下显得更加突出。

4.2.3　其他领域的区域治理

相对而言，东盟初步阶段在其他领域的合作缺乏实质内容，成效也并不显著。

东盟成立之后，名义上将经济合作立为组织的重点目标，为经济合作设立了一系列组织机构。东盟框架下的组织机制规定，东盟总体的经济合作决策主要由东盟外长会议作出，各国外交部门实施。

在这个总体框架下，东盟设立了一批常设委员会来进行具体工作。到1972年，这些涉及经济社会各个领域的常设委员会达到11个，它们对相应领域的工作进行讨论和协调。在这些委员会之外，一些东盟非政府组织也建立起来，以促进成员国专门领域之间的联系。但这些机制并没有发挥太大的作用。由于成员国尚未做好准备，东盟也还没有建立自由贸易区的打算，1968 年，菲律宾曾提出建立东盟自贸区，并未得到积极响应。在 20 世纪 70 年代初世界性经济危机的打击下，东盟国家才开始意识到推动联盟内部经济合作的必要性，因为区域内共同市场的建立有助于减少对不稳定的发达国家市场的依赖，弥补各国出口的削减，因此，1975 年东盟各国就开始召开经济和规划部长会议，通过了之后第一次东盟首脑会议上发表的经济合作草案[1]。

直到 1976 年东盟巴厘首脑会议上，东盟经济合作才得到真正重视。1975 年，首届东盟经济部长会议上，各国原则上同意逐渐降低关税，以作为实现自由贸易区的一个步骤。1976 年，巴厘首脑会议规定东盟将开展五个方面的合作，包括："①商品（特别是粮食和能源）的相互协助；②工业方面，合作建立东盟大规模工厂；③贸易方面，各国应在一致前提下通过谈判建立作为一项长期目标的特惠贸易安排；④在国际商品和经济问题中采取共同立场；⑤设立讨论经济问题的部长级会议"[2]。通过这次会议，经济合作在机制上得到了确认，经济部长会议开始成为推进东盟经济合作的主要动力。

随后，特惠贸易安排开始成为各国关注点。1977 年，东盟经济部长会议签署了《东盟特惠贸易安排协定》，规定了各国采取一系列特惠贸易安排。同时，工业合作项目也开始受到重视，

---

〔1〕［菲］鲁道夫·C. 塞韦里诺：《东南亚共同体建设探源：来自东盟前任秘书长的洞见》，王玉主等译，社会科学文献出版社 2012 年版，第 178 页。

〔2〕王士录、王国平：《从东盟到大东盟——东盟 30 年发展研究》，世界知识出版社 1998 年版，第 93 页。

巴厘会议确定了东盟在共同需要的基础上建立完整工业的计划，还规定了项目中的工业企业性质以及资金的来源。但东盟各国在经济合作方面缺乏共识，未能取得设想的效果。这主要是由于东盟各国具体的经济状态差异导致各国的利益分歧，各国承袭下来的殖民地经济发展模式非常依赖对外贸易导致相当高的竞争性，它们在关税削减的同时维持各种非关税贸易壁垒，而同时东盟区域机制并未找到有效的治理方式，无法应对区域内贸易不均衡。例如，区域内贸易的不平衡性极其严重，贸易量95%集中于新加坡，这使得互惠贸易协定的意义不大。同时，各国在暗中抵制或者拖延互惠贸易的真正进展，一是各国在实际上并不存在或者贸易量很小的商品项目上做文章，使得互惠贸易商品项目的增加更多是名义上的数目增加而非实质性的；二是“例外项目”的实施，各国开列了大量不享受互惠的商品名单，比如，泰国从东盟其他国家进口额中例外商品可高达总额的89.1%，这使得互惠贸易更加名重于实；三是原产地条款的限制，这又在很大程度上削减了享受贸易优惠的份额；四是各种非关税壁垒相当严重，东盟缺乏统一的海关估价标准和商品分类法，这些都给各国自行其是提供了方便〔1〕。此外，互惠贸易协定甚至还规定各国有权以保护本国产业为由阻止外资进入〔2〕。在工业合作过程中，各国纷纷将建立本国独立的工业能力的需求优先于集体工业能力的发展，互相拆台，导致恶性互动〔3〕。1970～1987年，东盟内部贸易额占其贸易总额的比例，

〔1〕 廖少廉：“东盟区域内经济合作的问题分析和前景展望”，载《南洋问题研究》1989年第4期。

〔2〕 Narine S, *Explaining ASEAN: Regionalism in Southeast Asia*, Boulder, Colo.: Lynne Rienner Publishers, 2002, pp. 27～28.

〔3〕 参见卢光盛：《地区主义与东盟经济合作》，上海辞书出版社2008年版，第88～93页。

大致在 14.8% ~22.7% 之间波动，没有出现较明显的增长效应[1]。

东盟作为小国联盟，经济资源的缺乏是天然存在的困难，区域对外贸易显得尤为重要。东盟最初开启对话伙伴行动就是为了加强与外部市场的联系，1972 年东盟特别协调委员会与欧洲经济共同体开展非正式对话是此类对外贸易谈判的开端。1973 年，新加坡外长拉惹勒南在第六届东盟部长会议上指出，东盟不可能基于自己的资源获得发展，区域合作必须坚持外部经济的参与，区域外贸易和投资才能加速东盟经济增长[2]。因此，东盟以集体身份开展经济对话成为促进区域对外贸易的重要手段，不仅与欧洲共同体，更重要的还有日本、美国、澳大利亚、新西兰等这些与东盟国家贸易往来密切的经济体，议题包括了市场准入、发展援助和投资等东盟经济发展的重点。东盟逐渐以区域性姿态开展与其他区域的经济协作谈判，此后始终坚持集体贸易对话的手段，以打开发达国家市场、吸引投资和技术。但在这些谈判中，仍然存在东盟各国自行其是的问题，有关东盟共同谈判立场的条款非常难以形成一致，这种困难大大限制了东盟以集体身份进行谈判的重要性[3]。

在这一阶段的发展过程中，东盟区域经济治理虽然拥有可资利用的系列制度，但其制度体系更大程度上是空洞的，它并未建立在各国实际需求和相互关系的现实状态上，也不具备真

---

〔1〕 Amitav Acharya, *the Quest for Identity: International Relations of Southeast Asia*, Oxford University Press, 2000, p. 149.

〔2〕 拉惹勒南在第六届东盟部长会议上的开幕词，引自［菲］鲁道夫·C. 塞韦里诺：《东南亚共同体建设探源：来自东盟前任秘书长的洞见》，王玉主等译，社会科学文献出版社 2012 年版，第 218 页。

〔3〕 劳伦斯·D. 施蒂费尔："东盟合作和东南亚的经济发展"，周世雄译，载《南洋资料译丛》1979 年第 4 期。

实的约束效力，因而并未取得理想的成就。互惠贸易机制相关的问题直到东盟治理的下一个发展阶段也还仍然存在，实质性的进展不大。

此外，东盟通过上文所述的几个主要政府间协议，在社会文化和科技等方面也制定了一些合作架构，例如，在成立宣言中对这些领域合作的明确表达，创立共同刊物、制定共同人口发展计划等。但这些方面的合作始终在低水平上运作，没有实质性的进展〔1〕。

4.3 启动进程：治理框架和原则的初步建构

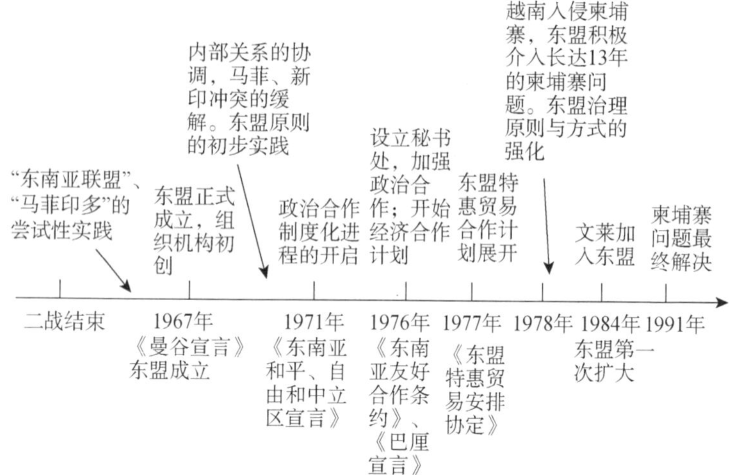

图 4.1　东盟治理第一阶段主要发展示意图（来源：作者自拟）

从区域治理的视角来观察这一阶段东盟区域化进程可以看

〔1〕 王士录、王国平：《从东盟到大东盟——东盟 30 年发展研究》，世界知识出版社 1998 年版，第 86 页。

到，其治理特征已经开始逐渐展现。图4.1对这一阶段东盟治理的主要发展按时间顺序做了一个概括，这一图示表明，东盟从最初的尝试性实践到正式成立，从协调内部关系到政治合作的制度化，从共同安全声明到特惠经贸计划的开展，呈现出从无到有、从草创到不断完善的发展特征。这一发展也凸显了东盟初步合作的特征，内部的团结和区域安全局势是这一阶段东盟治理的实际重心；东盟对成员国冲突的协调和介入区域政治安全问题的解决，成为东盟原则与方式得以确立的实践基础。

东盟的创立是其成员国在互动中不断磨合而最终实现的。东盟从最初的东南亚联盟和马菲印多等区域组织发展而来，东盟国家间关系经历了长期的互动与磨合，对国家利益和区域整体利益才逐渐有了较为清晰的把握。治理作为团体集体行动的程序和机制，首先要求行为体达成治理目标的共识，而就东盟国家而言，合作的共识长期是混乱不清的。特别是在美国因素和冷战格局的大背景下，如何界定和维护国家利益和区域利益，东盟国家不仅长期摇摆不定，甚至在这个过程中加剧了区域内的紧张和混乱。东南亚区域合作从一开始就有不同的方向主张，东盟内国家一度采取不同的区域合作策略，甚至在以合作为手段而相互争斗（如马菲印多）。如前文所述，东盟国家在经历了一系列区域合作的失败后，终于在新的基础上开始区域化——也即是在抛除了以往区域机制遭遇的对立姿态而转向合作性共识之后，东南亚区域化才真正具备了成功的起点，并在此基础上明确了东盟的涵义，明确了东南亚这样的多样化区域内各国对于共同的繁荣安定的追求需要如何得到实现[1]。

东盟建立起来了一整套组织机构和制度体系，作为区域治

〔1〕 R. Nagi, *ASEAN, 20 Years: a comprehensive documentation*, New Delhi: Lancers Books, 1989, pp. 20～22.

理的核心内容延续至今，对于东盟的维持和发展起到了尤为关键的作用。

东盟第一届政府首脑会议之后，东盟组织机构基本上确立下来，表现为一套明确的功能体系：东盟首脑会议和部长会议是最高的决策机构，并且东盟首脑会议在形式上更高；除了外长会议外，部长会议还包括经济部长会议和其他部长会议，是相同地位的决策机构；部长会议休会期间由常务委员会主持日常事务，常设委员会（以及特别委员会）和专家委员会处理组织具体事务。东盟秘书处是东盟组织活动名义上的中枢，但尚不具备实质性权力。与欧盟相似，东盟的主要决策机构还是政府间性质的：大的战略方向由政府首脑会议决定，然后交予次级的相应部长会议商讨具体的问题，在确定大致的做法之后再交给相应的委员会处理各类细节，付诸实施。在部长级层次，东盟甚至一开始只有外长会议处理各方面问题，直至 1976 年首脑会议经济部长会议才得以制度化，自由贸易区计划的开启才使其获得更重要的地位，而其他部长会议也逐渐开始发挥作用。当然，东盟机构中更不存在像欧洲议会那样代表公民利益的组成部分，而作为东盟机构代表的秘书处仅仅具有功能性作用，不具备独立性[1]。

东盟这一套机构设置和它的成立初衷是相称的，从一开始，东盟就自认为是国家间合作的区域组织，在这个治理框架中，行为主体是拥有主权的民族国家；虽然区域化必然要求让渡部分主权，但在区域化初期这一点还不可能得到东盟各国深刻理解和接受，更何况作为刚刚从殖民统治下独立的新兴民族国家，

---

〔1〕 Laurence Henry, "The ASEAN Way and Community Integration: Two Different Models of Regionalism", *European Law Journal*, Vol. 13, No. 6, November 2007, pp. 861 ~ 862.

东盟各国对主权问题尤其敏感。所以，从这个框架中很容易看出极强的政府间合作色彩，组织机构权力的来源几乎被各主权国家垄断，超国家性质的机构只是毫无实质意义的设置。显而易见，从东盟治理的最初阶段开始，民族国家毫无疑义地占据了行为主体地位。

与此相应，东盟的决策方式也充分地体现了对民族国家独立性和平等性的尊重。在讨论东盟组织的决策方式时，由泰国提出的建立松散和灵活的决策机构的主张得到了普遍赞同，这样的决策方式的最重要优势在于，它考虑到了成员国在历史文化及政治等各方面的巨大差异，因而能够适应东南亚国家的现实〔1〕。

这样，东盟首脑会议和部长会议的决策过程表现出突出的松散而灵活的组织特色，处处顾及国家的平等、协调。因此，在东盟的决策方式下，不设定非常正式的制度形式，不产生大量的法律文件来指导行动；要达成一项协议，就必须通过相互间的协商、交流和合作，特别是在正式会议前进行频繁的双边和多边磋商，以求达成共识。东盟的决策方式构成了东盟治理的重要特色，行为体之间建立在平等协商之上的共识是建立机制和体系的来源，也是共同管理行为的前提。尽管行为主体构成单一，但是在这些主体间已经明显遵循了区域治理的理想原则，各主体的意见和利益都能在参与和互动的体系中得到表达，形成共同管理架构的内容，例如，中立化的主张本来只是马来西亚一国的主张，但通过马来西亚在各国间的宣传和说服，最终成为整个区域的集体主张。

在东盟决策方式发展过程中，除了协商一致的原则外，东盟各国还发展出了“东盟－x”的原则。这个原则是指，“如果

〔1〕 赵晨：《东南亚国家联盟——成立发展同主要大国的关系》，中国物资出版社1994年版，第121页。

东盟的少数成员国暂不愿参与某项决策规定的集体行动，但并不反对该决策，而其他成员都支持并愿意参与这一集体行动，那么该决策仍可作为东盟决议通过"[1]。这个原则主要运用于经济领域，有效地解决了维持一致和提高效率之间的矛盾。

东盟决策原则还包括一致对外的要求，即东盟各国在以集体身份应对对外事务时，被要求进行协调、在具体关系中采取统一立场，尤为重要的是，在涉及与成员国利益相关的事务时，东盟对外立场要求向与该成员国靠拢。例如，苏联在向东盟推销亚洲安全体系的计划时，东盟采取了共同抵制的立场；随后苏联又要求将马六甲海峡国际化，与此利益相关的马来西亚和印尼宣布扩大在马六甲海峡的领海主权，马、新、印尼三国还发表联合声明宣布共同管理海峡。

东盟治理从一开始就表现为通过协商和共识达成共同协议的治理方式，其制度建设长期由缺乏法律约束力的条约文件组成，这与东盟国家的现实状况和需求相关。Miles Kahler 曾将东盟机制倾向于弱法制化的原因总结为四个方面："①政府和国家的投机性使它们不愿意接受法制的约束；②因为在区域外存在一定的国际机制，导致在区域内建立相应法制化机制的需求不够强烈；③地区的文化强调群体协调、共识、非正式性，避免法制化；④国内因素，主要是东盟各国对法制化导致主权成本（sovereignty costs）增加的担心"[2]。因此，东盟区域化始终保持着非正式化、弱法制化的特征，表现出与欧洲一体化的巨大不同。

东盟在初步阶段的区域治理取得了明显的成效，特别是政

---

[1] 赵晨：《东南亚国家联盟——成立发展同主要大国的关系》，中国物资出版社 1994 年版，第 138 页。

[2] Miles Kahler, "Legalization as Strategy: the Asia-Pacific Case", *International Organization*, Vol. 54, No. 3, 2000, pp. 559～563.

治安全领域，这促进了东盟治理方式的巩固和延展。东盟通过解决内部冲突的经历，特别是沙巴主权争端的解决，在实践中总结、归纳出一套关于区域关系的指导原则——协商和共识，这些成为"东盟方式"核心的原则，构成了东盟机制的重要组成部分[1]；东盟在其后的发展历程中，一直坚持着这些在互动中证明的治理方式。东盟区域治理的成就一方面改善了内部关系，使各国寻求到解决相互争端的、和平的有效方式，维持了区域稳定和团结；另一方面，也在对外关系中确立了东盟治理模式的特色，在与他者的比较中确立了自身定位。这两个方面的成就都有助于东盟区域认同的培育和发展，进而使东盟国家增强在集体框架下处理各种事务、推进东盟区域化的政治意愿。

东盟区域化初步建立的成就是显著的，但同时在这个过程中也存在一系列问题，限制了东盟治理的成效。首要的问题在于，东盟区域具有过度明显的政府间色彩，从长期殖民统治下摆脱出来的东盟各国还保留着强烈的民族主权意识，使国家利益和区域集体利益不可回避的矛盾表现为极易阻碍东盟区域治理的重要因素。例如，在经济合作中东盟各国的利益斗争，导致工业合作计划成效甚微。此外，东盟各国实际上还受到域外国家的影响，特别是在军事领域，东盟国家军事合作大都朝向域外大国而非区域组织，例如，菲律宾、泰国与美国的军事同盟，马来西亚、新加坡与英国的军事联盟，都采取了与大国的双边合作，对东盟区域本身的合作并不热心[2]。

---

〔1〕 Yuen Foong Khong, "ASEAN and the Southeast Security Complex", in David A. Lake and Patrick M. Morgan eds., *Regional Orders: Building Security in a New World*, the Pennsylvania State University Press, 1997, p. 330.

〔2〕 王士录、王国平：《从东盟到大东盟——东盟 30 年发展研究》，世界知识出版社 1998 年版，第 81～83 页。

总之，东盟区域化的初步发展创建了区域治理的基本架构，确立了东盟治理基本特征，以显著的治理成效为东盟区域化的进一步发展打下了坚实的基础。同时，也还存在许多不成熟的地方，有待在区域化中不断完善。

东盟区域化的转化阶段（20 世纪 80 年代～1997 年）

5.1　区域合作的背景转变

东盟区域化的转化阶段，大致包括从 20 世纪 80 年代后期到 1997 年金融危机的时间范围。在这个阶段，承接东盟最初创立的成就，东盟区域化开始进行各领域合作的扩展和深化，并在区域治理上表现出一些新的特征。

5.1.1　国际环境的变化

对东盟来说，区域内大国关系的变化构成了其国际环境变化的主要内容。

首先是美国力量的相对下降和在东南亚政策的缓和。在越南的全面战争消耗了美国过多的资源，使美国国内对战争的抵制情绪高涨，迫使美国重新评估其战争政策；同时，不断升级的中苏冲突也给美国创造了调整其东亚政策的契机。尼克松总统就任后发表关岛谈话，宣布调整亚洲政策，表达了从越南撤军和减少承担亚洲安全义务的意愿；[1]不久后，美国政府表示

〔1〕 肖月、朱立群主编：《简明国际关系史（1945～2002）》，世界知识出版社 2003 年版，第 209 页。

放弃敌视中国的立场，不再视中国为东亚邻国的威胁。这为美国在东亚的战略调整打下了基础。

1971 年基辛格秘密访华的成就以及中国重新回到联合国的事实迅速改变了东南亚的外交环境，使得各国开始考虑与美国进行的战争拉开距离进而转向改善与中国的关系。美国逐渐开展从全球战略收缩的行动，首先是从越南的泥潭中撤出：从 1969 年开始，美军陆续撤出越南，到 1973 年，美国军队全部撤出越南，并致力于与越南实现关系正常化；从越南撤出的同时，美国也从它的东南亚盟国如菲律宾、泰国撤出了大量军队，交还了一定的军事设施。[1]随着美国从东南亚的撤离，中苏之间的冲突成为新的影响东南亚区域的最主要的国际环境。为了争夺东南亚区域，中苏的对抗延伸到对东南亚的拉拢和合作：中国在和东盟国家陆续建交之后，展开了初步的双边贸易合作，并减少了对东南亚共产党游击队的支持，并提醒东盟警惕苏联扩张；而苏联强化了与越南、老挝的关系，并力图拉拢东盟。在苏联的支持下，越南于 1978 年侵略柬埔寨，而中国与美国关系正常化后得到了美国或明或暗的支持，与越南在柬埔寨问题上强烈对抗，这与东盟寻求区域安全的努力是一致的。中苏对抗的升级成为东南亚国际环境的最显著特征，东南亚国家必须考虑自己如何在大国对抗的战争中求得稳定和安全，考虑如何与新的大国因素合作同时又维持区域独立。

中美关系的改善在很大程度上改变了东南亚的国际环境，为了支持中国在柬埔寨问题上与苏联支持的越南对抗，美国开启了与中国的军事合作，不仅在国际社会支援中国的主张和立场，还解除了对中国的武器禁售。中国在东南亚区域的影响力

〔1〕 吴国仪等：《战后东南亚国际关系（1945～1991）》，天津人民出版社 1993 年版，第 159 页。

变得越来越大，东盟各国都开始更多地考虑中国因素，并逐渐开始将中国纳入其对外合作关系中。

但是苏联在东南亚的进攻态势并不持久。在戈尔巴乔夫执掌苏联政权之后，苏联开始尝试缓和与中国之间的关系，同时还希望与东南亚国家拉近距离。到80年代末，中苏关系逐渐恢复正常，东南亚国家开始更多地重视苏联在本区域的力量存在。

当中国和苏联在东南亚的影响力变得越来越大的同时，东南亚国家和美国之间的关系与冷战初期相比却趋于紧张。美国对泰国军事援助的减少、在贸易政策与泰国的冲突以及对泰国处理印支难民的批评，都使美泰关系恶化；由于民族主义和菲美贸易摩擦等原因，传统上受美国控制的菲律宾也开始逐渐质疑美国的地位，这表现在两国于1989年就美军基地重新进行谈判，菲律宾国内出现游行示威，他们所体现出来的强烈反美情绪导致两国关系一度紧张。总之，美国在对外贸易中的一系列举措激化了它与东南亚国家之间的紧张关系。这个时期，日本开始以经济大国的形象出现在与东盟国家的密切经济贸易关系中。随着日本经济进入高速发展的黄金时期，其对外投资，特别是对东南亚国家的投资猛增，为它在东南亚区域获得重要影响创造了条件。[1]

东南亚区域大国关系的新变化使这个区域内呈现出多极化的趋势，更多国家将影响力渗入这个区域，这些新的大国因素在改变东南亚的外部环境时，也为东南亚各国进行战略调整提供了多元化的选择。1987年东盟首脑会议表示同意发展与包括中国、苏联、印度和韩国的“另外第三国”的可能关系，正表

〔1〕 See Nayan Chanda, “The External Environment for Southeast Asian Foreign Policy”, in David Wurfel and Bruce Burton eds., *The Political Economy of Foreign Policy in Southeast Asia*, London: Macmillan Press Ltd., 1990, p. 70.

明了东盟各国对国际环境变化的认识。

在这一阶段的最后时期，冷战的结束和全球化的兴起使得东南亚区域的多极化环境更为明白无疑。

东欧剧变带来了美苏全球争夺格局的终结。苏联解体后，东南亚区域内的两极争夺局面基本上消失，原本已经有所展现的多元局面得到了更广阔的发展空间。在东盟的不懈努力下，柬埔寨问题得以和平解决，这使得东南亚以往受到大国争夺影响而分裂为两个集团的对抗因素基本消除，东盟国家和印支国家逐步恢复了正常关系，并开始向一个包容性更强的大东盟努力。区域内政治军事对抗的消除也促使东盟各国将关注的中心转移到经济领域，将更多的精力集中在经贸合作和国家建设上来。

同时，全球化的兴起也为东盟带来了机遇与挑战。迅速发展的全球化，成为东南亚区域所面临的普遍挑战，这种挑战渗透到了各个层面，在金融证券带来的全球资本流动、跨国公司迅速增加和扩张、信息技术革命使跨国交往达到前所未有的速度和深度等一系列急剧变化面前，很明显的事实摆在东盟国家面前："民族国家只有调整到适应每个领域的全球化的现实，才能生存下去。"[1]在全球化挑战下，世界其他区域都做出了各自不同的反应，其中以经济区域化为主要特征，最成功和引人瞩目的例子就是欧洲经济一体化以及北美自由贸易区。这些区域经济整合的推进和成功也给东盟国家留下了深刻的印象。

5.1.2 东盟合作的调整和进展

这一阶段，东南亚区域内的双边和多边合作出现了一个较

---

〔1〕 Ulrich Beck, "Beyond the Nation State", *New Statesman*, December 1999, p. 30. 转引自时殷弘：《21世纪初期世界政治的基本性质和中国的应有战略》，中国人民大学出版社2006年版，第14页。

大的转向，即开始从以政治性的防务、军事对抗为目的，转向寻求经济发展。经济优先开始成为各国的首要利益，在东南亚区域内对抗氛围得到解除的背景下，东盟对经济合作的需求推动它进行了大量的自身调整，并力求在区域内实现更大范围的合作；[1]而原先封闭的印支国家也开始以经济建设为主要任务，进行了各自不同的经济体制改革，实行开放政策。在东南亚区域内的新形势下，东盟开始筹划建立真正覆盖整个东南亚范围的大东盟，1984年文莱的入盟更刺激了这种愿望。

虽然东盟一直在对经济合作项目进行不同程度的修补，如1980年签署的东盟工业项目基本协议确定了东盟共同开发的若干合作项目并不断修正，从1981年开始的工业互补计划在东盟国家配置互补的工业生产并在内部交易，以及1983年签署的东盟工业合资计划为共同项目投资并提供关税优惠，但这些努力仍然局限于对各国的出口式市场拓展、基本产业项目的保护、商品价格的稳定等，构建区域共同市场的努力仍不明确。[2]

东盟经济合作方向的真正调整是从1987年东盟在马尼拉举行的第三届首脑会议开始的。这次会议对东盟二十年的发展做了总结，集中讨论了在国际形势不断变化的背景下如何实现进一步的团结合作。会议修订了《东南亚友好合作条约》，重申了中立化主张以及对柬埔寨问题的立场，强调了将继续推进经济合作。

在会后发布的《马尼拉宣言》中，东盟强调的内容包括：

---

〔1〕 Morten Bøås and Helen Hveem, "Regionalisms Compared: the African and Southeast Asian Experience", in Björn Hettne and Osvaldo Sunkel eds., *Comparing Regionalisms: Implications for Global Development*, Palgrave Macmillan, 2001, pp. 113~118.

〔2〕［菲］鲁道夫·C. 塞韦里诺：《东南亚共同体建设探源：来自东盟前任秘书长的洞见》，王玉主等译，社会科学文献出版社2012年版，第181~186页。

内部团结对于东盟稳定和发展具有重要意义，内部争端必须以东盟友好合作为原则加以解决，加强成员国在非东盟的基础上进行的安全合作，加强经济合作、反对贸易保护主义，发展对外关系、加大对外市场进入，等等。[1]

对于东盟经济合作来说，这次会议制订了总体合作规划，提出了未来五年的经济目标，例如，在区域贸易合作方面，将东盟区域内贸易总额的一半纳入特惠贸易安排，并逐步减少“例外商品项目”，相应增加对已列入特惠名单的商品的优惠额度；在工业合作方面，同意加速组织东盟工业联营企业，提高联营企业的商品在项目参与过的关税优惠度，提高非东盟成员国在联营企业的投资比重限额等。

马尼拉会议虽然并未能签署太多实质性的协议，但它在经济合作和政治安全合作方面重申了以往的立场和要求，肯定了各国在这些方面的努力，并确定了未来合作的方向，对东盟的进一步发展起到了承上启下的作用。

冷战结束后，东南亚区域面临着更多复杂的新问题。在全球化和区域化并行的时代背景下，[2]东盟经济合作长期的成效甚微已经引来广泛的批评，迫使东盟寻找应对挑战的新方法；另一方面，柬埔寨问题的最终解决，向东盟提出了在新的区域格局下维护和平、团结和安全的问题。这促成了1992年第四届东盟首脑会议在新加坡的召开。

这一次会议达成了几项对东盟发展具有重要意义的成果：

---

〔1〕“Manila Declaration Philippines”, 15 December, 1987, http://www.asean.org/news/item/manila-declaration-philippines-15-december-1987.

〔2〕其中尤为重要的是：1991年乌拉圭回合多边贸易谈判完成，原关贸总协定成为新的世界贸易组织；1992年，《马斯特里赫特条约》签署，欧洲共同体进阶为欧洲联盟。

第一，会议使东盟国家统一了对经济优先性和经济合作重要性的认识，并决定建立东盟自由贸易区。会议签署的《加强东盟经济合作框架协定（Framework Agreement on Enhancing ASEAN Economic Cooperation）》和《共同有效优惠关税协定（Agreement on the Common Effective Preferential Tariff Scheme for the ASEAN Free Trade Area）》[1]规定了东盟将在 15 年内建成自由贸易区，更重要的是，它们在建设自由贸易区的具体问题上进行了详细的规定，如设立部长级理事会监督自贸区计划的实施、为逐年减税计划确定了进程表（到 2008 年完成内部关税降至 0～5%）、确定了减税的商品种类（大大缩减了例外名单），为东盟的贸易合作发展设定了实质性的保障。正是在此基础上，协定内容不断扩充和巩固，如不断提前自由贸易区建成的最后期限，将更多产品项目包括进来，并加强对非关税壁垒的清除，经济一体化这才打破个别国家利益的制约，成为东盟国家的共识。[2]

第二，会议在安全战略上做出了重大调整。会议决定加强与东南亚非东盟国家的接触，并以建设包含这些国家在内的大东盟组织为目标；为使东盟在区域安全问题上更为主动，会议还决定建立与域外大国的定期对话机制，确定了每年的东盟外长会议后举行同对话伙伴[3]的对话会议，就区域政治和安全问

[1] "Framework Agreement on Enhancing ASEAN Economic Cooperation", 28 January, 1992, http://www.asean.org/news/item/framework-agreement-on-enhancing-asean-economic-cooperation-singapore-28-january-1992; "Agreement on the Common Effective Preferential Tariff Scheme for the ASEAN Free Trade Area", 28 January, 1992, http://www.asean.org/news/item/agreement-on-the-common-effective-preferential-tariff-cept-scheme-for-the-asean-free-trade-area-singapore-28-january-1992.

[2] [菲] 鲁道夫·C. 塞韦里诺：《东南亚共同体建设探源：来自东盟前任秘书长的洞见》，王玉主等译，社会科学文献出版社 2012 年版，第 189～190 页。

[3] 东盟对话伙伴，迄今已包括中国、美国、俄罗斯、日本、澳大利亚、新西兰、欧盟等周边重要国家或国际组织。

和技术，如果和马来西亚柔佛州的土地资源、低价劳动力，以及印尼巴淡岛的自然资源和更低廉的劳动力相结合的话，他们可以实现一定程度上的资源优势互补，达到规模经济效应。

这一设想对新加坡来说，主要是为了走出本国国土资源过少、劳动力成本越来越高的困境，提高本国企业经济竞争力，因为新加坡人口少、劳动力成本高，是一个自然资源极度缺乏的城市国家，连基本的饮用水都不能自给，所以它非常希望利用周边次区域范围内的低价劳动力和更广阔土地资源；而对于马来西亚和印尼而言，他们所缺乏的是资金和技术，其在土地等自然资源和劳动力方面远比新加坡条件优越，他们也希望借此获得资金等经济支援，并通过合作提高本国企业在经济发展、金融管理等方面的能力，所以从倡议背景上看，这一次区域合作是有利于三方的事情，合作利益十分明显、动机非常强烈。

此外，新加坡和马来西亚柔佛州之间本身就因地缘上的优势早已开展较为深入的经济合作，于是，在柔佛州本身的新兴工业化区 15 年发展规划之上，两国进行了大量的合作和资源交流，还建立了自由贸易区；印尼的巴淡岛等岛屿与新加坡距离很近，也曾被印尼政府划为自由贸易区，但由于资金、技术等因素而未能获得发展。所以，这一合作是具有良好的历史基础的。[1]

1990 年，印尼和马来西亚加入了新加坡倡议的这个增长三角，并签订了一系列条约，制定了一批具有实际意义的合作计划；合作计划主要是由新加坡分别与马来西亚和印尼签订，而马来西亚和印尼之间没有什么实质性合作。

新加坡和马来西亚的合作计划主要包括：新加坡投资、马

---

〔1〕 卢光盛：《地区主义与东盟经济合作》，上海辞书出版社 2008 年版，第 96 ~97 页。

来西亚实施修筑第二条新加坡与柔佛州之间的跨海海堤，新加坡提供资金和技术帮助马来西亚建立柔佛州新工业区以及大型水库，柔佛州增加对新加坡的淡水供应，双方合作建立技术人员培训学院，等等。

新加坡和印尼之间的合作主要是联合建立巴淡岛工业开发区，修筑苏门答腊岛至新加坡的供水线，也是由新加坡投资、印尼实施修建。

这一增长三角是东盟次区域合作当中最为成功的典范，发展非常迅速。仅仅在一年之后，即 1991 年，巴淡岛就建立了 5 个工业区，全年商品出口总额达到了 2.1 亿美元，同比增长了 41.7%，此外，巴淡岛的基础设施建设也得到了长足的进展。到 1993 年，进入巴淡岛工业区的外国企业已达到 137 家、外国直接投资已达到 15.9 亿美元，而到该地旅游的游客猛增至 70 多万人，成为印尼著名的工业区域和旅游胜地。[1]同时，柔佛州也兴建了更多工业区，到 1994 年，仅仅新加坡的投资就达到 8.06 亿美元，外国投资总额累计 40 亿美元。

新柔廖增长三角实际上是以新加坡为轴的合作形式，合作主要是以新加坡为一方、马来西亚和印尼为另一方进行的，双方的兴趣点都在于利用自己的资源优势寻求自己经济发展所需的条件。整个过程都体现了市场的协调作用和政府的推动作用，是经济动力和政治意愿的双重效应。

新柔廖增长三角是东盟次区域经济合作中相对成功的案例，其成功的原因主要来自这样几个方面：①这三个毗邻的区域之间在经济上确实具有非常强的优势互补性，新加坡作为已经较为成熟的工业化国家，其经济发展水平远高于周边邻国，具有

〔1〕 曹云华：《东南亚的区域合作》，华南理工大学出版社 1995 年版，第 47 页。

充足的资金和技术资源，但同时劳动力成本很高、人力资源不足，成为其经济发展的重大阻碍，而临近的柔佛州和巴淡岛拥有充足的自然资源和劳动力供给，却相应缺乏工业化所必需的资金和技术。双方自然都能从中获益，达到双赢。②各国政府的积极推动，结合本国的经济发展规划。这一增长三角正好符合了各国政府的设想，在政府合作层次上达到了前所未有的高速和彻底，政治意愿与经济动力达到了高度配合。

（2）东盟次区域合作还包括东部增长三角和北部增长三角。东部增长三角是由菲律宾总统拉莫斯于1992年倡议的，这个次区域计划包括菲律宾的棉兰老岛、马来西亚东部的沙巴以及印尼北部北苏拉威西、文莱全境，面积约74万平方公里、人口达4000多万。这个计划的内容是将这一片彼此相邻的区域联合起来进行经济开发。1994年各国正式签署协议，建立了东部增长三角，参与协议的四个国家同意共同努力推进区域内贸易、投资、旅游、渔业以及能源、交通、工业、金融等设施的发展，以促进区域内的融合，四国还对合作的具体计划作出分工，如菲律宾负责渔业方面的合作、文莱负责航空方面的合作、马来西亚负责旅游方面的合作，等等。同年，该计划还建立了一个“东东盟商务理事会”以推动和协调合作事宜。

北部增长三角是1990年马来西亚提议的，主要包括泰国南部五府、马来西亚北部四州和印尼苏门答腊岛北部，面积近20万平方公里、人口达2100万。这一计划的提出是考虑到马来西亚北部在资金和技术上的优势以及另外二者在劳动力和土地资源上的优势，希望借由这一计划实现优势互补。1993年，这三个国家召开了部长会议，经协商决定成立两个委员会以负责制订开发计划并向亚洲开发银行提出开发报告。1994年，该计划正式得到通过，各国达成了涉及旅游、贸易、投资、农业、交通、基础设施等方面的协议。具体的合作项目很快开始实施，马来西亚的一些企业到印尼和泰国进行了一些投资和建设项目。

总的来说，后两个增长三角没有能够进行切实有效的合作，相对而言比较落后。从次区域合作的参与主体和领域来看，后两个增长三角在合作中实际上不具备充足的优势互补，各国相互间经济发展水平差距不大，合作空间较为有限。它们虽然在吸引投资等方面也有一定的成就，如东部增长区在 1995～2003 年间为制造业吸收了两百多亿美元的投资，占到同类资金的 1/3 以上，[1] 但其经济贸易的规模和结构存在明显的限制，其工业发展长期进展不大，从发展总体来看还是没有达到预期的效果[2]。

5.2　东盟区域治理的转向：以经济整合为重心

经历了这一阶段的区域国际格局多极化、世界经济趋向全球化，东盟区域化需要针对新形势进行战略调整；从区域治理的角度来看，东盟所需要应对的问题是治理需求的急速变化，这就需要其在治理目标、治理方式甚至治理主体范围上作出转向。随着东盟的调整，东盟区域治理的制度建设呈现出重心向经济等更广泛领域转变、多边合作机制向外推进、内部机制进一步完善等倾向。

5.2.1　区域经济治理的调整

在这一阶段，东南亚区域大国关系缓和、政治对抗减弱，

〔1〕 ASEAN Secretariat, "Statistics of Foreign Direct Investment in ASEAN", 2005, http://www.asean.org/news/item/statistics-of-foreign-direct-investment-in-asean-seventh-edition－2005.

〔2〕 卢光盛：《地区主义与东盟经济合作》，上海辞书出版社 2008 年版，第 98～99 页。

东盟各国开始将主要精力转向受全球化刺激而变得越来越紧迫的经济发展与合作任务上。

东盟经济整合的加强，主要体现在东盟自由贸易区的战略规划上。虽然东盟在上一阶段的经济合作协议中不断提出经济合作计划，致力于特惠贸易的实现，但一直成效甚微。在新形势下，东盟终于下定决心，推出了区域自由贸易区计划。

自由贸易区计划的制度建构主要是由三次首脑会议和若干其他东盟会议确定的。

1987 年在马尼拉举行的第三届东盟首脑会议发布了《马尼拉宣言》，肯定了东盟经济合作的成就，并强调继续推进优惠贸易计划。[1]会议签署了东盟经济部长会议提出的四个经济协议，即《关于改善东盟特惠贸易安排的议定书》、《关于不再增设撤销非关税壁垒的备忘录》、《东盟工业联营企业基本协定修正案》和《促进和保护投资协议》。协议在扩大区域内贸易方面制订了详细目标，决定扩大特惠贸易在区域内贸易的比例、减少例外商品项目的比例、增加优惠额度、减少非关税壁垒，为自由贸易区的推出做好准备。[2]

随着经济形势压力的加大，建立新的区域经济合作计划的设想在东盟内部得到了讨论和协商，各国都提出了不同的合作方案；[3]在 1991 年的东盟经济部长会议上，不同的经济合作方案得到了各国部长的比较和讨论，他们将各国对经济合作的不同主张整合起来达成最终共识，制定了建立自由贸易区的共同

〔1〕 "Manila Declaration Philippines", 15 December, 1987, http://www.asean.org/news/item/manila-declaration-philippines-15-december-1987.

〔2〕 The Third ASEAN Summit, http://www.asean.org/news/item/the-third-asean-summit.

〔3〕 详参赵晨：《东南亚国家联盟——成立发展同主要大国的关系》，中国物资出版社 1994 年版，第 108 页。

方案。会议随后将讨论通过的计划交由东盟最高决策机构东盟首脑会议批准。

1992年在新加坡举行的第四届东盟首脑会议签署了《新加坡宣言》、《加强东盟经济合作框架协定》和《共同有效优惠关税协定》。[1]通过这些协定，东盟国家达成一致，宣布将在此后15年内建成“东盟自由贸易区”，并设立一个部长级理事会监督计划实施；为了表明建设自由贸易区的决心，协定还进一步明确了区域内减税的具体进度、减税商品的具体种类。[2]这次会议正式将“东盟自由贸易区”作为区域组织的集体目标提出，并为之建立了初步的制度保障；毫无疑问，在世界经济区域化、集团化趋势的压力下，东盟区域合作走向区域经济集团是不可避免的，如果按照东盟的设计，在一定时间内建成区域自由贸易区，对经济区域化必然是有力的促进，并能在区域内形成有能力抗衡世界经济全球化压力的经济集团，促进东盟经济的稳定和发展。

在第四届首脑会议通过的“东盟自由贸易区”计划基础上，同年12月东盟自由贸易区委员会进一步细化了其中的减税进度计划，即将原本设定的减税进度表分为两类：快速减税计划和一般减税计划。快速减税计划是指优先大幅度降低15大类商品

〔1〕“Singapore Declaration of 1992”, Singapore, 28 January, 1992, http://www.asean.org/news/item/singapore-declaration-of-1992-singapore-28-january-1992; “Framework Agreement on Enhancing ASEAN Economic Cooperation”, Singapore, 28 January, 1992, http://www.asean.org/news/item/framework-agreement-on-enhancing-asean-economic-cooperation-singapore-28-january-1992; “Agreement on the Common Effective Preferential Tariff (CEPT) Scheme for the ASEAN Free Trade Area”, Singapore, 28 January, 1992, http://www.asean.org/news/item/agreement-on-the-common-effective-preferential-tariff-cept-scheme-for-the-asean-free-trade-area-singapore-28-january-1992.

〔2〕王子昌、郭又新：《国家利益还是地区利益——东盟合作的政治经济学》，世界知识出版社2005年版，第230页。

的进口关税税率，包括植物油、水泥、化学品、药剂、化肥、塑料等，将这些种类的商品的关税率根据现有水平的不同在7年或10年的时间内降低到0～5%；而一般减税计划是指，除了快速减税计划之外的其他商品的关税削减按照第四届首脑会议确定的正常减税进度执行。此外，会议还对非关税壁垒和例外商品项目做了更详细的规定。这一修改体现了东盟各国对建立自由贸易区的热情，同时也照顾了成员国之间经济水平和贸易种类差异。

1994年，东盟经济部长会议考虑到世界贸易状况的变化，一致认为原定的自由贸易区计划需要进行再次修改以适应不断变化的形势。通过协商，会议提出了将建成“东盟自由贸易区”的时间期限从15年修改为10年，并将原未列入自由贸易区计划的部分农产品也列入计划当中。这一提议随后提交第五届东盟首脑会议批准。

1995年在曼谷举行的第五届东盟首脑会议承接第四届首脑会议的成果，通过签署《第五届东盟首脑会议曼谷宣言》，进一步修改和完善了“东盟自由贸易区”的计划；[1]会议批准了前一年经济部长会议的提议，决定加速“东盟自由贸易区”计划，将原本设定的15年期限减缩为10年，并大幅降低关税，逐渐清除原有的临时例外清单上的所有项目，取消所有数量限制和非关税壁垒，实施东盟服务框架协议，并将通过一项适用于因东盟经济协议引起的所有争端的解决机制。1995年，经过艰难的谈判，越南加入东盟，也正是由于自由贸易区给越南可能带来的政治经济冲击的不确定性，越南在自由贸易区协议要求削减

---

〔1〕“Bangkok Summit Declaration of 1995”, Bangkok, 14～15 December, 1995, http: //www. asean. org/news/item/bangkok-summit-declaration-of – 1995 – bangkok14 – 15 – december – 1995.

关税的问题上提出了时间间隔的要求；不过经谈判其最终妥协，越南与其他成员国一样用10年的时间达成关税目标。[1]

虽然通过以上的协商和共识，东盟以共同协定的方式为自由贸易区计划建立了详细的制度架构，但在实际的贸易区域化进程中，这些制度架构并未能充分发挥其效能，治理成效并不显著。

在第四届首脑会议正式发布"东盟自由贸易区"计划后，东盟各国表示了极大的热情，纷纷推出各自的关税削减计划。[2]但随后在实际执行关税削减计划时，受世界贸易总体形势影响，东盟成员国在国内产业形势的压力下并未予以认真对待，东盟内部贸易保护主义问题仍然严重。

东盟建立自由贸易区的协议机制虽然反映了东盟各国建立区域性经济集团的共同愿望，但是并没有很好地顾及东盟内部各国间的具体差异和限制条件，从而致使建立在自由贸易区计划之上的区域经济合作进展缓慢。具体而言，首先，东盟产业和贸易互补性是首要的问题，东盟各国基本上都属于发展中国家，产业结构相似度很大，各国出口贸易的商品种类多属自然资源等初级产品、出口结构比较接近，且出口市场也呈现极大重合，这导致区域内贸易很难实现互惠，相反极易因贸易竞争而破坏已有的经济合作机制。其次，东盟各国经济发展水平不平衡，较发达的新加坡和文莱在人均国民生产总值方面甚至与较落后的印尼和菲律宾拉开15倍的距离，各国的产业类型呈现出新兴工业化型、产业结构转化型国家和劳动密集型并存的局

〔1〕［菲］鲁道夫·C. 塞韦里诺：《东南亚共同体建设探源：来自东盟前任秘书长的洞见》，王玉主等译，社会科学文献出版社2012年版，第190~191页。

〔2〕各国于1992年底推出减税计划，详见曹云华：《东南亚的区域合作》，华南理工大学出版社1995年版，第27~30页。

约的宗旨和原则作为国家关系的准则及地区建立信任、预防性外交和开展政治安全合作的独特外交手段，并且论坛采取与东盟一致的决策方式，由东盟国家轮流主持。[1]在1995年东盟地区论坛的第二次会议上，主席声明表明了论坛的建立是非东盟成员的“积极、完全和平等参与以及合作”与东盟作为主导者之间的结合，并且由于参与各方的差异，论坛必须依循“东盟方式”、以渐进的方式“在所有参与方之间仔细和广泛协商达成一致后做出决定”；并指出，东盟的经验为论坛“提供了有价值并得到证明的指导”。[2]这些特征表明，东盟地区论坛使东盟拥有了一个对外合作的多边安全机制，为东盟一直倡议以和平协商方式解决区域政治安全事务的主张提供了确实的制度架构。[3]更重要的是，东盟不仅在内部关系协调上取得了成效，并开始积极利用其成功实践的有利地位向外扩散，积极主动地拓展东盟安全合作的实践范围，寻求更大的安全治理成就。

为了维护自身在区域多边安全机制中的地位和利益，东盟坚持按照其独特方式和价值来建构多边政治安全机制，因此，对东盟来说，在东盟地区论坛中最重要的问题就在于，它必须确保其主导位置，避免因参与论坛的大国势力而被边缘化。第一届东盟地区论坛实际上并没有明确论坛将由东盟主导，直到第二次论坛才规定，论坛将始终由东盟主办和主持；论坛将每

---

〔1〕 苏浩：《从哑铃到橄榄：亚太合作安全研究》，世界知识出版社2003年版，第219页。

〔2〕［菲］鲁道夫·C. 塞韦里诺：《东南亚共同体建设探源：来自东盟前任秘书长的洞见》，王玉主等译，社会科学文献出版社2012年版，第161页。

〔3〕 由于东亚国家间关系的复杂，东盟地区论坛在增强区域政治与安全稳定性方面发挥着至关重要的作用。参见山本吉宣：“亚太地区综合合作安全体系框架”，载王正毅等主编：《亚洲区域合作的政治经济分析——制度建设、安全合作与经济增长》，上海人民出版社2007年版，第218页。

年举办一次，地点是东盟国家的首都，时间安排在东盟部长会议之后，作为东道国的东盟国家也同时成为该届论坛的主席国，主席国除了主持论坛外还将负责主持该届论坛之后到下一届论坛之间的所有一切活动。[1]不仅如此，东盟地区论坛的活动规则也充分表现了东盟方式的影响，如对成员国“舒适度”的照顾、渐进性方法的采用、协商一致的保障，这些规则实际上都是东盟行为方式的延伸。[2]在第三次论坛会议上，主席国印度尼西亚还发布了加入论坛的标准，包括申请者必须承诺遵守和尊重论坛以前的决定和声明、新成员的加入不能影响到现有活动、新成员加入须经现有成员国协商一致通过等。[3]从论坛的发展来看，东盟有效地发挥了其制度经验的影响力，确立了其在这一区域性多边机制中的主导地位，并将东盟规范所蕴含的行为方式贯彻到了论坛的运行当中。这成为东盟治理向更大的区域范围尤其是东亚区域扩展的重要组成部分。

从总体上看，虽然这一时期东盟在政治安全领域的合作失去了区域合作中的中心地位，但仍然是卓有成效的。值得肯定的是，经过三十年的政治合作，东盟确证了其活力和重要性，通过将东盟组织框架扩展到整个东南亚区域，东盟弥合了曾经将整个区域分割为两个对立阵营的鸿沟，有利于东盟实现区域和平与稳定的目标，在政治上形成一个更加有力的集体；大东

---

〔1〕 王子昌：《东盟外交共同体：主体及表现》，时事出版社2011年版，第280~281页。

〔2〕 “Chairman’s Statement of the 2nd Meeting of the ASE”, Brunei Darussalam, 1 August, 1995, http://aseanregionalforum.asean.org/library/arf-chairmans-statements-and-reports/133.html.

〔3〕 “Chairman’s Statement of the 3rd Meeting of the ASEAN Regional Forum”, Jakarta, 23 July, 1996, http://aseanregionalforum.asean.org/library/arf-chairmans-statements-and-reports/181.html.

在经济合作的制度建设上，东盟治理机制表现出了其突出的问题。由于东盟国家经济本身条件对贸易自由化构成的障碍，要取得共同利益和互补效应，在共同体内达到合作的能力成为实现治理的关键。但是，东盟治理方式决定了东盟的区域制度建设是一种非正式化的、建立于共识之上而非受法律约束的国家间合作框架；东盟区域合作是建立在强烈主权意识的民族国家相互协商和妥协基础上，排斥超国家性质的决策和执行权力的，因而在相互合作过程中极易出现因具体利益分歧而导致整体进程受阻的局面；在“东盟自由贸易区”计划的执行中，各国按照自身利益制定计划、操作实施，不断遭遇集体共识和个体差异之间的矛盾，区域治理的机制框架难以在现实中得到真正的贯彻执行，特别是由于制度建设的不完善（如争端机制的不完善、法理基础的缺乏），使东盟方式的治理特色表现出明显的消极作用。

同时，在政治安全合作领域，东盟机制继续发挥着重要作用。在东南亚区域新形势下，东南亚各国之间的关系得到缓和、恢复正常化，区域内各行为体对稳定、合作和发展的要求推动它们拉进相互之间的关系、结成更大的集体；曾经与东盟处于对立状态的东南亚区域非东盟国家积极要求加入东盟，证明了东盟治理的成效带来了东盟组织机制的吸引力。

东盟组织长期受到大国关系对本区域和平与安全的影响，但本身作为小国联盟，东盟很难以国家硬实力与域外大国抗衡，在这种情况下，东盟的治理模式作为一种有效的制度力量成为东盟维护本区域安全与稳定的最主要选择。东盟通过加速扩大成员范围将自己的治理模式扩展到整个东南亚区域，有利于以区域治理处理区域内政治安全问题；另一方面，东盟开始以区域集体身份加大对外合作的进程，东盟地区论坛的建立使东盟有能力将自身的治理原则和治理模式扩展到更广泛的国际社会，在更大范围内发挥东盟区域治理的效应。

综上所述，政治安全领域的区域治理是东盟治理中较为成功的一条主线，相对而言，经济领域的东盟治理仍处于区域机制较为简单、发展方式不够成熟的境地。这与东盟各国的实际利益需求直接相关，区域内经济发展和贸易结构的巨大差距造成了东盟组织在经济合作上的矛盾；虽然各国在总体战略上取得了一致，但是各国在具体经贸状态上的分歧被低估了，由于东盟治理松散和灵活的制度特征，各国具体的行为体利益需求导致在实际的操作上各国貌合神离，致使制度架构在一定程度上成为空壳，从而无法真正实现治理的目标。

东盟区域化的最新阶段（20 世纪 90 年代末至今）

6.1 区域合作的背景和结构：国际态势与区域多层结构

从 1997 年金融危机到今天为止的一段时期，是东盟区域化的最新阶段，这一阶段东盟在经济和安全领域都经历了不同的困境，在原有的机制转向努力基础上，东盟开始修正治理制度的不足，并开始了一个向更大范围内全面扩展的区域化进程。

6.1.1 金融危机和区域经济困难

在这一阶段开始，东盟遭遇的第一个重大问题就是东南亚金融危机。

东南亚金融危机，也被称为亚洲金融危机，指的是 1997 年从泰国泰铢贬值开始蔓延到整个东南亚，对区域内国家经济造成极大破坏的事件。

1997 年，为应对较高的外债、稳定市场，泰国政府宣布对部分资产存在问题的金融机构增资，提高银行和金融机构的准备金率，结果导致人们大量提现，并很快冲击股市和汇市，国际投机资本纷纷撤出；泰国政府为了稳定市场，投入了大量外汇储备进行干预，过重的负担迫使其最终不得不宣布取消泰铢与美元的联系汇率制，转而实行浮动汇率制。金融危机随之爆发。

泰铢贬值后，东盟其他国家的货币也跟着贬值，并先后被迫放弃固定汇率制。很快，危机的冲击波及东北亚国家，日本、韩国和中国都不同程度地受到影响，日元、韩元、港币等货币都出现贬值，并进一步波及俄罗斯、拉美新兴经济和转型国家。[1]大量资本外逃、货币贬值、股市动荡，给这些国家的经济状况造成了极大的伤害，尤以东盟为重。

东盟国家在金融危机中经济损失巨大，特别是印尼、泰国和马来西亚。首先，东盟国家货币都经历了大幅贬值，至 1998 年底，东盟各国中，印尼卢比贬值近 69%、泰铢贬值 30%、菲律宾比索及马来西亚林吉特贬值约 33%、新加坡元也贬值 13%，一年半内总体贬值约 40%，国家财力大减；[2]受危机影响，东盟资本外流严重，尤以印度尼西亚、马来西亚和泰国为甚，以印度尼西亚为例，1997 年 10 月至 1998 年 3 月私人资本净流出量就达到 142 亿美元，高于 1996/1997 财政年度全年流入量，与此相似，马来西亚 1997 年和 1998 年私人资本净流出量更是远高于此前净流入量，给经济发展造成了沉重打击；[3]货币贬值造成东盟国家贸易条件恶化，进口总刷下降，相应地导致出口下降，而出口值在初期短暂增长时也并没有得到大幅提升，这对依赖对外贸易的东盟国家来说无异于雪上加霜，严重打击了各国经济。从 1997 年金融危机开始，东盟各国都陷入了经济衰

---

〔1〕 参见［美］罗伯特·吉尔平：《全球资本主义的挑战：21 世纪的世界经济》，杨宇光等译，上海人民出版社 2001 年版，第 139 ~ 140 页。

〔2〕 陆建人、周小兵："亚洲金融危机对东盟的影响"，载《世界经济》1999 年第 9 期。

〔3〕 陆建人主编：《东盟的今天与明天——东盟的发展趋势及其在亚太的地位》，经济管理出版社 1999 年版，第 223 页。

退，经济增长率降低，甚至转入负增长。[1]

不仅如此，东盟金融危机还导致印尼和马来西亚出现政局动荡。金融危机开始后，印尼苏哈托政府采取了一系列严厉措施解决金融问题，但不仅没有挽回公众信心，反而在全国范围内激起了大规模游行示威；其后，国际货币基金组织（IMF）虽为印尼提供330亿美元的贷款以应付危机，但苏哈托政权内部严重的垄断和腐败并未能实现IMF提出的条件，也未能在挽救危机中取得实效。1998年，苏哈托宣布谋求连任，激起了更大规模的游行，在一些城市甚至演变为暴乱。虽然苏哈托连任成功，但来自全国的激烈反对迫使他很快宣布辞职，结束了长达30多年的执政生涯。在危机中，马来西亚政府受到的冲击较印尼要小，这主要是由于马来西亚本身经济能力更强，政治体制更为稳定，马来西亚没有接受IMF的帮助而是选择独立解决危机。在处理危机的过程中，马来西亚总理马哈蒂尔与其副总理安瓦尔之间的矛盾成为动荡的来源，1998年马哈蒂尔宣布对国家实行强制性金融管制、锁定林吉特兑美元汇率，随之解除了安瓦尔的职务并加以审判。这立即引发了示威游行，导致了对现有政治体制改革的社会呼声以及反对党的对抗。但与印尼不同，马哈蒂尔最终还是在选举中取胜，维持了既存政权。

同时，受到严重冲击的各国出现民族分离主义、种族主义趋势，也威胁到了国家间正常关系和区域稳定，例如，马来西亚对非法工人的遣返、印尼出现的多次暴乱，等等。[2]

东南亚金融危机爆发的原因比较复杂，事后的分析也充满

---

〔1〕 陆建人主编：《东盟的今天与明天——东盟的发展趋势及其在亚太的地位》，经济管理出版社1999年版，第227页。

〔2〕 Amitav Acharya, *The Quest for Identity: International Relations of Southeast Asia*, Oxford, Singapore, New York: Oxford University Press, 2010, p. 154.

争议，但从总体上看，金融危机是对整个国际金融体系、东亚区域经济结构和东盟自身发展状态中现实问题的反映。正是在多层次经济体系出现问题的大背景下，东南亚金融危机才会牵一发而动全身，从泰国一国的货币危机扩散为波及整个东南亚甚至世界的经济危机。

东亚区域产业结构中产业链断裂是东盟国家经济失衡的来源。在东亚区域产业转移过程中，东盟国家属于转移链的终端，必须依赖从日本等国的产业转移以支持其劳动密集型产业的更新升级；但在金融危机前，在转移来的产业竞争力下降并要求实现产业升级的时候，由于世界市场的变化，如电子产品的更新和淘汰等原因，外来的产业转移突然停止，从而导致这些国家的产业结构无法升级。产业转移的断裂，导致这些国家出现外资下降、债务增多等问题，原有的劳动、资本密集型产业在东盟框架内无法获得更多支持，造成资源浪费、经济结构失衡。这些问题带来了东盟国家在持续经济增长之下的内部隐患，是金融危机能够触发经济整体衰退的根源。

另外，世界经济全球化带来的金融全球体系是东南亚未曾面对过的新经验。这一体系主要表现为国际金融资本的巨大规模和跨国投资的高流动性，全球市场的形成、国际信息交流的发达使这种金融力量在世界上更加自由地流动，金融市场高度膨胀。国际金融资本的高度市场化、自由化要求国家政府对市场的操控能力必须非常强大，能够有效地监控和预防自由市场可能带来的危险。长期以来，金融市场的运作都是在西方世界内部进行的，西方国家也相对积累了更丰富的处理金融市场事务的经验教训，建立起较为完善的法律法规。

西方发达国家虽然吸收了大部分国际金融资本，但对一些投机资本而言，一些东亚发展中国家更适合作为投资场所；这些国家大都市场机制发育不完善、监管规范缺乏，同时经济一度持续高速增长，对国际短期投机资本具有强大的吸引力：轻率的投资者“急于将资金投入到他们根本不了解的遥远国家去”，不断刺激本已膨胀起来的泡沫。[1]到20世纪90年代初，东亚发展中国家，包括东盟各国的持续经济增长已经吸引了大量的国际资本，他们利用这些资本保持了高水平的经济增长。但东亚发展中国家所吸收的国际资本中有很大一部分属于短期投机资本，这些资本针对投资区域或国家的经济状况采取投机手段，具有很强的不稳定性。

东南亚国家参与世界市场之后，已经具备了金融市场自由化的条件，加上其持续多年的高速增长率，吸引了大量的国际资本；在享受金融自由化收益、大量吸收海外资本的同时，东盟国家还普遍维持了货币固定汇率，保证投资的进出自由，这实质上鼓励了投机性投资，对本国货币体系造成了严重压力。[2]虽然最初引发东南亚金融危机的国际资本并不算多，但是它引发的对经济金融的不良预期导致了严重的市场恐慌心理，引发了大量国际短期资本的冲击，这是东南亚国家无法抵御的。

东南亚国家本身金融监管机制的不完善和一些国家政府在经济活动中的腐败行为，是东盟国家在金融危机中作为不力的直接原因。一方面，东盟国家在金融管理人才、金融管理经验上都相当缺乏，尚未能适应全球金融市场的变化；另一方面，为了维持经济持续增长，东盟各国必须依赖持续不断的外资流入，甚至是短期投机资本，这两方面的原因导致东盟金融监管

〔1〕 Paul Krugman, “Asia: What Went Wrong”, *FORTUNE*, 2 March, 1998.

〔2〕［菲］鲁道夫·C. 塞韦里诺：《东南亚共同体建设探源：来自东盟前任秘书长的洞见》，王玉主等译，社会科学文献出版社2012年版，第86～87页。

机制的不完善，给国际投机资本的恶性操作留下了空间。[1]有的研究者，如哈佛国际投资研究所的 Steven Radelet 和 Jeffrey Sachs 特别强调了管理不力与金融恐慌的结合在危机中的影响：实际上，在危机真正发生之前，由于各国经济管理上存在严重漏洞，即便已经出现若干值得关注的金融警示，各国决策者大多仍视而不见或者不以为然，使得金融体系的脆弱性被掩藏起来，在若干小事件爆发时，金融问题很容易就被恐慌所激化，成为蔓延全球的大危机；而危机发生之后的应对，包括各国局限于自身利益的政治失误、国际组织（主要是 IMF）的救援计划的失当更加剧了危机的伤害。[2]

东南亚金融危机给东盟带来了深重的经济伤害，但同时也反映出了东盟区域经济结构中的内在问题，迫使东盟各国思考如何改善自身状况、应对新的全球经济。

6.1.2 东盟政治安全环境

冷战结束后，东南亚区域内国家间的对抗和战争最终消失，国际关系走向缓和，基本上没有什么大的政治矛盾和斗争，维持了长期的和平局面。尽管内部相互间关系趋向和平，但并不表示和平安定的环境是绝对稳固的，实际上，东盟还面临着更多新的、更复杂的安全议题。

冷战结束使东南亚区域政治安全的威胁从内部对立转向了外部，主要表现为：西方国家以价值观为名义的政治干涉以及对分离主义运动的刺激，比如美国开始强调以价值观为

---

〔1〕 Shaune Narine, *Explaining ASEAN: Regionalism in Southeast Asia*, Boulder, Colo.: Lynne Rienner Publishers, 2002, p. 152.

〔2〕 Steven Radelet and Jeffrey Sachs, "The Onset of the East Asian Financial Crisis", NBER working paper 6680, August, 1998.

导向的外交政策，其核心价值就是人权和民主。这个阶段来自外部的干涉主要是指在缅甸问题中西方国家对东盟的政治影响。

缅甸长期以来游离在国际社会之外，甚至直到20世纪90年代越南、老挝、柬埔寨先后加入东盟后，它才最终完成加入东盟的谈判。从20世纪90年代初开始，缅甸问题就成了区域稳定的重大阻碍，也是东盟面对西方干涉的重要议题。1988年，缅甸结束了独裁统治，但国家政权再次被军队势力掌控，随后军政府还软禁了缅甸民主运动领导者，包括缅甸民主化的象征人物昂山素季；1990年，缅甸第一次进行议会选举的尝试失败，军政府拒绝向获得多数议席的民主阵线移交政权。这一系列行为导致西方国家普遍谴责缅甸侵犯人权，从而停止对缅甸的援助；在各种国际场合，西方国家都将缅甸问题与和东盟的合作联系起来，在缅甸加入东盟的问题上进行干涉。美国政府更是直接禁止对缅甸投资，向东盟施加压力。这不仅与东盟对“大东盟”的构想是相抵触的，也与东盟规范所包含的不干涉内政的基本原则是冲突的，更不利于东盟的内部团结。[1]如何处理与缅甸的关系成为东盟必须解决的一大难题——即便在缅甸加入东盟后，西方国家的政治干涉也并未停止，东盟必须在治理过程中将这一因素稳定下来。

另外，对东盟来说构成安全威胁的还包括恐怖主义、民族分离主义和种族宗教冲突。

虽然“9·11”事件的源头离东南亚很远，但东南亚仍被认

---

〔1〕 张云：《国际政治中“弱者”的逻辑——东盟与亚太地区大国关系》，社会科学文献出版社2010年版，第198页；［菲］鲁道夫·C. 塞韦里诺：《东南亚共同体建设探源：来自东盟前任秘书长的洞见》，王玉主等译，社会科学文献出版社2012年版，第118~119页。

为与基地组织存在潜在联系，甚至是“第二前线”；[1]在东南亚，已经有41个团体组织被美国国安部认定为恐怖组织，如伊斯兰团等。[2]2002年的印尼巴厘岛恐怖主义袭击造成180多人死亡，表明东南亚区域安全已经受到恐怖主义的严重威胁。

恐怖主义的问题往往是和民族分离主义、种族宗教问题联系在一起的，它们相互促进、相互掺杂，形成激烈的区域、国内冲突和骚乱，成为东南亚区域安全的主要威胁。其中尤以印尼最为突出，例如，1998年印尼爆发的排华事件造成了剧烈的社会动荡和大量财产损失，导致大批华人不得不逃离印尼；1999年印尼马古鲁暴乱，2000年马达兰穆斯林骚乱，2001年印尼加里曼丹省发生的达雅克人与其他种族的冲突，同样造成大量人员伤亡、种族出逃。[3]此外，菲律宾长期存在的民族分离运动、泰国民族主义暴力事件、缅甸分裂斗争等事件，都是长期困扰东南亚国家的内部安全问题。

除了以上问题，东南亚区域面临的安全威胁还来自领土争端所隐含的国际冲突危险。东南亚国家间虽然大体上维持了和平友好的区域局面，但实际上各国间在某些领土问题上仍然长期存在争议，这也成为各国冲突和猜忌的来源。除了各国间边界上的一些争端，东南亚区域最重要的领土争端就是南中国海问题。南中国海上的争端，一部分是在东盟国家之间，更重要的部分源于东盟国家与区域大国——中国之间对南海的主权争端。

---

〔1〕 John Gershman, “Is Southeast Asia the Second Front?”, *Foreign Affairs*, Vol. 81, No. 4, 2002, p. 67.

〔2〕 刘复国：“东南亚恐怖主义对亚太区域安全影响之研究”，载《问题与研究》2006年第6期。

〔3〕 温北炎、郑一省：《后苏哈托时代的印度尼西亚》，世界知识出版社2006年版，第74~78、233~235页。

由于南中国海蕴含的巨量自然资源以及地理上的战略重要性，与这片海域相邻的东盟国家基本上都卷入了对南中国海的主权争夺。虽然东盟国家相互间在南中国海问题上也存在争端，但1992年东盟发表的《东盟关于南中国海问题的宣言》，标志着东盟国家以集体方式争夺南中国海主权；在实际行动上，东盟各国不断在国际社会宣示对南中国海的主权，并实际勘探和开采南中国海的自然资源。这些行为不断刺激着中国和东盟间的紧张对立，给双边和多边关系造成了恶劣影响。[1]

总的来看，这一段时期，东盟所面临的政治安全问题都不再是以战争和国家间军事威胁为主，而更多转向非传统安全领域；即便在东盟国家间、东盟与域外大国间存在领土主权争端，也不太可能引起大规模的军事斗争。新的形势必然要求东盟扩展新的治理机制，通过增进和扩展原有机制以应对安全困境。

6.1.3 东盟合作的内外调整：新合作机制

东盟合作在这一时期针对现实危机和长期问题进行了内外调整，总的来说，体现在扩大内部交流与合作、向外扩展东盟机制两个方面。

金融危机爆发后，东盟内部虽然也出现了一些矛盾，但基本的共识仍是依靠区域合作、加强相互联系，依靠集体的组织力量。在东盟机制下，各国首先是在金融领域展开区域合作。1997年金融危机爆发后，东盟财长会议决定就“一种东盟货币”以及财政监控项目开展可行性研究。各国达成协议，就区

---

〔1〕 参见赵锐玲：“东盟对南中国海问题的介入及其消极影响”，载《解放军外国语学院学报》2002年第6期；李优坤：“解析南中国海问题中的国家利益”，载《南京社会科学》2006年第12期。

域性金融合作达成共识，邀请IMF协助其金融体系改革和发展，并建立起东盟框架下的金融监管体系。

东盟随后扩大了区域合作范围，在东亚区域的范围内展开合作。东盟金融危机给东盟带来了进行更高层次经济合作的必然要求，对东亚国家来说都是如此，严峻的经济形势促使东亚各国坐到一起协商和讨论，很快建立起了以“东盟+3”（“10+3”）为主的区域性合作框架。

“东盟+3”机制成为东盟区域合作的有力依靠。在这个框架下，东亚各国实现了定期化、制度化的领导人会谈，就区域内的经济、社会、文化及政治安全等各方面问题展开了交流与讨论，形成了东亚区域化的互动平台和合作基础。

在“东盟+3”机制下，东盟与中日韩三国分别开始了自由贸易区谈判，形成三个“东盟+1”机制。作为具体的经济合作机制，东盟开始将自身经贸建设向整个东亚区域扩展，以弥补内部经济和贸易领域的结构性缺失。

2001年由东亚13国专家组成的“东亚展望小组”提出的建立“东亚共同体”的报告，为东亚区域合作勾勒出发展蓝图。在此基础上，东亚各国经过协商，于第八次“10+3”会议上公布了建立东亚峰会的决定。东亚峰会包括了原有的东亚13国，还包括了澳大利亚、印度和新西兰等域外国家，就东亚甚至亚太区域紧要的现实问题和重大战略问题进行了广泛的讨论与交流。2005年，第一届东亚峰会召开，标志着东盟合作机制向东亚区域扩展的又一重要步骤完成。

在这个时期，通过一系列的区域性合作机制的建立，东盟的总体调整方向表现为更深、更广的区域化，不仅致力于加强自身合作，还将合作推到了整个东亚区域的层次。正如东盟前秘书长Rodolfo C. Severino所说，在全球化压力下，东盟国家只能更加致力于区域化，此外别无选择。[1]

6.2 区域治理和区域制度建构的努力：朝向全面和综合性的区域化

东盟区域治理在这一时期的努力开始于对金融危机的应激反应，因而它首先在金融、经贸等方面作出了较大的推进；同时在政治安全方面，东盟治理也在稳步前进。总体来看，其发展方向是建立更加全面和综合化的区域治理，将东盟治理的机制和规范扩展到更大范围。

6.2.1 东盟治理的经济架构

金融危机发生之后，针对东盟的质疑和批评不断。在整个危机发生期间，东盟未能作出及时有效的反应，成为受到质疑的重要原因；[2]东盟各国在危机中表现出了相当严重的金融监管问题，以及政府的政策失当问题，以往被忽视的制度缺陷似乎一夜之间被评论者普遍记起来了，诸如所谓“裙带资本主义”、不良治理、金融系统的政治化、政府透明度低下等，但这些问题又往往与对东盟的批评联系在一起，批评者们认为，正是东盟的各种缺陷（包括不干涉原则）导致了东盟不能预防或者有效地遏制危机，[3]比如，一直对东盟机制持怀疑态度的 Mi-

---

〔1〕“No Alternative to Regionalism”, Interview by Rodolfo C. Severino, 1 August, 1999, http://www.asean.org/resources/item/no-alternative-to-regionalism-by-rodolfo-c-severino-jr.

〔2〕Amitav Achaya, “Realism, Institutionalism, and the Asian Economic Crisis”, *Contemporary Southeast Asia*, Vol. 21, No. 1, 1999, pp. 1 ~ 29.

〔3〕［菲］鲁道夫·C. 塞韦里诺：《东南亚共同体建设探源：来自东盟前任秘书长的洞见》，王玉主等译，社会科学文献出版社 2012 年版，第 86 ~ 87 页。

chael Leifer 就批评东盟一直“与经济危机无关”，并认为东盟在危机中的表现削弱了其国际地位[1]。

同时，外部援助的可靠性也受到怀疑。起初，根据正常的预计，受金融危机影响的各国希望能依靠国际货币基金组织（IMF）提供资金支持以渡过危机，但 IMF 资金援助所附带的诸多前提条件（如受援国必须按要求实现系列改革）有损于受援国主权，也没有顾及各国的具体情况，引起了亚洲国家的普遍反对。结果，IMF 的援助并未达到亚洲各国的期望，反而延误了危机处理、加剧了危机的伤害。[2]外部援助的不可靠加强了受害国团结自立的愿望，东亚各国由此更明确地意识到区域合作的紧迫性。

东盟的区域合作并未因严重危机而停止，相反，由于金融危机给东盟造成的严重损失往往与对外部机制的质疑，甚至与旧时殖民经验的记忆相联系，反而促使东盟更倾向于在区域性框架内寻求集体解决办法。[3]

东盟经济治理架构主要包括防范金融风险、增进自由贸易两个方向。

（1）东盟通过扩展了的区域合作架构在东亚区域内推进金融合作，这是受金融危机刺激促成的自然反应。危机之后，专家学者对危机的评价较为复杂，对如何解决危机带来的问题也

---

〔1〕 Michael Leifer, “Regional Solutions to Regional Problems?”, in Gerald Segal and David S. G. Goodman eds., *Towards Recovery in Pacific Asia*, London and New York: Routledge, 2000, p. 109.

〔2〕［法］让·梯诺尔：《金融危机、流动性与国际货币体制》，陈志俊等译，中国人民大学出版社 2003 年版，第 7 ~ 18 页。

〔3〕 Saori N. Katada, “Regional Financial Cooperation”, in Mark Beeson and Richard Stubbs eds., *Routledge Handbook of Asian Regionalism*, Milton Park, Abingdon, Oxon, New York, NY: Routledge, 2012, p. 135.

存在争议，但不可否认的一点是，金融改革势在必行，特别是对在区域层次上加强磋商的必要性得到认可；如东盟秘书长鲁道夫·塞韦里诺指出，东盟国家之间磋商并不充分、没有一个国家充分认识到问题正在累积以及日益逼近的影响，他认为，问题在于，东盟缺乏制度化机制就经济发展，特别是金融问题交换意见，以便于各国部长进行协商。[1]要建立一个健全的金融体系，就应当加强东盟内部风险管理与控制、政府金融监管，这就要求金融体系是以市场为导向、富于竞争性和强有力的监管，因此，稳定金融市场、加强监管是无可争议的改革取向；而实际上，自危机爆发后，受到波及的各国也大多是在这个方向上进行改革的。[2]正是通过在区域层次上就具体领域形成合作，东盟治理结构得到了极大的扩展，朝着以东亚为范围的区域合作迈进。

1997 年金融危机爆发后，东盟举行了第一届财长会议。会议发布了《马尼拉框架协定》，决定建立“马尼拉框架集团”(Manila Framework Group，MFG)。该协定表示，东盟将致力于建立防止金融危机的区域预警机制，邀请 IMF 协助区域内改善财政结构及提供短期金融支持，发展债券市场并加强监管部门的合作，合作融资。会议还建议建立“东盟监督程序”(ASEAN Surveillance Process，ASP)，这一程序同样成为东亚区域合作的重要部分，在区域决策中显示出丰富的可能性。[3]

---

〔1〕 Rodolfo C. Severino Jr.，“The Impact of the Economic Crisis on ASEAN：A Blessing in Disguise?”，in Severino ed.，*ASEAN Today and Tomorrow*，Jakarta：the ASEAN Secretariat，2002，p. 148.

〔2〕 针对金融危机的国别分析及受波及各国事后的改革方向、评估。See Henry Laurence，“Financial system reform and the currency crisis in East Asia”，*Asia Survey*，Vol 39，No 2，1999.

〔3〕 Titik Anas and Raymond Atje，“Economic Surveillance and Policy Dialogue in East Asia：Making the ASEAN Surveillance Process a New”，CSIS，2005，http：//www. asean. org/archive/17894. pdf.

1998 年，第二届东盟财长会议一致同意建立 ASP，决定向 IMF 及亚洲开发银行寻求支持，并建立本区域金融监督体系。在这一方案中，东盟将相互监督作为重要的监督方式，就是说，在国际监督之外还将倚靠区域内各国进行相互监督和协调。1999 年，东盟再次举行财长会议，发表了《东盟关于国际金融体系改革的共同立场》，将各国对改革国际金融体系的共识以声明的形式确立下来。[1]

此外，东盟经济合作主要在"10 + 3"的框架内展开。从 1999 年起，东盟开始在"10 + 3"机制下定期参与财政和央行高官会议，每年召开财长会议。

2000 年，亚洲开发银行理事会年会期间，参会的"10 + 3"各国财长们在泰国举行会议，达成《清迈倡议》（Chiang Mai Initiative，CMI）。该倡议提出加强东盟货币互换安排（ASEAN Swap Arrangement，ASA），在东盟和中日韩之间达成双边货币互换与回购协议，以形成东亚区域内联系网络，推动区域金融监管与合作。倡议将自身定位为 IMF 提供的国际融资的补充，并规定其金融援助与 IMF 的贷款规划相联系，但它也规定互换安排由双边协议确立，不设数额上限，包括具体的方式也由各国自行协商，这实际上具有推动双边及多边合作的强烈意味。正是在这个倡议的基础上，东亚区域化金融合作实现了长足的发展，与其他区域合作机制如"东盟 +3"等结合在一起，成为东亚区域合作的重点。[2]

---

〔1〕"Common Asean Position on Reforming the International Financial Architecture", Adopted at the Special ASEAN Finance Ministers' Meeting, Manila, 30 April, 1999, http://www.asean.org/communities/asean-economic-community/item/common-asean-position-on-reforming-the-international-financial-architecture.

〔2〕Tadahiro Asami, "Chiang Mai Initiative as the Foundation of Financial Stability in East Asia", IIMA, 1 March, 2005, http://www.asean.org/archive/17905.pdf.

通过这个倡议，东南亚金融合作在“10+3”的框架下扩展到了整个东亚区域，为东盟乃至东亚此后在区域金融合作领域制订了基本的机制架构。在《清迈倡议》框架下，各国在货币互换上进行了卓有成效的合作，截至2006年5月，参与互换安排的货币总量达到了515亿美元。[1]

“清迈倡议”框架为东亚各国提供了应对货币危机的有力工具，在这个框架安排下，各国可以为处于货币危机中的国家提供紧急支援，维持其国际收支平衡，防止危机的发生和扩散。同时，这也是区域国家对进行金融联合的明确表达，无疑有利于向投资者表示积极的经济姿态，以及恢复市场投资的信心。这一发展对东亚区域治理的重要意义在于，该倡议不仅提供了一定程度上与未来外界风险的隔离和独立性，而且它还表明东亚区域作为一个整体具有了操作这样的区域安排的能力，就是说，金融部门的合作为更高的区域性合作提供了理由，使东亚具备了将目标转换为现实的潜力。[2]

但同时，“清迈倡议”框架的不足之处也很明显。由于各国在实现区域内更统一的、更高层次的金融合作方面尚未达成共识，该框架仅仅将自身定位为IMF的辅助工具，因此，在实际的货币互换安排中，导致了互换规模过小、受到IMF贷款规划限制的问题。此外，货币互换的双边安排机制在带来灵活性的同时也存在透明度和效率方面的问题。东盟国家对这些问题相当不满，因为这种安排不仅削弱了他们有所依靠的安全感，也

〔1〕 祝小兵：“‘清迈倡议’当前进展以及后续问题”，载《东南亚之窗》2006年第2期。

〔2〕 Mark Beeson, “East Asian Regionalism at Times of Crisis”, presented to the conference “Comparative Regional Integration: The European Integration Process and Its Implications to East Asia”, 4~5 May, 2009, Beijing, China.

限制了它们对主权利益的维护，使它们不断呼吁扩大货币互换规模，以及取消货币互换必须与 IMF 贷款规划相联系的限制。[1]

双边互换协议的缺陷是非常明确的，它很难给区域性货币秩序提供足够的保障。因此，在 2003 年“10 + 3”首脑会议上，中国总理温家宝提议将通过“清迈倡议”建立起来的双边货币互换提升为多边救助机制，这一改变意味着机制内各国可用于抵御危机的流动性资金大规模提高，因而得到了各国普遍欢迎。但在其后相当长的时间内，由于区域内部分歧和竞争，多边货币合作机制始终处于研究阶段，直到 2009 年，东亚各国财长才初步达成一项区域性多边化倡议，决定通过单一协议建立一个外汇储备库，总规模为 1200 亿美元，东盟和中日韩三国分别负担 20% 和 80%，并确定了区域货币多边机制的决策机制。[2] 2011 年 4 月，作为“清迈倡议”的一部分，“10 + 3”会议还建立了其独立的区域监管机构，即“‘10 + 3’宏观经济研究办公室（ASEAN + 3 Macroeconomic Research Office，AMRO）”，这一机构设在新加坡，负责监督和分析区域经济并支持“清迈倡议”项目的决策程序。[3] 2012 年，在“10 + 3”财长和央行行长会议上，各国一致决定，将这一储备库的规模扩大一倍，升至 2400 亿美元，这种规模已经完全不同于简单的双边互换，而且，东亚外汇储备库对 IMF 的独立性也得到了提升，由于它与 IMF

〔1〕 高海红：“从清迈倡议到亚洲债券基金”，载《国际经济评论》2004 年第 3 期。

〔2〕《第十二届东盟 + 中日韩财长会联合声明》，载中华人民共和国财政部网站，2009 年 5 月 3 日，http：//www. mof. gov. cn/preview/mof/zhuantihuigu/12jiecaizhenghui/lijieshengming/200905/t20090508 _141000. html.

〔3〕 Ulrich Volz，“Financial Regionalism in East Asia”，*the International Spectator*，Vol. 47，No. 4，December 2012，p. 98.

援助资金挂钩的比例不断下降（2012 年降至 70%，2014 年降至 60%），东亚区域货币援助机制的自主性显著增强。这些变化都表明东亚区域性金融合作制度是在实质上建立的，而不仅仅是简单的国际协作关系。[1]

（2）东盟自由贸易区建设从东盟内部扩展到整个东亚区域。这一时期，东盟经贸合作实际上已经不限于东南亚区域内部，而是与外部国家和区域共同构成了一系列多层网状合作机制，使东盟组织成为更大的区域制度的一环。这些包含了东盟组织的更大范围合作机制主要有亚太经济组织、“10 +3”机制、“10 +1”机制以及东亚—拉美合作论坛、博鳌亚洲论坛，另外也包括一些涉及东盟国家的次区域合作，如大湄公河次区域合作。

金融危机爆发的 1997 年，东盟各国从自顾不暇的慌乱中回过神来，立即开始对东盟机制进行修正和完善，加强在金融监管和互助方面的努力。但是金融危机并不仅仅是金融领域的危机，它反映出来的是东盟国家深层次的经济困境，这对于东盟机制来说，就意味着原有的运作方式已经不足以应对区域内的经济状况和需求，必须推向更大的创新。[2]在这种背景下，东盟迅速与中日韩三国进行会谈，确立了“东盟 +3”和“东盟 +1”的合作框架。“东盟 +3”是指东盟与中日韩三国在一个大的合作框架下促进经济合作，并建立东亚区域的共同体；而“东盟 +1”是指东盟与中日韩三国分别建立对应的双边自由贸易区。虽然这个框架并未表达出各国建立东亚区域内共同自由贸易区的构想，但是以东盟为主导，已经建立起了东亚整体的经

〔1〕 李巍：“东亚货币秩序的政治基础：从单一主导到共同领导”，载《当代亚太》2012 年第 6 期。

〔2〕 Shaune Narine, *Explaining ASEAN: Regionalism in Southeast Asia*, Boulder, Colo.: Lynne Rienner Publishers, 2002, p. 167.

济合作框架和包含东亚各国的自由贸易区计划，为东亚区域经济合作创造了良好的机制基础。

此后，“东盟+3”峰会每年都在东盟国家召开，就东亚区域的前景、发展和合作问题进行交流和讨论，成为东亚区域合作最主要的制度架构。而东盟开始与中日韩三国分别商谈建立自由贸易区，成为东亚经贸合作的有力支柱。

2002年，在第八届东盟首脑会议上，东盟与中国正式签署了《全面经济合作框架协议》，开始创建“中国—东盟自由贸易区”；由于中国和东盟在多边机制上的共有认知，如国际交往行为规范的接近，“中国—东盟自贸区”获得了远比日本—东盟或者韩国—东盟谈判坚实得多的基础，发展迅猛。[1]到2010年，这一计划在中国与东盟老成员国之间终于基本实现，中国与东盟新成员国的自贸区谈判也指日可待。“中国—东盟自由贸易区”的建成，为双方经贸合作确立了一个有效的制度框架。

“东盟—中国自由贸易区”创建工作的开始也刺激了日本和韩国，由于担心其经贸利益受到其他自由贸易区的损害，两国立即加快了与东盟进行建立自由贸易区的谈判工作。2003年，第九届东盟首脑会议期间，东盟与日本签署了《全面经济伙伴关系的框架协定》，正式开始建设“东盟—日本自由贸易区”，与韩国的谈判也就此展开。[2]

东盟与中日韩三国的自由贸易区，是“10+3”机制在经贸

---

〔1〕 Nicholas Thomas, “China-ASEAN Relations: the Core of Asian Regionalism”, in Mark Beeson and Richard Stubbs eds., *Routledge Handbook of Asian Regionalism*, Milton Park, Abingdon, Oxon, New York, NY: Routledge, 2012, p. 140.

〔2〕 尽管一些实证研究表明，日韩的这种担心并不是那么真实，但却实际地促进了多边自由贸易区的发展。参见 Hyun-Hoon Lee, Chung Mo Koo and Euijeong Park, “Are Exports of China, Japan and Korea Diverted in the Major Regional Trading Blocs?”, *The World Economy*, Vol. 31, 2008, pp. 841 ~859.

领域的具体体现，由此出发，它为东亚区域内的经贸合作创建了更紧密联系的机制保障，并推动了政治、社会等其他方面的东亚区域协调。

6.2.2 东盟治理在安全方面的表现

东盟逐渐开始面对国内和区域内复杂的政治安全问题。虽然传统上因大国斗争而带来的战争威胁已经不再是东盟面临的主要威胁，但同时外部干涉、恐怖主义袭击、民族宗教冲突以至领土争端等问题仍然在困扰着东盟国家。这些问题往往呈现出跨国界甚至跨区域的复杂一面，需要东盟在内部建立更加紧密的安全合作关系并适时地向外推进。

东盟治理为解决政治安全问题所建构的主要制度架构包括两个方面，一是以东盟为核心的安全共同体建设，一是以“10 +3”为核心的东亚政治安全合作。

东盟安全共同体的建设是东盟解决内部各种问题的首要制度依靠。虽然在此之前，东盟的发展历程中也出现过多种安全合作，如中立区和东南亚无核区的集体主张，但它尚未在现实中确立实质性的安全合作机制。

为了维护区域和平与稳定，加强成员国间更有效、更密切的合作，2000 年，东盟部长会议通过《东盟“三驾马车”机构》文件，着眼于使东盟能更及时、有效地处理可能破坏区域和平稳定的紧急、重要问题和事态，机构按照东盟基本原则行事，由外长会议决定开始工作；该机构可在任何有需要的时候召开会议。[1]这样，东盟区域机制中安全议题的处理变得更为

---

〔1〕 ASEAN Secretariat, “ASEAN Troika”, the 33rd ASEAN Ministerial Meeting, Bangkok, 24 ~25 July, 2000, http: //www. asean. org/communities/asean-political-security-community/item/joint-communique-of-the – 33rd – asean-ministerial-meeting-bangkok-thailand – 24 – 25 – july – 2000.

制度化，为东盟安全区域化朝向更高的共同体阶段发展打下了基础。

2003 年，在第九届东盟首脑会议上，各国经过协商，在会后发布的第二次《巴厘宣言》中首次提出了“东盟安全共同体”的目标；东盟安全共同体的特征在于，它不是传统上以军事能力为保障的安全机制，相反，它反对使用武力，强调相互尊重主权、互不干涉内政，以和平方式协商解决安全问题。[1]此后，东盟安全合作逐渐体现在跨界合作领域，如海事安全、反恐斗争、毒品和人口交易，以及大规模杀伤性武器控制等。东盟安全共同体着眼于全球视野下的安全问题，其目标既是整合人权和民主等问题，也是为了发展其支持联合国维和行为的能力。[2]2004 年，东盟通过了《东盟安全共同体行动计划》，该计划除了必要地强调政治经济与社会文化共同体的全面发展，倡导综合安全原则，更重要的是，它扼要地指出了建设东盟安全共同体需要关注的几个重点方面，包括政治发展、形成和共享规范、冲突预防、冲突解决和冲突后和平建设，以及将具体事务主要交予部长会议负责的实施机制，在附件中还列出了包括进行中和拟议中的行动领域表；该计划再次重申了东盟方式的一贯要求，如尊重主权、领土完整、互不干涉、和平解决争端等，并发出研究集体性反恐协议的倡议。[3]2006 年 5 月，首

---

〔1〕 第二次《巴厘宣言》指出，“东盟安全共同体将遵循联合国宪章和其他国际法原则，坚持互不干涉内政、协商一致决策、国家和地区抗御力、尊重主权、放弃武力或以武力相威胁、和平解决分歧和争端等东盟原则”。参见王子昌、郭又新：《国家利益还是地区利益——东盟合作的政治经济学》，世界知识出版社 2005 年版，第 230 页。

〔2〕 Laurence Henry, “The ASEAN Way and Community Integration: Two Different Models of Regionalism”, p. 874.

〔3〕 “ASEAN Security Community Plan of Action”, http://www.asean.org/news/item/asean-security-community-plan-of-action.

届东盟国防部长会议召开，明确规定以该会议机制为主要方式，争取于在2020年前建立“东盟安全共同体”。这样，东盟安全共同体建设就拥有了东盟机制框架内单独的机制依凭。

2007年，在第十二届东盟首脑会议上，各国通过了《东盟宪章》，明确规定“通过一体化推进东盟身份认同，以增强东盟大家庭意识和建构东盟安全共同体”。[1]这部具有法律效力的文件为东盟安全共同体的建构提供了法理依据，使安全共同体的原则和方式更加具有约束力。

东盟安全共同体不仅仅是为了协调内部关系、维护东盟国家间的和平稳定，更重要的是，它是开放性和外向性的安全机制。在创建东盟安全共同体的多个文件中，东盟都表示其目标在于缓解东盟国家与非东盟国家之间的争端，并让非东盟国家参与东盟安全共同体的建设，以促进更大范围内亚太地区的和平与安全。[2]

与此相关，东盟还通过更多的区域性机制来补充东盟安全机制。其中最主要的是表现东亚区域整体合作的“东盟+3”机制，以及在更大范围内实现对话与交流的东亚峰会。

如前所述，“东盟+3”机制不仅仅是东亚各国为推进经济合作而作出的努力，它还包括各国在政治、安全、社会、文化等各个方面的合作。通过将各国纳入一个共同合作框架，在相关问题领域进行对话，有助于消除彼此疑虑、协调各自立场、达成妥协，并就共同需求进行合作。[3]

---

〔1〕“The ASEAN Charter”, Singapore, 20 November, 2007, http://www.asean.org/archive/publications/ASEAN-Charter.pdf.

〔2〕韦红：“东盟安全共同体的特征及中国在其建设中的作用”，载《国际问题研究》2007年第2期。

〔3〕Richard A. Bitzinger and Barry Desker, “Why East Asian War is Unlikely?”, *Survival*, 1 December, 2008, p. 122.

在“10 + 3”框架下，为解决区域性安全问题，各国进行了一系列合作。2003 年，与南中国海争端相关的国家共同发布了体现各方自我约束和协商解决争端、维护区域和平稳定努力的《南海各方行为宣言》，为和平解决争端和区域稳定作出了示范。[1]

另外，需要指出的是，这一时期区域态势的发展也对东盟政治安全原则构成了明显挑战。其中值得一提的区域性事件即东帝汶独立事件。东帝汶地区 1975 年被印度尼西亚兼并，其后，东帝汶独立势力一直坚持反抗印尼政府；从那时候起，直到东帝汶最后赢得独立的相当长一段时期内，东盟一直把东帝汶问题视为印尼的内政问题，由于东盟秉承主权独立、互不干涉内政的基本原则，东盟各国对印尼兼并东帝汶不像国际社会一些国家那样强烈反对，反而表示支持。考虑到东盟的团结，东盟各国的一般做法是在对外问题上向利益相关的成员国立场靠拢，因此，即便是最初表示反对的新加坡也逐渐承认了印尼对东帝汶的兼并。到 20 世纪 90 年代初，由于印尼军队在东帝汶圣克鲁斯造成的屠杀被新闻媒体报道出来，该问题再次成为国际社会的热点，西方许多社会团体和组织向政府施压，要求支持东帝汶独立。特别是美国和国际货币基金组织开始向印尼施压，通过将经济援助与人权问题挂钩，强迫印尼允许东帝汶人民进行全民公决来保障其独立地位。印尼允许了全民公投，但当投票结果显示大多数东帝汶人民要求独立的时候，印尼军队又卷入了与当地要求独立的民众的暴力冲突中，从而造成了东帝汶局势动荡。国际社会迅速作出激烈反应，对印尼施以强大

[1] “Declaration on the Conduct of Parties in the South China Sea”, Phnom Penh, 4 November, 2002, http://www.asean.org/asean/external-relations/china/item/declaration-on-the-conduct-of-parties-in-the-south-china-sea.

的政治和经济压力，要求印尼结束暴乱，并允许国际社会介入对东帝汶问题的解决。[1]1999年，印尼政府作出妥协，同意联合国授权的多国部队进入东帝汶维持秩序。1999年9月15日，联合国安理会通过1264号决议，决定建立一支多国联合部队进驻东帝汶，[2]10月25日，安理会通过1272号决议，决定组建联合国东帝汶过渡政府，帮助东帝汶实现独立。[3]

在这样一个东南亚域内关系重大的事件中，露面最多的是以联合国为代表的国际社会势力。联合国从1976年开始就在关注东帝汶事件，虽然长期缺乏成果，但始终在不断跟进：根据联合国大会的决议案，1983年联合国秘书长召集三方谈判；1997年经济危机伴随着苏哈托倒台，联合国秘书长安南任命了马克尔，在联合国秘书处政治事务部门的协助下继续推进协议的达成；当1998年哈比比宣称考虑自治的可能时，联合国代表立刻推进了谈判深度，其外交努力有目共睹；暴力事件的发生之后，东帝汶事件的解决更是极大地依靠联合国的全力行动。[4]而与之相反，在这整个过程中，东盟其他国家一直无所作为，始终集体保持沉默。在事件激化之前，东盟就是始终同情印尼的，就算联合国安理会通过决议要求印尼从东帝汶撤军，[5]或者因为欧盟声援积极推动东帝汶问题国际化的葡萄牙

〔1〕 Ian Martin, "International Intervention in East Timor", in Jennifer M. Welsh ed., *Humanitarian Intervention and International Relations*, Oxford University Press, 2006, pp. 142 ~ 160.

〔2〕 "Resolution 1264", Security Council, United Nations, 15 September, 1999, http://www.un.org/en/ga/search/view_doc.asp? symbol = S/RES/1264 (1999).

〔3〕 "Resolution 1272", Security Council, United Nations, 25 October, 1999, http://www.un.org/en/ga/search/view_doc.asp? symbol = S/RES/1272 (1999).

〔4〕 Michael G. Smith with Moreen Dee, *Peacekeeping in East Timor: the Path to Independence*, Boulder, Colo.: Lynne Rienner Publishers, 2003, pp. 41 ~ 52.

〔5〕 "Resolution 384", Security Council, United Nations, 22 December, 1975, http://www.un.org/en/ga/search/view_doc.asp? symbol = S/RES/384 (1975).

而导致欧盟—东盟关系僵化，东盟仍然保持沉默；直到1999年东帝汶发生暴力事件和局势动荡，东盟都没有作出积极的反应，甚至在东盟的集体文件中忽略东帝汶问题的存在。[1]东盟作为一个集体组织，没有作出任何努力来缓解东帝汶局势，这当然是不符合东盟对区域和平安定的需求的，但是受东盟基本原则的制约，东盟要作出进行干预的表示都很困难。直到印尼最终妥协，同意联合国派出多国联合部队，东盟才真正参与了对东帝汶事件的解决；但这一行为还是出自印尼自身的要求，而不是东盟主动为之。这时东盟的行为已经成了在不得已的情况下对自身威望和能力的挽救，因为它们不希望由区域外的国家主导对本区域内部事务的处理，所以其仍然没有脱离互不干预的传统，东盟组织实际上能发挥的作用自然不大。[2]这一事件的最终解决很大程度上依赖于国际社会的干预，而在新的国际形势下，区域内、甚至国家内部危机的发展都是与整个国际社会相联系的，东帝汶事件造成了该区域较大的动荡和不安，但东盟的不干预原则要求各成员国对此事视而不见，其结果就是东盟在相当时间内坐视事态恶化而无所作为。东盟治理机制对于区域稳定的追求在这一事件中明显受到了东盟基本原则的掣肘，东盟处理政治安全的传统方式也随之开始受到质疑。从更深层次的意义上说，东盟的举步不前不光是因为不干涉原则的牵制，更与东盟组织的发展特征有关，毕竟从东盟的角度来看，东帝汶可能导致的分裂主义倾向对各国乃至区域稳定来说同样是表现出了很大的危险性的，反对东盟具备超国家行为能力的东盟

〔1〕［菲］鲁道夫·C. 塞韦里诺：《东南亚共同体建设探源：来自东盟前任秘书长的洞见》，王玉主等译，社会科学文献出版社2012年版，第111～112页。

〔2〕Jürgen Haacke, *ASEAN's Diplomatic and Security Culture*, London and New York: Routledge Curzon, 2003, pp. 198～201.

各国不可能就此采取行动，特别是如果涉及军事行为的话就更是如此。[1]所以，东帝汶问题不仅表达了东盟原则追求更高适应性的需求，也表明了东盟在更广泛的议题上改进其行为方式的需求，这有待于东盟共同体的深入。

6.2.3 发展方向：从东盟共同体到东亚共同体

这一阶段，东盟治理呈现出的最大特征是内外扩展，东盟实现了自身建设的进一步推进，也将东盟机制真正推向了整个东亚，从这一未完成的区域化趋势来说，东盟治理机制指向了更为广阔的共同体前景。

第一，东盟自身实现了大东盟战略构想，并致力于将这个集体引向深化。1997 年东盟在反对声中接纳了老挝和缅甸，1999 年接纳了柬埔寨之后，一个包括东南亚主要国家的大东盟终于实现。这样，东盟组织最终覆盖了东南亚区域的广阔空间，极大地增强了东盟的政治经济实力，有利于巩固东南亚区域的团结稳定，更好地控制区域差异，使东盟的国际地位更加突出。[2]

东盟的扩大还为东盟机制在深度上的发展提供了基础。在扩大之后，东盟国家在机制深度、共同体建设这些方面的任务就显得更加紧迫了。

第二，东盟首脑会议进行得更为频繁，在深化自身机制改

〔1〕 除了不干涉原则的制约，东帝汶揭示的另一个问题就是，要求东盟采取超国家的军事行动是超越了东盟共同体当前发展程度的，东盟的现状决定了它不可能真正采取行动。见［菲］鲁道夫·C. 塞韦里诺：《东南亚共同体建设探源：来自东盟前任秘书长的洞见》，王玉主等译，社会科学文献出版社 2012 年版，第 117 页。

〔2〕 Björn Hettne, "Regionalism, Security and Development: A Comparative Perspective", in Björn Hettne and Osvaldo Sunkel eds., *Comparing Regionalisms: Implications for Global Development*, Palgrave Macmillan, 2001, p. 10.

革，加强共同体建设方面不断推进：2003年，第九届东盟首脑会议通过了第二个《巴厘宣言》，协调内部关系、确认东盟原则；2004年，第十届东盟首脑会议上，各国讨论了建立“东亚峰会”和“东亚自由贸易区”的可能性，为进一步合作打下了基础；2005年，第十一届东盟首脑会议上通过了《吉隆坡宣言》，决定加快东盟共同体建设，同时，第一届东亚峰会召开，也通过了一份《吉隆坡宣言》，决心以东亚共同体为区域合作的长远目标。2007年，第十二届东盟首脑会议决定加速东盟共同体建设，并随之在同年的第十三届首脑会议上通过了《东盟宪章》。

《东盟宪章》以法律文件的形式确认了东盟成立以来的成就。其内容包括了东盟的总体目标和原则、东盟的法律地位、成员国的责任和义务、吸纳新成员国的标准、机构构成和各机构职责、解决成员国分歧的机制、对外交往的原则以及宪章的解释等。它还对东盟机构的改革作出了推进，通过一些具体措施对原有的组织架构进行了调整，加强了东盟机构之间的联系。同时，《宪章》还特别强调了其高于成员国一般法律的地位，这体现了其朝向超国家机制的努力方向，像欧盟法律一样要求各国“采取一切可能措施包括推进妥当的国内法律以实现宪章条文”，并在面临宪章条文与成员国法律冲突时优先适用宪章条文；最重要的是，《宪章》表明了建立东盟共同体的战略目标，按照它的计划，东盟共同体将由“东盟经济共同体”、“东盟政治—安全共同体”和“东盟社会—文化共同体”组成，这实际上为东盟自身建设的发展设定了方向。[1]

对东盟自身而言，三个共同体的目标表明它正在朝着统一

---

〔1〕“The ASEAN Charter”, Singapore, 20 November, 2007, http://www.asean.org/archive/publications/ASEAN-Charter.pdf.

性更强的方向发展，希望建立更有力的经济联系，更全面的社会协调以及更稳固的安全关系；[1]对东盟对外关系而言，《东盟宪章》意义重大，它宣告东盟组织具有了国际法律人格地位，正式赋予东盟作为国际谈判和处理国际事务主体的法律依据。

东盟在不断加强自身共同体建设的同时，也在进行朝向更广阔的共同体方向努力，即东亚共同体的设想。“10＋3”机制的建立使东亚国家联系更加紧密，也为在东亚区域内结成一个集团提供了国际机制上的初步制度基础。2001年在“东亚展望小组”提出建立“东亚共同体”的报告后，东盟就开始研究和讨论朝向这个方向努力的问题，并探讨如何实施具体细节。经过东盟和东亚其他国家的协商，决定设立东亚峰会推进东亚共同体建设，以进一步讨论共同体所涉及的各方面问题。虽然由于各国之间在东亚共同体的具体方向上未能达成一致，东亚峰会召开的时候实际上还包含了传统上不属于东亚的国家，但东盟在这个方向上的努力是不可否认的。

当然，东亚共同体建设也遭遇了层层障碍。东亚峰会的推出，背后实际上包含了相关国家的复杂博弈，这使得东亚峰会不能适应东亚共同体建设的需要；为了达成妥协，“10＋3”机制仍然作为东亚共同体建设的主渠道，而东亚峰会作为了区域合作的论坛。另外，东盟本身建设存在一些问题，如在东亚国际结构中经济实力不足、自身凝聚力有所下降等。

2007年，在东盟与中日韩领导人会议上，各国共同发表了《第二次东亚合作联合声明》。该声明肯定了东亚十年来合作发

---

〔1〕 有观点以东盟三个共同体的结构为根据，认为这三个共同体的目标表明东盟是在仿照欧盟的三根支柱进行共同体建设，表达了东盟更深层次统一的愿望。Laurence Henry, “The ASEAN Way and Community Integration: Two Different Models of Regionalism”, pp. 869～873.

展的成就，表达了各国推进东亚合作和建设东亚共同体的决心，并再次确认了“10+3”机制是建设东亚共同体的主渠道，并将其他机制如东亚峰会、东盟地区论坛、亚太经合组织等作为“10+3”的补充机制。[1]在东亚共同体建设面临困难的情况下，这份声明表达了各国对共同体的一致期待，显示了各国消解相互分歧、切实合作的政治意愿，重申了“东盟方式”所体现出来的不干涉内政、协商一致、共同进步、渐进制度化等合作规范。声明再次聚合了东亚各国的政治意愿，增强了各国对东亚共同体的信心和共识，有助于各国在东亚共同体建设的道路上加强合作。

第三，需要指出的是，这一时期，东盟机制向东亚区域的扩展并不是一蹴而就的；实际上这一扩展仍然处于初步阶段，其典型表现就是，就最具实质意义的区域经济机制而言，东盟更多的是以一个集体行为者与东亚区域的其他国家进行合作，而其他国家之间的合作还相对较少，如果考察真正包含整个区域的合作机制，那就更为缺乏了。[2]这一特征当然与东亚国家之间的复杂关系相联系，由于政治意愿的缺乏，实际上最为积极的还是东盟寻求与东亚其他国家的经济机制建立；同时，也需要看到，在国际关系错综复杂、历史遗留问题仍然存在的东亚，东盟为核心的经济合作机制也是东亚区域经济治理的重要一步，它毕竟启动了东亚区域化的实质性进程，为未来在更广阔的范围内、更高的层次上进行合作打下了基础。

---

〔1〕“Second Joint Statement on East Asia Cooperation”，http://www.mofa.go.jp/region/asia-paci/asean/conference/asean3/joint0711.pdf，2007 年 12 月 12 日。

〔2〕John Ravenhill，“East Asian Regionalism：Much Ado about Nothing”，*Review of International Studies*，Vol. 35，2009，pp. 215～235；John Ravenhill，“the New East Asian Regionalism：a ‘Political Domino’ Effect”，UNU-CRIS working papers W－2009/11，p. 26.

东盟经济合作机制向东亚区域扩展的初步阶段，最典型的例子就是东盟与中国的区域经济合作。这一发展从20世纪90年代初就开始了，到东盟治理的最新阶段，东盟—中国区域经济合作进入了一个快速发展的时期。

东盟与中国的经济合作很大程度上与双方的地缘接近相关，中国与东南亚国家有较长的陆地交界线和海上边境，在旅游、贸易、交通、农业等方面都存在非常便利的条件。双方的跨境合作，首先表现为主要集中于湄公河流域的次区域经济合作。

1993年泰国政府提出了一个“湄公河上游经济合作区”计划，该计划主要针对边境相邻的中国、老挝、缅甸和泰国四个国家，其目的在于以澜沧江—湄公河上游地段为轴心，把沿岸的四国相邻地区联合起来，组成共同开发的经济合作区。这实际上也是当时东盟兴盛的次区域经济增长三角的一个部分，不同之处在于，它不仅仅限于东盟内部，也包括了尚未加入东盟的东南亚国家和东南亚之外的东亚国家，因而实际造成了东盟经济合作向东亚区域扩展的结果。这一构想得到了另外三个国家的响应，在共同协商之后，各国一致同意将交通运输和旅游业作为合作的优先领域，并以此促进其他领域合作。1998年在亚洲开发银行部长会议上，各方还将禁毒列入了合作领域，拓宽了这一合作机制的内容；2000年，各方签署了《澜沧江—湄公河商船通航协定》，建立了澜沧江—湄公河商船通航协定联合委员会，完成了预定议程，2001年，从中国思茅港至老挝琅勃拉邦港的886.1公里河段正式通航。[1]这一合作机制为东盟经济合作向东亚区域的扩展打下了基础，做出了有利尝试，由于政策内容得当、政治推动有力，取得了一定的成效。

〔1〕“中老缅泰澜沧江——湄公河商船正式通航”，载中新社，http://www.chinanews.com/2001-06-27/26/100847.html，2001年6月27日。

在湄公河这一贯穿东亚诸国的河域进行的最大规模的合作是“大湄公河流域”次区域经济合作，这一合作计划是由亚洲开发银行倡议并主导的。1993年，亚洲开发银行提出了关于在柬埔寨、老挝、泰国、越南和中国这一系列湄公河流域相关国家进行次区域经济合作的报告，表示愿意为开发澜沧江—湄公河的水能资源以及建立中国与中南半岛水陆交通网络提供帮助；很快，相关各国就在马尼拉举行会议，确认了发展次区域合作项目的内容和重点，建立了大湄公河次区域经济合作（GMS）机制，决定GMS事务部长会议每年举行一次。[1]按照各国协商的结果，大湄公河流域次区域经济合作主要以交通运输为优先目标，并以此为基础发展能源开发、生态保护、贸易投资等合作项目。1994年，各国在河内举行会议，审议并批准了一批包含26个项目的合作计划，主要集中于交通运输和能源开发；此后，各国通过次区域经济合作部长会议的机制以及其下设的专题论坛和工作组，在大湄公河流域合作进程中陆续加入了旅游、贸易、环保、投资等内容。2001年各方签署了《大湄公河次区域经济合作未来十年战略框架》，确定建设重要交通干线、电信和电力网络、投资贸易以及旅游等十多项标志性工程。[2]

2002年，大湄公河次区域经济合作机制领导人会议在金边召开，通过了《领导人宣言》、《次区域发展未来十年战略框架》、《大湄公河次区域便利交通协定备忘录》、《大湄公河流域便利交通协定》中方加入书和《大湄公河次区域电力贸易协定》等多个文件。这是该合作机制第一次升至领导人层级，领导人

---

〔1〕“大湄公河次区域经济合作战略解析”，载人民网，http://world. people. com. cn/GB/1030/3494052. html，2005年6月24日。

〔2〕“大湄公河次区域经济合作简介”，http：//www. caac. gov. cn/L1/L5/L5 _ 12/.

层级的会议模式成为湄公河流域合作开发机制的最重要组成部分，表明各国加大了对合作的关注和合作的力度。[1]

2005 年，大湄公河次区域经济合作第二次领导人会议在昆明召开，会议确立了“相互尊重、平等协商、注重实效、循序渐进”的合作指导原则，会后发表的《昆明宣言》表示，将进一步加强基础设施、贸易投资环境、环境与社会文化等方面的“伙伴关系”合作，并签订了一系列交通运输和能源贸易方面的协定。2008 年，大湄公河次区域经济合作第三次领导人会议在万象召开，批准了《2008～2012 年大湄公河次区域经济合作发展万象行动计划》，还签署了《实施次区域跨国电力贸易路线图谅解备忘录》以及《经济走廊可持续与均衡发展谅解备忘录》等一系列合作文件。2011 年，大湄公河次区域经济合作第四次领导人会议将在缅甸内比都举行，会议通过了《内比都宣言》，还通过了《大湄公河次区域经济合作新十年（2012～2022）战略框架》。[2]湄公河流域的次区域合作是东盟经济合作在次区域层次上向外扩展的有利尝试，由于各国在地理条件上的相互依赖和自然资源的充足，这一系列以交通运输、能源开发为基础的次区域经济合作取得了较好的效果，并为次区域更广阔领域的经济合作打下了基础；此外，由于各国地缘条件的毗邻，政治安全上相互依赖的特征比较明显，也造成了各国进行跨边境合作的强有力的政治意愿，在各国政府的积极推动下，各国为次区域经济合作的发展签订了许多具体而切实的协定，创建了次区域合作的机制条件。

---

〔1〕“中国参与大湄公河次区域经济合作国家报告”，载《人民日报》2008 年 3 月 28 日，第 6 版。

〔2〕“历次大湄公河次区域经济合作领导人会议”，载新华社，http://news.xinhuanet.com/ziliao/2002－11/04/content_617370_1.htm，2002 年 11 月 4 日。

另外，东盟与中国进行区域经济合作的另一主要内容就是迄今已取得较大成效的“东盟—中国自由贸易区”建设。

1997年金融危机使东盟经济受到了严重损害，但中国经济相对稳定并在东亚经济体应对危机中发挥了积极作用，东盟与中国的经贸往来在经历危机的过程中并未受到太大的影响。这坚定了东盟与中国加强经贸合作的决心，推动了双边建设自由贸易区的进程。金融危机后，中国积极参与东盟提倡的区域性金融合作，并为双方建立更紧密的经济联系进行了初步协商。2000年第六次东盟—中国领导人会议上，时任中国政府总理的朱镕基向东盟提出了建立自由贸易区的倡议，东盟立刻开始进行可行性研究，并由专家小组提供了建立“东盟—中国自由贸易区”的肯定性报告。2001年，中国—东盟首脑会议通过了该研究报告。[1]2002年，在“东盟+3”会议期间，东盟各国与中国正式签订了《中国—东盟全面经济合作框架协议》，规定中国与东盟成员国在2010年和2015年两个期限内拆除贸易壁垒、全面建成“东盟—中国自由贸易区”（与东盟原六国建成自由贸易区是2010年建成、与新加入东盟的四个新成员国是2015年建成），主要包括货物贸易和服务贸易的自由化、投资机制等合作领域的自由和便利，以及其他合作内容。这一协议还详细规定了自由贸易区的目标、范围、具体方式、时限等，并承诺给越南、老挝、柬埔寨这三个非WTO成员方多边最惠国待遇。[2]按

---

〔1〕［菲］鲁道夫·C. 塞韦里诺：《东南亚共同体建设探源：来自东盟前任秘书长的洞见》，王玉主等译，社会科学文献出版社2012年版，第242~243页。

〔2〕Framework Agreement on Comprehensive Economic Co-Operation between ASEAN and the People's Republic of China Phnom Penh, 4 November, 2002, http://www.asean.org/communities/asean-economic-community/item/framework-agreement-on-comprehensive-economic-co-operation-between-asean-and-the-people-s-republic-of-china-phnom-penh-4-november-2002-3.

照建议报告的估计，这一自由贸易区建成后，将成为一个包括17亿人口的庞大市场，同时还是一个GDP总量2万亿美元、贸易总额超1.23亿美元的区域。[1]

“东盟—中国自由贸易区”进程的开启还推动了双方在政治关系和安全协调方面的进展，2002年在签订全面经济合作框架协议之后，双方还签署了《南海各方行为宣言》，表示南海问题相关各国将以和平方式解决在该领域的争端；2003年“东盟+3”会议期间，东盟—中国领导人会议签署了“面向和平与繁荣的战略伙伴关系”联合宣言行动计划，中国还加入了《东南亚友好合作条约》。为了加快东盟与中国间的经贸合作，在具备最有利条件的国家间首先建成农业贸易自由区，中国还向东盟提议一项名为“早期收获计划”（Early Harvest Program）的贸易自由化项目，在具备更有利的条件的国家间先行一步；[2]这实际上是中国以主动让利的行为来给自贸区进程提供启动阶段的助推力，2003年，中国与泰国就已经开始实施这一计划，证明这一合作为参与的双方都带来了巨大收益[3]。这一计划在中国的积极推动下，对“中国—东盟自由贸易区”起到了良好的示范效应，中国政府“在此项目上从东盟伙伴国那里得到了积极的反馈效应”，“东盟贸易官员强调他们对中国进行自贸区谈判的方式心存感激，认为这表明中国对东盟这些发展中国家的需求

---

〔1〕 ASEAN-China Expert Group on Economy Cooperation, “Forging Closer ASEAN-China Economy Relations in the 21st Century”, October 2001.

〔2〕 “中国—东盟自贸区的试验田：早期收获计划”，载中华人民共和国商务部，http://www.mofcom.gov.cn/aarticle/Nocategory/200507/20050700180151.html，2005年7月20日。

〔3〕 Huang Weiping, “Key Action: Chinese View of Early Harvest in the Region”, presented to the conference “Comparative Regional Integration: The European Integration Process and Its Implication to East Asia”, 4～5 May, 2009, Beijing, China.

是非常在意的”。[1]因此，该项目对于那些还在犹豫的国家来说无疑是极具吸引力的，

2004 年，中国—东盟就货物贸易削减关税以及贸易争端解决等事项达成协议，完善了“中国—东盟自由贸易区”相关合作机制。2010 年初，按照东盟与中国的协定，“中国—东盟自由贸易区”首先在东盟六个老成员国和中国之间建立起来。“中国—东盟自由贸易区”建设发展迅速，对于推动多边贸易起到了积极作用，在自由贸易区计划启动之后双方贸易大幅增长，如东盟—中国贸易总额从 2003 年的 596.37 亿美元增长到 2008 年的 1925.33 亿美元，不过四五年的时间内就增长了三倍以上。[2]

双方的经济合作能取得较好的发展，首先一个原因是各国政府的大力推动，一度疏远的双方关系随着经济议题占据合作的主要地位而变得缓和，在 20 世纪 90 年代之后，双方经历了一个合作快速发展的时期，特别是在双方进行战略调整、致力于推动睦邻外交之后，中国和东南亚各国都建立起了较稳定和友好的外交关系。顺应区域主义的潮流，双方所关心的都是经济发展和繁荣，区域经济合作成为其战略考虑的主导因素。另一方面，中国和东盟国家虽然在很大程度上都依赖于对外的出口市场和投资来源，难免会有所竞争，但同时中国和东盟国家在贸易、投资等方面也是存在较大的互补性的。中国和东盟之间的贸易增长长期保持 30% 以上的速度，如 2003 年，东盟国家对

〔1〕 Gregory Chin, Richard Stubbs, “China, regional institution-building and the China-ASEAN Free Trade Area”, *Review of International Political Economy*, 18: 3, August 2011, p. 289.

〔2〕 ASEAN Secretariat, “ASEAN Yearbook 2008”, p. 79, http://www.asean.org/resources/publications/asean-publications/item/asean-statistical-yearbook-2008-2.

中国的出口总额增长50%，并且实现了较大的贸易顺差；不仅如此，东盟还是中国未来对外投资的重要场所，金融区域合作的开展为双方投资合作提供了有利基础，在交通、旅游和资源等各方面，中国和东盟也存在较强的互补性和广阔的合作空间。〔1〕正是在这种互补的基础之上，“东盟—中国自由贸易区”计划能够得到双方的大力推动，并迅速表现出有利的成效，为双方进一步的广阔合作提供了基础，也为东亚经济区域化做出了有益尝试和良好的示范。在东盟—中国自由贸易区启动之后，受到这一经济区域化计划的刺激，日本和韩国也迅速与东盟展开了关于建立各自自由贸易区的谈判，并陆续达成协议，开启了东亚区域内经济区域治理的总体机制建构。

东盟将自身建设与治理机制的扩展结合在一起，形成了东亚区域化机制的现存结构（如下图所示）。如图6.1所示，东亚

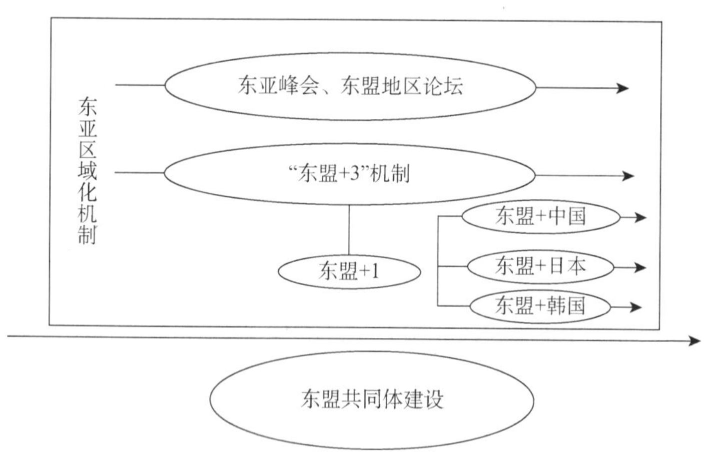

图6.1　当前东亚区域化主要机制结构示意图（来源：作者自拟）

〔1〕 卢光盛：《地区主义与东盟经济合作》，上海辞书出版社2008年版，第170～171页。

区域化与东盟是相伴而行的，由于东盟在实际主导和积极推动东亚区域化进程当中的地位，东亚区域化机制的发展与东盟自身建设（特别是东盟共同体建设）紧密相联，东盟自身建设的成就是东亚区域化建设得以推进的重要条件；同时，东亚区域化机制表现为主次线索共同构成的特征，即以“东盟 +3”机制为主线、东亚峰会和东盟地区论坛为补充的机制构成，在“东盟 +3”机制下，又包含了三条“东盟 +1”的发展路径，集中表现为东盟与中日韩三国分别建立自由贸易区的努力。通过东亚区域内各国的协商和妥协，目前东亚区域化机制确立了图 6.1 所表明的总体结构。

6.3　治理的扩展：从东盟到东亚区域化

这一阶段是东盟机制发展最快、成就最为显著的时期，总体而言，东盟区域化将东盟机制的向内深化和向外扩展结合起来，在制度建设上迈进了一大步。针对金融危机所表现出来的东盟政治经济问题，东盟迅速进行了深刻的反思，对如何理解东盟各国经济和政治体制中的问题做出了全面的讨论，特别是对在全球化背景下应对东盟困难的方式进行了多种尝试，这成为东盟进一步推进区域治理的基础。[1]

从图 6.2 中可以看到，这一阶段东盟治理机制发展迅速、成就丰富，东盟积极推动区域合作，做出了将自身建设的不断加强和东亚区域化机制建构结合起来的努力，一方面东盟需要

---

〔1〕“Lessons from East Asian Financial Crisis”, Speech by H. E. Chuan Leekpai in New York, 11 March, 1998, http://www.asean.org/news/item/lessons-from-east-asian-financial-crisis-speech-of-he-chuan-leekpai-prime-minister-of-thailand-hosted-by-the-council-on-foreign-relations-and-the-asia-society-new-york-march-11-1998.

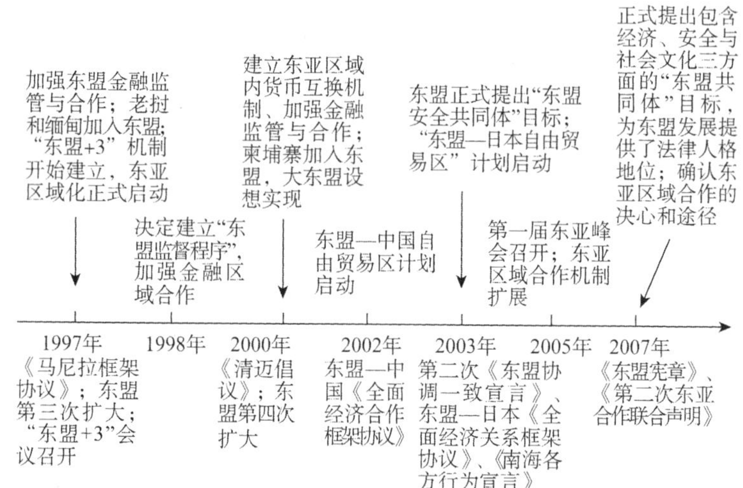

图 6.2　东盟治理第三阶段主要发展示意图（来源：作者自拟）

扩展其治理机制，在整个东亚区域的范围内更有效地实现治理成效；另一方面，东盟积极主导东亚区域化，促使东盟不断巩固自身团结、提升内部合作水平，这两方面的努力是相辅相成的。因而，这一阶段东盟在新的危机和挑战背景下对治理问题作出新的解决尝试，呈现出治理机制深化与扩展相结合的总体特征。

冷战结束后，东盟区域治理的需求主要体现为，经济全球化、自由化压力下的经济结构调整和贸易增进，后冷战时代非传统安全和领土争端威胁下对和平稳定局面的维护。1997 年金融危机是一个重要的转折点，它"不仅表明纯粹依靠市场力量的经济整合的失败，也表明了东盟无法对自身问题作出反应的结构性缺陷"，[1]这使得改革的需求得到了更突出的表现，迫切

〔1〕 Laurence Henry, "The ASEAN Way and Community Integration: Two Different Models of Regionalism", *European Law Journal*, Vol. 13, No. 6, November 2007, p. 859.

要求东盟治理加速进行解决。东盟面临的问题很大程度上具有全球化时代的突出特征，即各种危机、冲突表现出很强的区域性甚至全球性，很难由单个国家进行解决，特别是考虑到这样一个事实，即组成东盟的各东南亚国家一般国家实力较弱，因为受国家体制、制度缺陷、管理能力等方面不足的牵绊，相比于西方发达国家，它们在经济（金融）的全球化中表现出更明显的脆弱性，更无法承担起应对全球化困难的任务。[1]在这样一种状况下，倚赖区域层次的治理就是东盟国家最直接的选择，而东盟区域治理要获得进步，就必然定位于更紧密和有力的合作上。

这一逻辑也正是新区域主义研究所关注的重点，正如Breslin等研究者指出的那样，金融危机“加深了对全球化利益——特别是所谓‘华盛顿共识’的质疑”，开始改变区域组织的基础，在区域层次上对全球金融失序作出反应。[2]东亚区域化获得进展正是这样与金融危机紧密相联的，从这个意义上讲，东亚区域主义可视为一种“区域—全球”互动的产物，或者更准确地说，可视为因“国家—全球”互动而得到发展的区域性产物，因此，危机后东亚区域主义表明了“初步区域组织作为民族国家和全球金融制度之间治理协调者的潜在角色”。[3]

东盟治理在内部方向上主要集中于推进行为主体间的更深层次团结，建立起更完善和高度的共同体机制。因此，东盟积

---

〔1〕 樊纲：“全球化中的不平等问题：亚洲金融危机的教训及政策含义”，载《国际经济评论》1999年第2期。

〔2〕 Shaun Breslin and Richard Higgott, “Studying Regions: Learning from the old, constructing the new”, *New Political Economy*, 5: 3, 2000, p. 338.

〔3〕 Shaun Breslin and Richard Higgott, “Studying Regions: Learning from the old, constructing the new”, pp. 337 ~338.

极致力于推动自身发展，在各具体领域修正和补足合作机制，增添在原本未曾予以注重的领域的制度建设，如财政金融和国防领域。在总体倾向上，东盟向深层次的自我发展，是指在包含东南亚十国的大东盟形成的基础上，东盟进一步协调内部政治经济关系，推进东盟组织向全面共同体前进。在第二次《巴厘宣言》中，东盟各国重申了东盟的组织原则和方式，强调东盟将以东盟安全共同体、东盟经济共同体、东盟社会与文化共同体三个部分的建设构成东盟共同体目标。对这三个共同体建设的目标和内容，东盟还做了具体的设想和规定。虽然这并非具有强制约束力的法律文件，但是它表明了东盟推进自身向深层发展的政治意愿和决心，为东盟共同体建设提供了重要依据，确认了发展方向。

东盟在共同体建设上进行的努力迄今还未结束。东盟前秘书长鲁道夫·C. 塞韦里诺曾指出，东盟发展四十年来，在经济融合和政治协调上已经到了一个关口，阻碍东盟区域治理深化的根本原因还是在于，经济融合和政治协调没有实现充分的相互支持，比如，经济融合的最大障碍其实是来自政治上的，而东盟政治团结的发展应该建立在区域经济的不断融合基础上。〔1〕正是基于这种认识，东盟开始致力于区域治理的整体性，最重要的一个动作就是全面推动东盟共同体建设。2007 年，《东盟宪章》的出台，标志着东盟共同体建设的不懈努力产生了初步的成果。《东盟宪章》是东盟在共同体建设方向上的一个标志性文件。通过将东盟地位以法律形式确定下来，东盟在内部协调、区域认同、机制强化各方面都前进了一大步，并指向共同体建

〔1〕 Rodolfo C. Severino, "ASEAN Beyond Forty: towards Political and Economic Integration", *Contemporary Southeast Asia*, Vol. 29, No. 3, 2007, pp. 416 ~417.

设更高层次的前景。[1]此后，东盟咬定“共同体”方向不变，即便在经历了全球经济危机的挫折之后，东盟也始终把共同体建设作为头等大事，如在 2010 年东盟就连续召开两次首脑峰会，其主题都是“迈向东盟共同体：从愿景到行动”，成果显著。[2]

东盟对自身的建设与东盟对外扩展是紧密相联的，在不断推进自身成为更紧密集体的进程中，东盟也在积极地加强对外交流，特别是加强在东亚区域框架下的合作。实际上这两个方面的进程是相辅相成的，东盟自身的共同体建设需要在东亚区域化的总体框架中获得支持和帮助，而东亚区域化的创设和发展需要一个更团结、更有力的东盟组织给予领导和推动。

东盟治理所要达到的目标不仅单独的东盟国家无法实现，就东盟组织整体来说，也还是处处表现得力不从心。在金融危机中东盟组织表现出来的无能为力，使它的功能和意义受到诸多怀疑；当然，东盟本身的经济规模较小，内部市场互补性不强，管理经济、金融的经验能力有限，的确是不争的事实，这决定了东盟机制的经济治理绩效表现不佳。治理主体虽然限于东盟机制内，但治理所要解决的问题已经超出了东盟的范围，那么就必须从更广阔的范围内寻求实现治理的可能。

---

〔1〕 正如新加坡总理李显龙在签署《东盟宪章》时所说，“宪章将实质性地改变我们对东盟所见、所想的方式……将使东盟成为一个更有效、更团结的组织，为未来东盟更紧密的一体化铺平了道路”。参见 ASEAN Secretariat，“Opening Plenary Remarks by Prime Minister Lee Hsien Loong at the ASEAN Summit”, Singapore, 20 November, 2007, http://www.asean.org/news/item/opening-plenary-remarks-by-prime-minister-lee-hsien-loong-at-the-asean-summit-singapore-20-november-2007.

〔2〕 当年东盟为共同体建设连续签署了几个重要的文件，如《可持续恢复和发展声明》、《东盟互联互通总体规划》、《河内宣言》等，特别是互联互通战略意义重大。王士录：“2010 年东南亚政治经济发展概述”，载《东南亚南亚研究》2010 年第 1 期；王勤、李南：“东盟互联互通战略及其实施成效”，载《亚太经济》2014 年第 2 期。

因此，在这一时期，东盟积极开展对外交流，通过建设“10+3”等机制框架，将东盟治理扩展到了东亚区域；针对区域性问题，在扩展了的治理机制下，东盟获得了更有利的发展条件。在东盟机制的扩展过程中，东盟主导了区域性机制的创设和推进，并将东盟机制的基本原则一以贯之。

为东盟共同体提供法理依据的《东盟宪章》体现了东盟方式的延续，在决策方式上，东盟机制仍然必须追求协商一致，仍然寻求主权平等、互不干涉。这些基本原则不仅通过东盟的内部建设贯彻下来，而且在东盟治理向东亚区域扩展的新机制中也坚持了下来；在推进东亚区域治理的“10+3”等机制框架中，无一例外地都强调了协商一致、互不干涉、平等独立的原则，始终由东盟国家主导机制创设的进程。东盟治理方式的扩展，是东盟机制向外扩展的核心，通过对基本原则和方式的坚持，东盟有力地维持了其自身独立，新的机制创设是东盟机制的扩大和延伸的特征。

另外，这一阶段的东盟治理机制真正实现了多层次、多领域的联结。

在冷战结束、全球化时代背景下，经济议题成为世界关注的焦点，东盟也不例外。但是经济议题必然包含着更深层次的政治意义。东盟经济合作推进到更高层次，不仅具有经济方面的意义，还有政治和安全方面的作用。东盟以一个整体与东亚其他国家展开合作，体现了东盟各国和平、合作的团结精神，增强了各国之间的共同体意识，实际上，这一点是东盟机制长期以来最为突出的特点。从东盟成立之初，这一点就是东盟机制最重要的效应之一，并随着东盟的发展而更加显著；随着“东盟自由贸易区”的推进，经济合作成为各国合作的核心内容，也成为东盟内部增强团结与认同的主要手段。另外，经济合作为东南亚各国提供了一个一致对外的政治场所，使东盟集体身份更为突出，增强了东盟在国际舞台上的活动能力，提高了其国际地位。

东盟主导的东亚区域机制，如东盟地区论坛、“10+3”机制、东亚峰会机制，都是全方位、综合性的区域合作机制。在这些机制中，东亚乃至亚太区域就政治、安全、经济、社会、文化等各种议题进行交流与协商，对共同关心的战略性问题作出反应。实际上，东盟治理已经体现出各领域问题是相互交织、难分彼此的，如政治问题的起源是经济问题，经济困境的根本在于政治关系，社会文化进步的保障是政治经济发展，安全环境需要政治经济的推动，等等，这就要求治理机制中存在有效的方式，使区域治理能够对这些问题进行综合性的全面考查，能够在一个总体框架下将各个领域的治理整合起来。这将是东盟治理发展的长远方向。

东盟机制的向外扩展，就其区域治理的制度建设而言，还表现出非正式的、弱约束性的特征。这和东亚区域化机制的不成熟有关，也和东亚区域合作依照东盟机制原则来推进的根源有关。以东盟经济机制向东亚扩展的典型范例，即东盟—中国经济合作机制为例，这一合作进程虽然是在东盟—中国的框架下实现的，但仍然表现出极强的政府间合作性质，其双方和国家层次特征十分明显。这集中体现在东盟—中国经济合作（如东盟—中国自由贸易区）的机制设置方面。由于国家在东亚区域治理中的关键性，东盟—中国区域经济合作的决策程序表现出以灵活和非正式的工作会议为主导的特征，其中，东盟与中国领导人会议是最高层次、也是最重要的决策机制，在自由贸易区建设中的所有重大问题都是由这一机制完成的，会议签署的一系列有关自由贸易区的协议、宣言、声明等文件，为自由贸易区建设提供了依据。但是，除了国际协议外，为了在难度较大的领域达成一致所采取的那些文件方式都缺乏强有力的约束性，在具备灵活性的同时也表现得缺乏保障。[1]领导人会议之下是更低层次的决策机构，主要是各国经济和外交部部长组成的部长会议，负责解释领导人会议制定的政策方针，制定具体的部门合作计划，并就合作中出现的具体问题提交领导人会议协商；还包括各国官员组成的高官会议，它是东盟—中国区域经济合作中真正的执行机构，没有决策权，只是负责具体的磋商和协调工作，将上级会议达成的协议落实到实际工作中，并为上级会议拟定协议草案和议程。由此可以看到，这一多层次机制的设立，很大程度上还是国家间合作的模式，在实际的区域经济合作过程中，东盟与中国的协商是通过会前讨论、部门联系等双边和多边机制来完成的，这也符合东亚区域化对非正式机制和人际联系交流的偏好。

东盟决策方式在东盟—中国区域经济合作中占据了绝对的主导地位，由于主权独立平等、互不干涉等原则的影响，东盟—中国区域经济合作在争端解决机制上也表现出非正式的软机制特征。一般而言，在自由贸易区建设中，中国与东盟更强调的是通过磋商、协调等灵活方式来解决矛盾，虽然“东盟—中国自由贸易区”计划也建构了争端解决机制，但这一机制高度重视争端双方的交流和协商，在特定条件下才将争端交予仲裁，但仲裁并不具有强制性效力，更大程度上是争端方协商解决争端的一种辅助措施。[2]这种非强制性机制当然能够有效地

〔1〕 张蕴岭等编：《亚太区域合作的发展》，世界知识出版社2003年版，第147～148页。

〔2〕 张永忠：《中国—东盟政府间经济合作机制：区域公共治理的法制化路径》，暨南大学出版社2007年版，第196～200页。

遵循东盟机制的基本原则，充分照顾各成员国的具体利益，但同时也必然带来争端解决机制本身效率低下的问题，极易导致区域合作安排的进展在面临具体争端时受阻。可以看到，东盟—中国经济区域机制表现出了明确的政府间色彩，东亚区域经济合作的意味还不够清晰，这也正是东亚区域化尚处于初步发展阶段的证明，特别是在合作与协商的机制创设、争端解决机制完善等方面，还存在相当大的机制不足，需要在进一步的区域经济合作实践中得到改进。

总之，经济危机使东盟开始加快制度建设的步伐，向更具实质意义的合作迈进。一些对东盟持怀疑态度的研究者因东盟在经济危机中的表现更肯定东盟机制的可疑，他们认为，从东盟 1990 ~ 1997 年的表现来看，东盟明显没有实现自己宣称的目标，其合作没有实质性内容，只是用口号来模糊松散的事实，因而未能对危机做好准备——经济危机正好揭示了东盟合作多么缺乏实质。[1]此外，对东亚区域化中双边多于多边、对话大于实质等现象，也有观点认为东亚区域内经济合作不具现实性，反不如说是政治表态的意味更强，这也在一定程度上表达了东盟和东亚区域化的现状。[2]这些质疑当然切中了东盟治理和东亚区域化中存在的弊病，但仅仅看到这一面还不算是看清了问题的全部，更重要的是，应当看到，东盟治理本身也是一个不断发展、不断适应具体形势需要的过程，而非固定不变的。东盟治理已经表现出东盟机制内外扩展的趋势，而且在可预见的

---

〔1〕 David Martin Jones and Michael L. R. Smith, "Constructing communities: the curious case of East Asian Regionalisms", *Review of International Studies*, 33 (2007), pp. 165 ~ 186.

〔2〕 John Ravenhill, "the 'New East Asian Regionalism': a 'Political Domino' Effect", UNU-CRIS working papers W – 2009/11, pp. 26 ~ 27.

将来，这会是东盟治理确定不移的发展方向。当然，对于未竟的东盟事业、对于发展中的东亚区域化而言，究竟如何实现东盟治理的进一步扩展，朝向什么样的具体目标发展，都还有待于在实践中探寻。

分析与讨论：以治理为核心的理解与阐发

通过对东盟区域化案例三个阶段的描述和概括，本书对东盟治理的发展已经作出了大致的刻画。如今，东盟治理已经将自身建设和东亚区域化发展联系起来，它在东亚区域化中的特殊地位正是本书以区域治理视角展开分析的基础。就东盟治理对东亚区域化的意义而言，它的特征、缘由和根本逻辑是应当予以重点关注的，因此，本章将从三个方面来具体分析东盟治理：首先，在与欧洲一体化进行比较的基础上深化对东盟治理机制特征的认识是有必要的，这是引入全面探讨的第一步；其次，对东盟治理机制的功能和意义进行阐发，说明东盟治理的特点之所以形成的历史缘由，并就东盟治理的核心——东盟方式存在的问题和东盟的调整做出说明；最后，以建构主义为主，综合各种理论流派对东盟治理的解释，分析东盟治理在不同层次上的运行逻辑，论证东盟规范的意义，为在区域对比视角下评价东盟提供条件，也为判断东盟治理的持续性前景打下基础。

7.1　比较视角的分析：东盟治理与欧洲经验的对照

东盟四十多年来的发展经历，是一个从简单的政治联盟到全面的共同体建设的区域化过程。同时，作为一种区域治理的

东盟首脑会议的决议，下设的各部长级会议才能进一步讨论具体领域的政策方针，并再将推进和实施的工作交给下一级委员会或工作小组。在整个机构设置中，只有东盟秘书处是真正代表了独立于各成员国的机构，但是它从最初仅仅作为信息传递中心到现在，东盟秘书处的权力仍然有限，基本上不具有独立的、约束性的权力。[1]

从东盟成立开始，东盟国家就明确表示不愿意建立类似欧洲一体化那样的长期性官僚管理机构，因此，东盟组织架构中的各机构设置完全是按照成员国维护东盟基本原则的需求来设置的，几乎所有的机构都是属于国家间合作，代表成员国的意志和利益，而唯一具有独立地位的东盟秘书处又完全按照国家间合作机构的意愿行事，没有相应的独立权力，实际上不参与决策。所以，东盟决策的权力完全是来源于东盟各成员国，在决策过程中，成员国在东盟框架下进行协商、达成妥协、发布协定，东盟组织本身毫无实际权力。

欧洲一体化进程为欧洲共同体建立了与东盟方向相反的组织机构。在欧洲共同体的组织机构中，包含了欧洲理事会、部长理事会、欧盟委员会、欧洲议会、欧洲法院等主要的组成部分，这几个部分的职能和地位体现了欧洲共同体的超国家性质；其中的欧盟委员会、欧洲议会和欧洲法院都是超国家机构，代表的是集体利益而非成员国利益，对欧洲集体决策都具有直接或间接的影响，例如，欧盟委员会作为共同体运行的中枢，拥

〔1〕 东盟秘书处是到1976年巴厘会议上才决定设立的，最初是为了协调成员国各国秘书处的工作而设立的，基本上只具有协调和交流的功能，在部长会议和常务委员会的要求下展开工作；而其秘书长仅仅是秘书处的秘书长，他直到1992年第四届首脑会议才成为东盟的秘书长，但其职权基本上仍限于秘书处工作而不具备代表整个东盟的能力。参见王士录、王国平：《从东盟到大东盟——东盟30年发展研究》，世界知识出版社1998年版，第286~287页、第291~292页。

有提出议案的权力，并在决策过程中处于协调和管理的重要地位；[1]欧洲议会原本只拥有同意权、监督权，但它作为欧洲公民社会的代表，被视作欧洲一体化合法性的重要体现，因而随着欧洲一体化的不断加深而拥有越来越多参与决策的权力[2]。从欧盟的机构设置中可以看到，超国家性质的机构拥有的权力表达了欧洲一体化超越民族国家体系的发展方向，为欧盟机制的制度能力打下了基础。

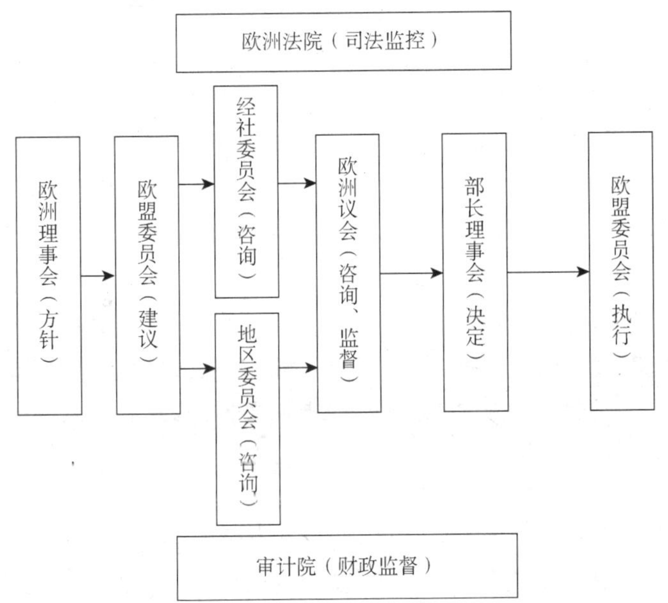

图7.2　欧盟主要机构权能与关系示意图

（来源：秦亚青：《观念、制度与政策——欧盟软权力研究》，世界知识出版社2008年版，第166页。）

〔1〕朱仁显、唐哲文："欧盟决策机制与欧洲一体化"，载《厦门大学学报（社科版）》2002年第6期。

〔2〕刘文秀："欧洲议会的权力及其运行机制"，载《欧洲》2000年第3期；邝杨："欧洲议会参与立法的权力"，载《欧洲》1995年第5期。

如图7.2所示，欧盟决策的一般程序是由代表成员国利益的欧洲理事会确定总体方针，然后交由欧盟委员会研究并草拟提案，经过在经社委员会和地区委员会的咨询程序，交由欧洲议会审议，在各个机构咨询程序通过之后，部长理事会最后作出决定，交由欧盟委员会执行。这一程序当中，代表超国家利益的机构和代表民族国家利益的机构对最后的决策都能产生直接或间接的影响，这表明欧盟决策是由超国家利益和民族国家个体利益共同完成的。与东盟的超国家机构并不能实质性地对决策产生影响相比，欧盟的多个超国家机构都拥有实质性权力，能真正参与到集体决策中去，这更凸显了二者在基本原则和运行特征上的巨大差异。

东盟治理的制度形式除了东盟组织架构外，还主要表现在东盟的集体协定构成的国际文件体系中，即东盟各级会议的宣言、声明和协定的条文中。

与欧盟条约不同，东盟条约主要表现为共同宣言、声明和一致协定，这些文件往往并不具有强大的约束力。东盟条约主要是各国在面临共同问题的过程中，通过协调一致达成共同意见，以条约的形式将各国的愿望和意图表达出来，为了避免提及各国在相关问题上的分歧，它在很大程度上是对集体共识的抽象和各国立场的陈述。在具体条文上，东盟框架内的协定大多条文简单、缺乏严谨性，如东盟自由贸易区建设所依凭的主要文件《共同有效优惠关税协定》整篇仅有十条非常概要的条文，虽然涉及自由贸易区的具体问题，但是太过简单的条文忽略了很多计划实施当中不可避免的细节设定，很难起到充分的规范效应。[1]以宣告东盟成立的《曼谷宣言》为例，通篇都是

〔1〕 王子昌、郭又新：《国家利益还是地区利益——东盟合作的政治经济学》，世界知识出版社2005年版，第230页。

一些各国对区域事务共识和各国进行合作意愿的表达，虽然也建立起了一系列组织架构，但和其他国际文件一样，它也没有任何强制性的约束力；在具体领域中，如《东盟自由贸易区共同有效优惠关税协定》，虽然对各国削减关税的具体时间和额度等项内容做了规定，但协定内容必须通过各国自行落实到国家政策中去，实际上由于缺乏约束力，这些规定到了国家政策层面就无法推行下去了，各国以各种理由推托利用例外规则回避执行协定，致使东盟自由贸易区长期举步不前；[1]由缺乏约束力的国际条约构成的东盟治理制度的法律根据，致使这种制度建设表现出明显的松散和软弱的特点。

相对而言，欧洲一体化的国际条约表现出更强的约束性。欧洲共同体成员国在一体化框架内签订的条约都是欧盟共同法律的组成部分，具有较强的法制效力；按照欧盟的要求，这些法律文件具有在成员国内的直接适用性，并且其效力优先于成员国法律、在与成员国法律发生冲突时以共同体法为根据——这明确表达了共同体法律规范超越于成员国国内法律的地位，也是欧洲一体化的超国家性质在法制化建设当中的表现。[2]此外，即使是一些效力较弱的派生法，如欧盟立法机构根据欧盟宪法性法律所制定的指令、条例等，或者也在成员国直接使用，或者要求成员国通过国内立法将其转化为国内法律，但都能产生实际的法律效果，为成员国确定共同的目标、活动范围和共

〔1〕 由于条约不具有强约束性，东盟各国出于利益考虑，在实际执行规定的过程中会回避推托，使自由贸易区计划难以得到真正推进。参见 Helen E. S. Nesadurai, *Globalisation, Domestic Politics and Regionalism*, London and New York: Routledge, 2003, pp. 132～143.

〔2〕 田德文："欧共体法探析"，载《欧洲》1995 年第 1 期。

殖民者在区域内随意划分势力范围，打破了原有的疆界，将民族共同体分裂开来，为领土和边境冲突埋下了祸根。更重要的是，东南亚本身就是一个民族、文化和宗教高度多样化的复杂区域，在殖民者进行强制分割、阻碍交流之后，东南亚各国即便得到了独立的主权国家地位，不同的政治经济和文化秩序之间同样处于对抗的可能中。[1]

在这样的现实状况下，可以想象，东南亚国家之间要维持和平局面都是极其困难的。正如上文对东盟进程的历史回顾所表明的那样，东南亚国家在独立后寻求联合的道路上经历了长期的摸索和挫折，各国之间在领土主权、政治安全等利益上长期无法协调，基本的和平、合作局面都无法实现，直到东盟建立之后，各国间才达成一种解决争端、维护和平的共同方式，才使东盟内部趋于安定。甚至到现在，东盟各国间还存在领土和利益争端，例如，2005 年印尼和马来西亚关于安巴拉特海域的争端几乎引发两国战争，但最终还是在东盟框架下进行了磋商、妥协，没有真正引发大的动乱。所以，东盟方式的创设，是东盟国家在长期的磨合实践中发展起来的必然结果，只有这样的方式才能求得东盟内多样性与统一性的结合。

东南亚各国建立之后，在国内和国家间大多存在错综复杂的民族、宗教和文化多样性，经济发展不利、民族分离运动始终存在、恐怖主义兴起等危机情势，极易造成国家内部动乱和国际争端相互纠结的局面，这对于采取威权主义政治的东南亚各国来说是无法承受的；因而，东盟必须坚持互不干涉基本原则，防止任何国内事态演变为影响到他国政权稳定和整个区域

---

〔1〕［美］约翰·F. 卡迪：《东南亚历史发展》，姚楠、马宁译，上海译文出版社 1988 年版，第 741 页。

安定的诱因。[1]而东盟区域的共同特点是一党专政或等级特权的威权主义，这“与这个地区依然是农业社会和具有非常传统的价值观相符”，在这样的社会里，“现代化进程有强调阶级、意识形态、地区的或社会差别的潜在性，因此支配性的政治价值就是要维护国家统一、政治稳定和政治连续性”。[2]

另外，东南亚各国都是实力弱小的国家，区域安全和政治环境往往受制于区域外的大国，东南亚国家的经历使它们认识到，维护本区域的和平与繁荣，不能各自依靠域外大国，而必须通过协商一致联合起来。东盟发展历程不断面临这样的处境：外部大国之间的斗争决定了整个东南亚区域的国际格局。这就迫使东盟各国必须联合起来、坚持抵制外部干涉，这就更要求内部一致。[3]因此，外部的强大压力促使各国结成联盟，但要保证这一联盟在面临具体争端时不会轻易破裂，更需要各国坚持东盟方式的协商一致、互不干涉原则。

东盟方式正是东盟国家尊重国家利益和寻求集体利益之间的一个结合点，东盟发展的历程表明，东盟治理的运作实质上正是在保证各国利益的前提下寻找各国利益的共同点，并将这些共同点以集体形式表达出来，并在此基础上进行政治经济合作。正是由于东盟方式对各国利益的保障，使得彼此之间差距较大的东南亚各国愿意走到一起、维护东盟机制下的集体身份。

---

〔1〕 陆晓红：“试析《东盟宪章》中的‘不干涉原则’”，载《外交评论（外文学院学报）》2009年第2期。

〔2〕 Ronald D. Palmer & Thomas J. Reckford, *Building ASEAN: 20 Years of Southeast Asian Cooperation*, Washington: The Center for Strategic and International Studies, 1987, p. 4. 转引自韦民：《民族主义与地区主义的互动（东盟研究新视角）》，北京大学出版社2005年版，第134页。

〔3〕 马嘤：《区域主义与发展中国家》，中国社会科学出版社2002年版，第96～97页。

在东盟治理的历程中，各国之间不可避免地出现各种分歧和矛盾，甚至可能导致东盟集体的分裂，但是，在灵活多样的东盟协调方式下各国可望协调国家利益和整体利益，它为国家之间的争端提供了一个有效解决的集体平台。从东盟几十年的发展历程来看，东盟方式在维护内部团结、协调国家关系方面起到了非常有效的作用；在东盟各国巨大的政治经济文化差异背景下，东盟内部长期没有出现大的矛盾冲突，并将整个集体机制维持下来、不断增进共同合作，不能不承认东盟方式起到了极关键的作用。[1]

东盟方式是东盟发展到今天的机制保障，在长期的东盟进程中，它起到了维护内部团结、协调国家关系、促进共同认同的作用。

东盟对不干涉原则保持了长期不懈的坚持，这主要是基于维护国内安定和反对外部大国干涉区域事务两个方面的考量。一方面，对国内安定的追求是东盟国家始终置于政治安全利益核心的，在这个方面东盟甚至要求成员国对消除国内反叛和颠覆等行为提供支援，这也成了东盟治理的惯例。如1986年东盟对菲律宾人民革命的支持就是一个典型例子，最初东盟并不愿干预菲律宾人民革命，只是呼吁和平解决菲律宾局势动荡问题，并对菲律宾马科斯政府提供了镇压革命的人力支持，直到马科斯政府临近崩溃，在国际社会的强烈谴责和反对下，东盟国家才撤销了对马科斯政府的支持。[2]另一方面，不干涉原则更是为了反对域外大国的干涉行为的，东盟国家长期深受大国干预

---

〔1〕 Ralf Emmers, *Cooperative Security and the Balance of Power in ASEAN and the ARF*, New York: Routledge Curzon, 2003, pp. 27 ~ 29.

〔2〕 韦民：《民族主义与地区主义的互动（东盟研究新视角）》，北京大学出版社2005年版，第245页。

的困扰，因此其在集体行为中特别注意反对外部大国对本区域事务的干涉，这一意愿的强烈程度甚至可以极大地增强东盟内部团结的动力。例如，1997 年，美国对缅甸实施惩罚性措施，以“反民主”为名禁止对缅甸的投资，本意是想影响东盟的决定，反对东盟将缅甸接纳为成员，但美国的举动违反了东盟机制的基本原则，触犯了东盟国家对自我价值的认同，结果使得东盟在对外压力面前反而更加团结起来，决心采取与西方相对立的立场，因而抛弃了原有的犹豫态度，一致同意接纳缅甸为东盟成员。[1]在东帝汶事件中，东盟各国几乎一致选择了沉默不语。直到联合国支持东帝汶全民公决，东盟国家仍然坚持一贯的不干涉立场——分离运动被认为是国家内部事务，支持分离运动会给东盟原则带来损害。虽然东盟国家最终派出了维和部队，但其参与不同于一般的人道主义干预，它仍然在很大程度上体现了东盟对基本原则的维护，因为东盟部队是在印尼政府邀请下参与维和的，其目的在于削弱国际武装力量对东盟政治的损害，如马哈蒂尔所说，“东南亚相信人道主义干预能够破坏该区域处于支配地位的不干预原则，削弱政治和社会凝聚力，允许西方国家怀疑与之无关的政府和政权的合法性”。[2]因此，东盟最终的干预行为根本上还是为了维护不干涉内政、主权独立的区域性基本原则。

东盟始终坚持东盟机制基本原则和行为方式的重要性还体现在，在东盟的几乎所有条约文件中，都要将这些原则和方式一再重复，始终竭力确保这些对它们来说最为根本的东西不被

〔1〕 Kusuma Snitwongse, “Friends and Fears”, *Far East Asia Review*, 8 May, 1997, p. 14.

〔2〕 Alan Dupont, “ASEAN's Response to the East Timor Crisis”, *Australian Journal of International Affairs*, Vol. 54, No. 2, 2000, p. 165.

忽略。甚至在东盟方式已经体现出种种不适应性的时候，东盟仍然将其原则和方式完整地写入了《东盟宪章》，并将其法制化、固定化。究其缘由，东盟的基本原则是东盟得以存在的根本，至少对东盟国家来说，要维持这个集体机制，就不得不始终坚持这些原则。例如，在《东盟宪章》的起草过程中，东盟各国对东盟方式也曾有过分歧，比较突出的是，菲律宾和印尼等国曾批评《东盟宪章》满篇空洞无物、缺乏有效的否决机制和对违规行为的惩罚机制，此外，它们还对缅甸的民主化提出要求、对东盟秘书处的制度化改革提出要求，呼吁改变东盟的"协商一致"模式。[1]但最终，《东盟宪章》还是没能实现对基本原则的真正改变。

综上所述，东盟治理的独特之处、弱制度化是与东盟国家所坚持的基本原则相关的，而东盟的基本原则又是来源于东盟区域内国内政治和区域形势的必需，评价东盟治理的特征，应当从这些方面着眼。

正如 Edward Best 所论述的那样，"善治（good governance）最重要的指标不是正式的规则或机制，而是存在适当的体系，在这样的体系中问题能得到有效解决"。[2]区域治理的机制安排是否适宜于解决体系中的问题，是和许多因素相关的，如区域安排的性质和参与国的政治文化，还必须考虑到区域治理的目标、行为体的期望、特殊的区域背景和挑战。[3]东盟国家的共同区域安排是和其国内外政治条件相联系的，这一点已经在上

---

〔1〕 魏玲："《第二份东亚合作联合声明》与东亚共同体建设"，载《外交评论（外交学院学报）》2008 年第 1 期。

〔2〕 Edward Best, *Assessment of regional governance: principles, indicators and potential pitfalls*, UNU-CRIS Working Papers, W－2008/10, pp. 9～10.

〔3〕 Edward Best, *Assessment of regional governance: principles, indicators and potential pitfalls*, pp. 18～19.

文得到阐述：东南亚各国参与区域化时期的本身条件和区域背景要求它们坚持那些构成东盟方式基础的政治原则，作为从殖民统治下摆脱出来的而又仍然生活在大国阴影下的新兴民族国家，它们对区域治理机制的要求无疑会倾向于与欧洲国家不同的弱制度化道路，对国家主权保持强烈的敏感，对东盟治理的评价必须以这样的背景考量为基础；另外，从区域治理解决区域体系内问题的角度来看，东盟治理的目标经历了从主要集中于政治稳定到政治经济并重的转变，但政治主权上的考虑始终是区域治理的重要方面——就是说，东盟治理所针对的主要问题长期集中于区域稳定与内部团结，而东盟区域治理机制所实际达到的效果正符合了东盟的目标，在东盟发展的进程中内部的长期关系稳定与协调表明区域治理在这些方面起到了相当显著的作用，在预防和缓解区域安全危机方面也发挥了积极的影响。因此，应当承认，东盟治理在东盟的背景框架内是适宜于解决问题的，对东盟国家来说它构成了善治的条件。从这个角度来看东盟治理，更好地把握住了东盟治理的积极意义，并且，也更有利于从治理的动态发展来为区域治理提供参考价值；按照这一思考角度，同时也应予以考虑的是，东盟治理在初期发展中，特别是在冷战的大背景下有力地维护了东盟内部的稳定与协调，是在具体的历史条件下的必然要求，那么，就必须认识到，在区域内外关系变化、全球化潮流的总体转化中，东盟治理也不得不随之得到调整——对原有的基本原则进行调整，以更新区域治理的积极效应。

7.2.2　东盟方式的问题和调整

东盟坚持主权原则当然适应了东南亚新兴民族国家对维护主权的要求，对刚刚获得民族主权的它们来说，主权问题是最敏感、最根本的政治需求；这一实际需求在东盟的基本原则中得到了自始至终的维护，使东盟各国能够在共同框架下展开合作，并以集体的力量维护主权，它对东盟的建立和成长都是至关重要的。

但同时，东盟方式也存在一些不可忽略的问题，特别是在东盟面对的内外形势不断变化的背景下，这些问题显得越来越难以回避，并迫使东盟治理必须作出改进。东盟方式的问题主要是指东盟治理的基本原则和制度体系两个方面，基本原则的固有不足导致了制度体系的缺陷，制度体系维护了基本原则的不足，给东盟内外都带来了改革和完善的意见。

对于东盟治理的基本原则，东盟国家内部存在的不同改革意见在近年来越来越明显地表现出来。这些意见是长期存在的，但是在治理过程中出现越来越多的障碍使得人们开始更加明确地表达和接受这些意见，这主要集中于协商一致、互不干涉原则这两个核心原则。

对协商一致原则的批评主要是指，在东盟治理过程中，协商一致原则虽然使东盟各国在表面上达成了共识，奠定了在利益差异的背景下坚持合作的基础，但是对共识的过度追求导致东盟的协议不得不在表达上含糊其辞，尽量采用最泛化的条文，这给东盟各国各行其是创造了条件，他们基于各自利益而对共同协议作出不同的解释。对共识的追求在现实危机面前可能不堪一击，正如东盟各国在金融危机中所表现出来的那样。[1]按照这样的分析，东盟各国的行为在固有原则下可以看到实质性分离的倾向，即在存在共同利益的地方才能实现区域合作，而在利益不一致的地方各国倾向于将东盟机制抛开不顾，因而协调

〔1〕 Acharya Amitav, "A Concert of Asia?", *Survival*, No. 3, Autumn 1999, pp. 84.

一致原则容易导致东盟治理流于形式，且效率低下，在区域共同事务上拖而不决。即便存在对协商一致原则的补充，如“N－x”方式的使用，但东盟总体上的效率问题仍然存在。

不干涉原则也显得不再适应现实需求。虽然不干涉内政是现代主权国家原则的基本要求，但是现实情况表明，不干涉原则不能简单地归结为对一切他国事务无动于衷。由于现代国际关系中跨国威胁的情况越来越明显，某些特定的国内事务常常对周边国家造成威胁，这已经不仅仅是涉及该国一国主权的问题，它务须区域集体或国际社会对其进行积极的协助和解决。实际上，1997年马来西亚副总理安瓦尔就呼吁对区域一些国家内部重大动荡进行“建设性干预”；东盟内部改革派的代表人物是先后担任过泰国外长、东盟秘书长的素林（Surin Pitsuwan），当东盟被批评缺乏金融监管体系时，他催促东盟的眼界超越一直得到珍视的不干涉原则，以使东盟能“在预防或者解决具有区域意义的国内问题上扮演建设性角色”。[1]一份泰国官方对改变不干涉原则的理由进行了有力地表达：“所有的东盟成员都有维护互不干涉内政的责任。但该承诺不能、也不应该是绝对的（absolute）。它必须从属于现实考验，具备相应的灵活性。目前的现实是，随着整个区域相互依赖程度日益加深，内部事务与外部事务（或跨国事务）之间的分界线已没有那么清晰，很多‘国内’事务包含着显而易见的外部性或跨国的一面，它们对其邻国、整个区域乃至本区域的对外关系都有着负面的影响。在这种情况下，遭受影响的国家应当能够以一种公开、坦诚和建设性的方式来表达他们的意见和关切，这不是、也不应当被看

[1] “Thailand Challenges ASEAN ‘Non-Interference’ Policy”, *Agence France Presse*, 13 June, 1998.

东盟机制的内外扩展：一方面是东盟加快自身建设，东盟对内深化共同体建设，在包含政治、经济、社会文化三个共同体的大东盟共同体框架下，东盟加快了自由贸易区建设，增强了东盟政治团结，甚至以宪章文件的方式将这一努力确立下来，这些举措都是加强自身团结、增进东盟的集体行动能力的有益尝试。另一方面，与其集体建设的成就相伴，东盟积极地将自身治理机制扩展到整个东亚区域，初步建立了东亚区域化的核心机制体系，这表明，东盟加强自身建设的意义并不仅仅在于强化已有的东盟机制，还在于向整个东亚区域的扩展。

东盟机制的内外扩展是紧密结合在一起、互为助益的两方面举措，这使得东盟治理的范围不再仅仅是局限于东南亚一隅，而是扩展到包含了东南亚的整个东亚区域，为东盟治理应对区域形势发展、推进自身建设提供了一个新的平台。东盟机制从东南亚区域扩展到东亚区域是东盟治理发展的必然延伸。

从政治和经济这两个主要的治理领域来看，东盟机制向东亚区域扩展是东盟治理发展所需要的，也是正在进行中的方向。这主要是指东盟治理长期存在的制度和能力的矛盾，虽然东盟能够建立起有益于区域治理的合作机制，但是在实际操作的过程中，东盟本身的能力不足以取得所期望的治理成效。本书对东盟治理发展案例的分析表明，东盟区域总体能力的弱小，导致区域治理机制无法发挥设想的作用，在政治安全领域，东盟国家一直抱有摆脱外部大国干预的强烈愿望，但由于东盟各国实力过弱，它们不能真正实现区域治理的目标，对大国的干预所能起到的抵制作用太过有限。例如，在应对越南侵略柬埔寨问题的过程中，东盟一方面希望惩罚违背了东盟规范的越南，另一方面又希望减少外部强国的干预，和平解决柬埔寨问题。

这表明了东盟规则的理想性和其行为能力的羸弱之间的矛盾。[1]作为小国集团的东盟无力与大国抗衡，规制性力量作为一种软力量，很难发生直接效果；当然，软力量的效应是长期的，东盟十多年不懈的坚持最终会是有意义的，但是同时也无法否认东盟治理在处理紧急危机事件和涉入区域内外重大局势时的欠缺。

因此，虽然它在区域化进程上取得了不可否认的成就，但东盟作为小国联盟，其政治经济实力还是太弱，这一点在东亚国际格局中显得特别突出。这是东盟治理成效有限的重要缘由。从东盟治理的发展中可以看到，东盟长期面临的一大难题是起源于域外因素的域内冲突往往会给经济合作与发展带来的严重影响，不仅造成国民经济进展困难，国家安全也无法保障；东盟机制虽然在很大程度上实现了内部团结与合作，但就外部因素而言，作为国际体系中的小国联盟，东盟又无力主导国际局势，无法抵制外部干涉。在长期的发展过程中，东盟因自身的软弱而采取的战略手段是保持中立和大国均衡。[2]但中立作为一种国际地位，无疑需要国际环境的有利条件和影响本区域国际局势的主要大国的合作，需要与主要的干涉力量进行耐心的交流与协商。其次，大国均衡并不是实现区域安全最有效的方式，相反它有招致大国更大程度干涉的可能，也不符合东盟摆脱大国干涉的愿望。此外，东盟合作在进入新区域主义阶段之后，提出了在经济发展、社会文化进步等各方面的计划，但东盟经济规模和固有缺陷给这些方面的进展带来了较大困难，特

[1] 韦民：《民族主义与地区主义的互动（东盟研究新视角）》，北京大学出版社2005年版，第176页。

[2] 大国均衡主要是指东盟国家长期依赖于西方大国（主要是美国）的军事支持，以此平衡和制约区域内更具地缘优势的大国如中苏等的影响，特别是在冷战时期；其后逐渐转向更广泛的国际合作。参见郑先武：《安全、合作与共同体：东南亚安全区域主义的理论与实践》，南京大学出版社2009年版，第四章。

别是经历亚洲金融危机的冲击之后，所谓“东盟精神”、自身团结和信心都受到了怀疑。[1]因此，东盟机制的理想与东盟能力的弱小之间的矛盾，决定了东盟必须将其治理进行扩展——而扩展的首选方向无疑是东亚区域化，这也正是进行中的现实方向。东盟治理向东亚扩展是因为，东亚区域不仅是东盟本身地理上所处的自然从属范围，而且是现实中对东盟影响最大、关系最紧密的区域范围。[2]这一调整的重要性在于，通过向东亚区域扩展，东盟治理机制的实际能力可望得到增强，也能促进东盟治理本身的发展和改善，以更好地实现区域治理成效。

东亚区域化是正在进行中的现实进程，其中东盟治理机制起到了关键作用；如果能够在实践中将东盟治理机制与区域整体政治经济实力相结合，无疑对区域治理是一个重要创新。

7.3 理论视角的分析：评估东盟治理

东盟治理机制发展到今天，已经形成了它不同于作为标杆的欧盟模式的诸多特征。东盟治理机制的主要特征，如前文所述，可归结为建立在东南亚区域本身条件基础上的“东盟方式”。针对东盟方式，研究者们从不同的理论起点出发提出了各种不同的观点，这也正代表了他们对东盟发展的评价倾向，这些都为分析东盟治理的逻辑提供了丰富的启示。东盟治理代表着一种独特的区域治理路径，毕竟，在一个本身充满危机和冲突的区域，刚刚走上现代国家道路的小国、弱国能够消除彼此

---

〔1〕 Amitav Acharya, *Constructing a Security Community in Southeast Asia*, p. 152.

〔2〕 就此而言，东盟创建东盟地区论坛的决定可算是一个典型例子，相关分析参见 Ralf Emmers, *Cooperative Security and the Balance of Power in ASEAN and the ARF*, New York: Routledge Curzon, 2003, p. 31.

对立，能够结为追求安全与繁荣的共同体，甚至将其行为规范推向更大的区域范围，其中的逻辑是在已有的成型理论中还没有得到充分讨论的议题，也是非常有价值的议题。如果要对东盟治理的实质有一个更全面透彻的理解，对它的理论分析就需要综合运用各种观点、辩证分析，这主要是指，透过理论的综合分析来验证本书着力描述的东盟治理机制，以表明各种理论在东盟治理的问题上具有说服力的地方在哪里，而另一些观点又是在什么地方忽视了东盟发展过程中的真相，以及东盟治理的实质如何理解，又应予以何种评价——特别是在欧盟模式往往被当成区域化（包括东盟和东亚的区域化）的一个基本尺度的情况下，对东盟治理的理论分析更显得必要。

7.3.1　东盟治理：欧洲模式的复制品?

东盟机制应当如何评价，这是一个极为复杂的问题，充满争议。其中一个首要问题在于，在进行评价之前，有必要对区域比较关系进行更准确的定位。区域比较的方法确实是一个有效的评价方法，正如阿米塔夫·阿查亚所说，在研究和评价东盟的文献里，比较方法还是相对较少见、而同时又是必需的。本书正是将这一种方法作为研究东盟治理的工具，而同时相应地也不得不面临一个问题，这种比较意味着什么样的对比关系?这个问题主要是针对欧盟治理而发出的。

实际上，因为欧盟在类似的区域化研究中的强势地位，如欧盟研究有相对较高的区域化程度、产生了丰富的研究文献等，使得研究者在不知不觉中会站在欧洲一体化的视角来观察东盟，很难摆脱以欧洲中心的标准来评价东盟，即便相关研究已经有意识地想要摆脱欧洲中心的偏见，这种对标准的选择习惯始终顽固。[1]在比较研究中，特别是在比较区域化的研究中，欧盟的位置应在何处、欧洲经验有什么样的价值和限制，这是必须首先澄清的一个重要问题。

首先应当注意的是，区域比较研究并不意味着纳入对比的双方孰高孰低，这一研究的目标是希望从不同区域主义相似与差别的分析中获得教益。特别是冷战之后，欧盟和东盟都取得了较大的进展，又都面临一系列相似的跨国挑战，包括环境保护、移民和恐怖主义、人权等各种新时代全球化议题，学术研究对欧盟和东盟（东亚区域化）的兴趣日益增加是自然而然的，而且正是由于二者制度规范等方面的不同，一种比较研究可望使双方从彼此获益良多。[2]

东盟当然不是欧盟在东南亚的翻版，也不可能做到复制欧盟的区域化进程。从一开始，东盟各国就非常清楚，东南亚不是西欧，两个地区的不同性质、环境和国家间关系都是如此的不同，正如本书章节 7.2 所描述的那样，东盟成立之初的境地，和已经走过相当长的现代民族国家发展道路的西欧如同两个世界。

那么，虽然不在一个起点上，但东盟的区域化进程的发展是否会循着欧盟曾经走过的道路推进呢？恐怕也未必。这样的问题似乎在暗示，区域化就只能是欧盟所代表的区域化，区域化的发展基本上就必须得沿着欧洲一体化的路径一步步前进，这仍然是带有欧洲中心主义的观点。是否欧洲模式是唯一可能

---

〔1〕 Amitav Acharya, "Arguing about ASEAN: what do we disagree about", *Cambridge Review of International Affairs*, Vol. 22, No. 3, September 2009, pp. 495 ~ 496.

〔2〕 Philomena Murray, "East Asian Regionalism and EU Studies", *European Integration*, Vol. 32, No. 6, November 2010, pp. 597 ~ 616.

的区域化模式，在区域化研究中是值得反思的，但就东盟来说，至少现有治理机制已经表明它并不是对欧盟治理模式的简单复制，如前文描述的那样，它在治理框架的几乎所有方面都与欧盟有着或大或小的差别，这说明东盟并非在重复欧盟的老路（见本书章节7.1）。历史的发展说明了，欧洲模式并不真正适合于东盟，东南亚高度的多样性、各国对超国家权威的反对、区域内特别的政治经济逻辑都表明，东盟区域治理必须采取另一种模式；同时也不能否认，东盟治理可以从欧洲学到一些东西，比如从小规模的、审慎选择过的项目出发，以逐步推进自己的区域化工程。[1]

东盟建设者的认识也很能说明问题。东盟的精英们虽然自豪地将东盟与欧盟列在一起作为当今世界上功能良好的区域化成就，但同时也非常清楚，东南亚和欧洲发展区域化的条件是难以跨越的鸿沟。[2]就东盟对自身的设计来看，推动东盟发展的各国精英们很清楚，作为与东盟自身相对的"他者"，欧盟更多是一个可供借鉴的极佳案例（a good case），表现为一种启示（inspiration），而并非用于复制的模板（model）；如马来西亚总理马哈蒂尔在1980年说过的那样，如果按照欧洲共同体的方式来构建东盟的经济共同体，那么东盟将一事无成。[3]所以就东盟本身来说，欧盟是作为一种参照，而非立下的一根衡量标杆，以其刻度来评判东盟的成败。这就是说，在承认与欧盟存在相似和差别的同时，需要正确认识欧洲模式的价值，从欧洲区域

〔1〕 Tan Suan Fong, "European integration-A model for South-East Asia?", *Asia Europe Journal*, (2005) 3: 11.

〔2〕 S. Rajaratnam, "ASEAN the Way Ahead", Singapore, 1 September, 1992, http://www.asean.org/news/item/asean-the-way-ahead-by-s-rajaratnam.

〔3〕 Amitav Acharya, "Arguing about ASEAN: what do we disagree about", p. 496.

化经验的重要方面，如制度化、主导角色、经济挑战等因素吸取经验教训，为良好的区域治理提供参考。[1]

在东盟区域化的研究当中，相对于带有欧洲中心倾向的评价，从东盟自身的角度来进行观察是更值得尝试的研究方法；正如阿查亚提出的那样，比较研究应表明，区域制度应该从其自身设立的目标来评判，而非从欧盟模式提取的普遍标准来评判。[2]

东盟与欧盟之间的差别从起点处就决定了，东盟发展必然是建立在自己的独特基础之上，遵循着自己的运行逻辑；当东盟获得更多机会扩展自身，东盟治理的逻辑也随之运用于更广泛的空间，使东盟治理面对更大的挑战，同时也更凸显其特性。近年来，东盟不断扩大、并且积极主导东亚区域化，也开始在一定程度上改变原有的部分规则特征，逐步接受与欧盟相似的制度化模式，特别是欧盟的常任代表制委员会以及经济领域的一体化，那么是否意味着东盟开始走向欧盟的道路？实际上，东盟仍然不是系统和全面地复制（copy）欧盟模式，从东盟治理的实践来看，它接受欧盟制度化模式的行为主要包括从欧盟吸取经验教训（lesson-drawing）和一定的仿效（emulation），东盟成员国仍然是在根据它们对主权的既定认知而有选择性地采取行动，东盟机制有所改变的地方更多是在制度细节上，而非东盟的行为方式上。[3]

因此，应当对东盟治理机制进行综合评价和深入分析，以

---

〔1〕 Brian Bridges, "Learning from Europe. Lessons for Asian Pacific regionalism?", *Asia Europe Journal*, (2004) 2, pp. 387 ~397.

〔2〕 Amitav Acharya, "Arguing about ASEAN: what do we disagree about", p. 495.

〔3〕 Anja Jetschke and Philomena Murray, "Diffusing Regional Integration: The EU and Southeast Asia", *West European Politics*, Vol. 35, No. 1, 174 ~ 191, January 2012, p. 174.

更清晰地表明东盟如何建立起一种与经典的欧洲一体化不同的治理模式，也能凭借对东盟治理的理解，进一步为与之密切相关的东亚区域化提供参考。

7.3.2　评价东盟治理：不同理论解释的启示

区域治理的评估很难依靠一种数量化的标准来进行，迄今为止，大多数已经建立的治理评估体系仍然是集中于对主权国家的评估而非针对区域整体，[1]真正适用于区域治理的数量化评估方式还未曾见到。特别是对于东盟治理这样由发展中国家建立的治理框架，评估的复杂性和难度将远超越于单个国家；正如本书第二章列出的理论框架所说明的那样，更具可操作性和实践价值的评估应集中于，从东盟区域机制本身出发，考察其治理机制是否或在多大程度上达到了其目标，并依此理解其运行逻辑，思考治理机制的困境和发展前景。此外，对东盟治理进行评估还需要看到，从不同的理论视角出发，得到的结果也会大相径庭。如同对欧盟治理的理论解释那样，各种理论看到了问题的一方面、也许还是相当重要的方面，但同时也忽略了另一些关键因素（见本书章节 2.3）：要避免如盲人摸象般局限于一隅，对东盟的理论解释也应当考察不同理论解释的利弊，进行综合分析。

从东盟本身来看，区域治理设定了什么样的目标？既然东盟的建立是创始国经过协定达成的结果，那么它从一开始就肯定是带有自身目的的。在东盟的成立宣言即《曼谷宣言》中，

〔1〕 得到普遍承认的一些治理指标，如世界银行的“KKM”指标、ODI 的世界治理评估指标、美国国际发展署的“民主与治理评估框架”等，大都是集中于国家治理体系的评估指标。参见周红云：“国际治理评估指标体系研究述评”，载《经济社会体制比较》2008 年第 6 期。

始终抵制超国家倾向，未能建立共同价值观和利益基础上的区域机构，那么它最多算是一种外交共同体（diplomatic community）。[1] Leifer 的学生 Ralf Emmers 继承了他的现实主义观点，在分析东盟安全机制的时候，将东盟地区论坛看做是参与各方实现“权力平衡”的工具，并认为这也正是东盟对外关系的核心。[2]

从现实主义的角度来说，国家是区域主义的主要行为体，区域机制不过是国家间实力结构在区域层次的一种特殊表达，比如在东盟的案例中，Leifer 就更多的是把东盟看做是成员国构成的总体外交关系的表现形式，即便他承认东盟有能力通过谈判过程建立区域规则，但这仍然是在总体结构（国际承认）之下才可能的，而且，他始终不认同东盟“通过和平途径寻求安全”的做法——因为没有武力作为工具。[3] 似乎东盟的问题是无法弥补的先天不足，既然重点在于国家实力，那么就很难认为东盟这个小国联盟可能具备足够的治理能力以维护和平与稳定。正是因此，在谈论东盟建构的区域安全治理机制中最重要的东盟地区论坛时，东盟寻求主导作用的努力常被批评为不自量力，从而使得论坛如同建立在“沙子”上般摇摇欲坠——在大国支持不足的情况下（比如美国不愿在东盟占据主导地位的区域组织里发挥重要作用），东盟这些小国又怎么可能为大国制

〔1〕 Michael Leifer, *ASEAN and the security of Southeast Asia*, London: Routledge, 1989, p. 153.

〔2〕 Ralf Emmers, *Cooperative Security and the Balance of Power in ASEAN and ARF*, London: Routledge Curzon, 2003.

〔3〕 Michael Leifer, “ASEAN's Search for Regional Order”, Faculty Lecture No. 12, Faculty of Arts and Social Sciences, Singapore: National University of Singapore, 1987; Michael Leifer, *The ASEAN Regional Forum*, Adelphi Paper, No. 302, London: International Institute for Strategic Studies, 1996, pp. 11 ~ 12.

定安全议程、消除大国之间的冲突？[1]

如果就安全与政治领域来说，东盟组织的对外行为表现出其治理能力确实存在不足，Leifer 的研究揭示了由于东盟成员国国家实力的欠缺所带来的现实主义困境。东盟机制本身缺乏强制力，也由于不干涉原则的存在，东盟在面对区域安全困境时，往往表现为消极而非积极的行动方式，这正是东盟处理集体安全问题时表现出的重要特征。特别是在面对柬埔寨事件这样的区域性危机时，东盟的行动明显不如大国的干预有用——从柬埔寨事件一开始，东盟就不断发表声明、进行外交反对，积极寻求解决危机的政治联合，东盟的努力不可谓不积极，但是囿于本身的局限，东盟无法采取更多实质性措施，而直到中美苏三边关系的变化，苏联的最终解体，柬埔寨事件才得以最终解决。[2]这似乎证实了现实主义的看法，即区域和平的最终实现，最关键的还是大国的态度和关系，而东盟不过是作用不大的政府间组织。另一个颇受质疑之处在于，东盟在整个事件中付出了相当大的精力去引起国际社会的关注，比如在联合国推动反对越南的运动，甚至必须依靠大国（特别是东盟国家原本还有所怀疑的中国）来对抗和阻遏越南，这种努力明显是与东盟长期宣称的反对大国干涉区域事务的态度相悖的。[3]东盟的自相矛盾之举暴露了它在物质能力上的无奈，没有来自外部（大国）的支持，它难以独自处理区域安全问题。

---

〔1〕 Shaune Narine, "ASEAN and the ARF: The limits of the 'ASEAN Way'", *Asian Survey*, Vol. 37, No. 10, 1997; Robyn Lim, "The ASEAN Regional Forum: Building on sand", *Contemporary Southeast Asia*, Vol. 20, No. 2, 1998, p. 21.

〔2〕［菲］鲁道夫·C. 塞韦里诺：《东南亚共同体建设探源：来自东盟前任秘书长的洞见》，王玉主等译，社会科学文献出版社 2012 年版，第 150 ~ 153 页。

〔3〕 Tim Huxley, "ASEAN's Prospective Security Role: Moving Beyond the Indochina Fixation", *Contemporary Southeast Asia*, Vol. 9, No. 3, 1987, pp. 194 ~ 207.

在思考东盟治理是否成功这个问题的时候，如果按照现实主义的静态分析框架，只注意物质性实力对比及由此形成的国际格局，那么东盟自然是不能令人满意的。但是从事实上来看，即便东盟在处理集体外部事件（比如整个东南亚区域的安全问题）的时候显得力不从心，它也仍然没有放弃对外部安全的追求——即便是用一种较弱的方式。同样以柬埔寨事件为例，从1978年越南入侵到1991年各方就结束冲突达成一致，它不断协调冲突中各方的政治立场、主持召开了一次又一次国际会议，推动各方一点点积累共识……以至最终解决冲突，东盟的不懈努力为事件的结果打下了不可忽略的基础，甚至连Leifer也不得不至少给东盟贴上“外交共同体”的标签。[1]这从另一个侧面表明了东盟在集体安全问题中并非完全无所作为，只不过它起作用的方式并不依靠纯粹的国家实力，它居中调停的行为展现的是另一种意义重大的规范性作用。并且，就东盟内部而言，它对稳定和安全的追求大致是成功的，最明显的证据就是，东盟国家的确在内部达到了基本和平与安全的目标，自从东盟成立以来，东盟成员国之间的战争状态逐渐变成不可想象的事情。这一点是无法用现实主义的均势理论很好的解释的，就东盟内部来说，无法找到明显的均势格局。

现实主义的解释明显忽略了一些起到重要作用的因素。正如阿查亚指出的那样，Leifer与建构主义者的差异并不在于否认区域主义有意义，而是在于，他认为在什么条件下区域主义有意义——因为对于Leifer来说，物质力量是首要的，大国实力的均势是区域主义有效的前提，而规则、认同这些因素就自然被

〔1〕 Amitav Achaya, *Constructing a Security Community in Southeast Asia: ASEAN and the Problem of Regional Order*, London: Routledge, 2001, pp. 85 ~92; Michael Leifer, *ASEAN and the Security of Southeast Asia*, London and New York: Routledge, 1989, ch. 3.

忽略掉了。[1]

因此，对东盟治理的认识，还必须依靠建构主义理论的解释，关注其中的文化和认同等社会化因素。运用建构主义理论研究东盟的最杰出代表是阿米塔夫·阿查亚。他在自己的研究中，就刻意强调了从社会文化的角度来观察东盟对区域和平与安全的作用。[2]建构主义理论也认同国家作为国际关系行为主体的地位，但是，国家的硬实力不再是决定国家行为的根本因素，如同欧盟研究对文化、认同的强调那样，对共同价值观、规则、认同的研究在东盟研究中也应当占据重要一席。阿查亚对东盟安全的解释是从东盟方式出发的，他认为，东盟方式就是东盟机制当中的安全文化，这种文化是在东盟各国互动的社会化过程中形成的态度与习惯，在获得了成员国的认同后，反过来有助于改变国家的对外政策和行为。[3]本书章节 7.2 已经描述了东盟方式的来源和特征，前文对东盟治理机制的发展过程也进行了分段描述，对此加以验证，可见建构主义对东盟的解释无疑更有说服力。

在此基础上，阿查亚认为，东盟已经消除了以武力作为争端解决手段的可能，的确算是安全共同体，不过并不是严格意义上的安全共同体，只能算是初级（nascent）安全共同体。[4]

---

〔1〕 Amitav Acharya, "Do norms and identity matter? Community and power in Southeast Asia's regional order", *The Pacific Review*, Vol. 18, No. 1, March 2005, pp. 95 ~ 118.

〔2〕 Amitav Acharya, "Do norms and identity matter? Community and power in Southeast Asia's regional order", The Pacific Review, Vol. 18, No. 1, March 2005.

〔3〕 Keith R. Krause ed., *Culture and Security: Multilateralism, Arms Control, and Security Building*, Frank Cass Publishers, 1999, p. 55.

〔4〕 阿查亚认为，理论也是在不断演化的，如果完全照搬多伊奇的安全共同体理论，东盟无疑是不适合的；但是，如果利用 Adler 和 Barnett 对该理论的发展，在他们提出的安全共同体三个阶段里，是可以为东盟找到相应的位置的。See Amitav Acharya, "Arguing about ASEAN: what do we disagree about", pp. 496 ~ 497; Amitav Acharya, "A regional security community in Southeast Asia", *the Journal of Strategic Studies*, Vol. 19, No. 3, Sept 1995, pp. 181 ~ 185.

虽然这个共同体并不完全，但是承认这一点很重要，因为作为一个共同体，它强调东盟不是单纯的国际安全合作，而是在互动中建立集体行为规范和集体认同，以对相互之间的冲突实现成功管理。与欧盟相比，东盟治理的条件是相对不利的。考虑到东盟建立之初就存在的内部冲突环境，东盟治理机制能在一个民族、宗教、文化、政体、经济和社会各方面条件极端复杂的区域内实现几十年的相对稳定与和平，已经不得不算是一种成功了。

除了稳定和安全这样的基本目标，在建立东盟的《曼谷宣言》以及东盟历史上历次重要的正式文件中，东盟治理机制还有一个较为宽泛的目标被表述为繁荣。实际上，这个目标并不那么真实。正如本书章节 4.1 描述的那样，东盟创建之初，东盟治理的主要内容其实还是政治安全性质的，虽然东盟国家也提出了经济合作、文化交流方面的内容，但究其实质，它更多地还是作为政治目标的手段，即通过合作来促进政治协调，所以在东盟治理的第一阶段甚至极度缺乏具有实质意义的经济进展；东盟治理在经济繁荣上着力，是从第二个阶段开始的，由于国际环境的变化，也由于内部关系趋于稳定，东盟各国开始寻求区域合作；直到 1997 年金融危机之后，这个方面的区域治理才真正大步向前。但是，就整个东盟治理的进程来说，这个目标一直是处于从属性的，各种评价差别不大，即普遍认为实际效果有限。而且与欧盟不同，东盟治理是先政治后经济，从根本上看，经济治理的基础实际上是东盟各国通过长期政治安全合作培育形成的共同体，这意味着，东盟治理各个领域内容的实质都可以从东盟共同体的形成来分析，特别是从这一成就对区域协作的意义来分析。

除了现实主义和建构主义，关于东盟治理实现目标的方式，还有一种理解来自制度主义，其关注点在于东盟治理中制度的目的、地位和意义。比如，自由制度主义主要强调的是东盟合作机制不断迈进的发展，这种发展是由国内利益集团驱动的，目的是解决集体行动的难题。[1]在解释东盟治理不断增强制度化方面，它与建构主义者的预计有相似之处，即东盟正在进行的规范改革将更具有契约性和合法性的区域合作概念，会对主权和不干涉规范产生影响。然而，东盟被看做一种国际机制的观点同时还意味着，参与机制的成员国仍然保留着国家主权，[2]而不存在像欧洲那样的主权侵蚀。在自由制度主义当中，国际无政府状态下的国际合作是可能的，其根基仍然锚定在固定的国家利益上，或者是经济合作带来的相互依存关系塑造了有利的合作平台、稳定了区域秩序，[3]或者是通过制度的一般功能，诸如促进信息交换、减少交易成本、惩罚欺骗行为等方式来鼓励理性行为者通过合作获得最大化收益[4]。自由制度主义的解释对理解东盟治理的制度建设的作用是有益的，东盟治理中当然包括了大量的制度构思和创建，这是东盟所必需依赖的重要工具。但是自由制度主义的一些基本假设在东盟却是成问题的，比如源于对西方世界国际合作的研究是否能适用于东

〔1〕 J. Dosch, "ASEAN's reluctant liberal turn and the thorny road to democracy promotion", *The Pacific Review*, 21 (4), 2008, pp. 527 ~ 545; E. Solingen, "Southeast Asia in a New Era: Domestic Coalitions from Crisis to Recovery", *Asian Survey*, 44 (2), 2004, pp. 189 ~ 212.

〔2〕 Don Emmerson, "ASEAN as an Internaitonal Regime", *Journal of Internatonal Affairs*, Vol. 41, No. 1, 1987, pp. 1 ~ 16.

〔3〕 Hadi Soesastro and Anthony Bergin eds., *the Role of Security and Economic Cooperation Structure in the Asia Pacific Region*, Jakarta: Centre for Strategic and Internaional Studies, 1996.

〔4〕 Robert Keohane and Lisa Martin, "The Promise of Institutionalist Theory", *International Security*, Vol. 19, No. 1, Summer 1995, p. 47.

盟这样主要体现出发展中国家特色的区域合作，经济相互依存、自由民主价值等自由制度主义讨论的重要因素在第三世界区域合作中的表现都是相当不充分的，特别是与欧洲相比存在很大差距。[1]

制度主义理论其他流派的分析，如社会制度主义和历史制度主义相结合，也对东盟治理的制度建设有深入的理解。[2]东盟的研究者从社会制度主义角度观察得出的结论集中在对制度本身的分析上，即认为制度框架和构思塑造了行为体（个人、组织或者国家）的性质、目标、行为和意义；从这个角度出发批评东盟的制度建设的学者将东盟的制度内容和实质性做法之间的差距解释为，东盟的行为本身主要是为了维持恰当程序的表象，使组织显得正确，而不一定是为了增强组织功能的有效性。[3]这是因为，国际制度到底是基于有效性还是程序性的选择带来了不同的处理策略的差别，如果选择有效性，就应当在制度结构和行为之间建立更紧密的联系，比如增强对行为结果的监督和对效率的评估，而如果只是为了造成制度效仿的表象，就得努力避免持续的监测，以保护制度结构，还要采取措施容忍分歧、增强信心。[4]这样，对东盟的制度努力就形成了一种工具性的解释，即东盟的制度努力更多是一种合作表象，甚至可以说，东盟生存和发展的关键不是自发建立了利于切实合作

---

〔1〕 Lincoln Gordon, "Economic Regionalism Reconsidered", *World Politics*, Vol. 13, 1961, p. 245.

〔2〕 Richard Stubbs, "The ASEAN alternative? Ideas, institutions and the challenge to 'global' governance", *The Pacific Review*, Vol. 21, No. 4, 2008, pp. 451 ~ 468.

〔3〕 J. W. Meyer and B. Rowan, "Institutionalized organizations: formal structure as myth and ceremony", *American Journal of Sociology*, 83, 1977, p. 354.

〔4〕 J. W. Meyer and B. Rowan, "Institutionalized organizations: formal structure as myth and ceremony", pp. 357 ~ 358.

的有效方案，而是成功地效仿了其他组织——从历史事实来说，也就是欧洲共同体（欧盟）——而其本身的政治特征，如对国家主权的强调、不干涉和实用主义、国家自利都是从未变化的。[1]如果从这样的视角来观察东盟近年来的制度化努力，那么这些努力的确没有带来任何新的变化，东盟还是在旧有的制度路径上犹豫、徘徊，对东盟应对组织功能和观念的挑战的前景也就值得持怀疑态度。

的确，从东盟区域化的过程中可以得到相当丰富而明显的证据，它表明欧洲经验在多大程度上启发了东盟国家，东盟的长期制度化努力中也总是伴随着因自利行为而导致的拖延和滞后；制度主义的批评集中于东盟治理一直存在的制度特征，即制度化的有效性事实上确实有相当大的不足，这一点是东盟治理不可回避的缺陷。但这种解释对东盟机制的理解是建立在偏见之上的，它暗示了制度的有效性必须、也只能在欧盟模式所代表的制度方向上实现，这仍然是用欧洲经验来理解东盟，而不是从东盟本身来理解东盟。虽然制度努力从一开始就是东盟治理的重要部分，但是东盟的现实决定了东盟建立的制度本身的功能和制度主义者认定的理想状态中的制度是有所不同的；东盟制度的非正式性和弱有效性是否意味着它仅仅是一种程序性表象，这需要从东盟内外国际环境的现实进行分析，对此，笔者留待后文详解。

从现实主义、建构主义和制度主义的各种结论来看，东盟治理的确面对着不同的理解和评价，其实质在于，不同的理论流派关注并强调东盟治理机制的某一个方面，沿着不同的逻辑会得出不同的结论。观察它们的差别，可以注意到一个问题，

---

〔1〕 Anja Jetschke & Jürgen Rüland, "Decoupling rhetoric and practice: the cultural limits of ASEAN cooperation", *The Pacific Review*, 22 (2), 2009, p. 183.

境的相关分析。

对东盟治理的观察不可能仅仅集中于东盟内部，这一点是由其成员国发展水平决定的，成员国政治经济实力的羸弱决定了东盟治理在物质基础上的不足。与欧盟相比，东盟的不足是显而易见的：欧盟包括了国际社会中实力排名最靠前的若干国家、甚至曾经的世界霸主，即便经历了世界大战的摧残，这些国家在政治能力、经济基础、社会组织、文化影响等方面仍处于世界前列，可以说，欧洲共同体是在高度发展的人类文明基础上建立起来的；而东盟基本上是由在前殖民地基础上获得独立的发展中国家（甚至大多是在二战后才真正成为一个国家）组成的，这些国家建国时间短、经济基础薄弱、政治军事方面的实力几乎不值一提……东盟的批评者早就因此对东盟提出质疑，比如，Leifer 在东盟成立后不久就指出，从经济上看东盟是不合理的，因为东盟国家最重要的贸易依赖性都分部在区域外，从政治上看东盟也是很成问题的，因为东南亚主要国家的区域内竞争和受到外部挑战的事实始终表明其"软弱性（softness）"。[1]他的批评道出了东盟的天然缺陷，即本身政治经济实力的弱小。这决定了东盟对外部的强烈依赖，也决定了它不仅必须依靠团结才能在国际舞台上据有一席之地，而且，东盟治理更必须始终置于与外部世界的联系中来考虑，必须将更广泛区域作为治理框架考虑的一部分。

东盟治理与外部的联系首先体现在政治和安全上，比如采取集体行动维护东南亚区域稳定与安全，因为东南亚区域始终存在大国的干涉和影响，存在各种动乱和冲突的潜在可能性，

〔1〕 Leifer, Michael, "Great power intervention and regional order", in Marck W. Zacher and R. Stephen Milne eds, *Conflict and stability in Southeast Asia*, Garden City, NY: Anchor Press/Doubleday, 1974, pp. 181 ~204.

这意味着，不管是在东盟未扩大之前或者扩大之后，东盟治理需要维护的稳定与安全其实都是超出了其组织本身的领土范围的；例如，在与东盟切身安危相关的柬埔寨问题上，正如阿查亚所说，东盟不得不依靠大国的强力干涉，从而牺牲了“地区自主性”这一规范，因为柬埔寨问题不光是东南亚的区域问题，还象征着大国的全球竞争，而这就不是东盟所能独立解决的了。[1] 其次，东盟治理与外部的联系更重要的还在于经济发展的需要上，东盟各国产业结构的相似、经济发展水平的落后，都决定了它不得不高度依赖对外贸易和外来投资，即便有新加坡这个属于例外的成员国存在，也不能改变东盟各国总体上对外部世界的经济依赖，[2] 因此，东盟治理机制还需要维护的是与外部世界（尤其是东亚区域）的经贸利益、东盟对外的投资吸引力；当发展水平更低的中南半岛四国加入东盟后，这一方面的需求变得更为强烈。很多时候，这两个方面的需求是相互缠绕在一起的，例如，通过维护政治稳定和区域安全环境来吸引投资、保证对外经贸的顺畅，或者加强经济合作、促进贸易发展，以维持国家政治稳定、增强区域安全。因此，东盟治理机制比欧盟远远复杂得多的地方正体现在，对它的评价无法摆脱它的外部联系（尤其是更广的区域内联系），无法将其作为一个相对独立的组织行为体，仅仅考察其内部结构、运作和绩效。

东盟治理的国际环境是治理路径选择的背景，与欧洲共同体一样，东盟的创建是离不开冷战背景的，但两者区域治理所面对的内外关系的差别决定了它们的治理路径大相径庭。

---

〔1〕［加］阿米塔·阿查亚：《建构安全共同体：东盟与地区秩序》，上海人民出版社 2004 年版，第 136 页。

〔2〕劳伦斯·D. 施蒂费尔、周世雄：“东盟合作和东南亚的经济发展”，载《南洋资料译丛》1979 年第 4 期。

在冷战的大国对抗背景下，欧洲共同体可以依赖于北约组织提供的安全保障，即便其外部环境中的国家间关系包括明确的敌对状态，它也能集中精力投注于内部关系问题；同时，西欧国家内部刚刚经历过战火洗礼，内部冲突得到了抑制，相互关系较为平和。正是因为这样，欧洲的联合从一开始就是从经济领域开始的，内部的安全和发展需求都能从经济关系的治理中得到满足，欧洲一体化研究最初是从功能主义理论开始，欧洲精英们设计的正是从经济社会的联合“外溢”到更高层次的政治安全的联合。

东南亚的情况是与欧洲如此的不同，正如巴里·布赞分析的那样，整个东亚地区安全复合体都遭到了全球层次的严重渗透，从而导致了分裂和热战，这将其与欧洲区别开来；对东南亚来说，东盟建构安全机制的努力使得东南亚分裂为了两个对立的部分，与冷战对抗的形态相一致。〔1〕在这一背景下，东盟各国都被容纳进了全球层次的安全架构中去，直接面临着冷战对抗在区域层次上的威胁，即便美国的驻军和直接参战，也并不能完全抵消它们所面临的安全威胁，至少在它们看来并不存在足可依赖的保护；特别是共产主义在东南亚一些国家的影响力越来越大，东盟国家需要担心所谓共产主义威胁有可能危及东盟国家的国内政局，正是基于这种顾虑，东盟成员国明确表达了联合起来应对外部威胁的强烈意愿。〔2〕不仅如此，东南亚各国之间也存在各种争端，包括有可能激化为战争的政治对立和领土争端，比如东盟成立前印尼和马来西亚存在长期对抗，

---

〔1〕［英］巴里·布赞、［丹］利奥·维夫：《地区安全复合体与国际安全结构》，潘忠岐等译，上海人民出版社2010年版，第123～124、128～129页。

〔2〕王子昌：《东盟外交共同体：主体及表现》，时事出版社2011年版，第109～112页。

印尼总统苏加诺因反殖民主义的原因采取各种方式抵制和拖延马来西亚联邦的建立，在努力未果之后甚至提出过武力袭击的计划。[1]

这意味着东盟治理从一开始就面对着充满对立和动荡的内外关系局面，因此决定了整个东南亚乃至东亚区域的政治安全格局都是需要在区域治理中加以考虑的。[2]政治安全问题作为关系到国家生存的更根本问题，在东盟治理中是不得不首先加以考虑的，而经济领域的治理从根本上不在东盟治理初期的考虑范围内，直到在东盟治理改变了内部关系状态、国际环境总体发展趋势适合的情况下，经济社会领域的联合才开始真正提上日程（如前文案例第二阶段所描述的那样）。所以，从东盟区域化初期开始，政治安全问题就是占据东盟治理核心的重要问题，是经济合作的基础，而非相反；即便东盟从区域治理的第二阶段开始转向经济治理，但由于各国在经济上的利益差距较大，它长期未能形成真正的区域性协作——直到 20 世纪 90 年代东盟外贸和 FDI 面临巨大危机，甚至直到亚洲金融危机，这一状况才得到根本改变。无论如何，东盟治理始终是在考虑内外环境的背景下进行的，东盟内部层次治理是东南亚安全形势变化的保障，在内部治理的基础上，再延伸至外部治理。

东盟区域化面对的内外环境状况决定了东盟治理的层次，

〔1〕 Lalita Prasad Singh, *Power Politics and Southeast Asia*, New Delhi: Radiant Publishers, 1979, pp. 156 ~ 159.

〔2〕 如 Micheal Leifer 指出的那样，东南亚在冷战初期被认为是如同第一次世界大战爆发前的巴尔干那样充满了冲突和危险的区域，民族主义和共产主义的对立、非殖民化和全球冲突，在这里都极为明显，更不用说印度支那的连续三场战争了。[英] 迈克尔·利弗："当代东南亚政治指南（一）"，载《南洋资料译丛》2001 年第 4 期。

东盟内部和外部的紧密联系还意味着东盟治理需要容纳的区域范围是随着对外联系的加强不断扩展的。建立之初，东盟只包括了东南亚区域的五个国家，但其治理的范围却涉及整个东南亚区域，为了防止大国的干涉和所谓的共产主义威胁，东盟积极消除内部争端的可能，加强组织协调、防范共同敌人。如本书第六章讨论的那样，当传统的政治安全威胁逐渐消除，面临着全球化挑战的东盟将更大的注意力放在了整个东亚区域（见本书章节6.3），东盟治理机制不断修正和扩展，以适应在更大的区域范围内满足治理目标的需要。这一过程中东盟治理机制的实际运作范围呈现出“东盟内—东南亚—东亚”的层次差别。当然，应注意到的是，东盟治理还面对着一个全球层次（如与美国、欧盟、印度等行为体之间）的联系，但是从根本上看，东盟组织及其机制还是集中在东南亚、东亚这两个最直接相关的区域范围内发挥作用，因而对东盟治理的分析放在“东盟内—东南亚—东亚”这样的层次划分上更具理论意义和实践价值。在东盟扩大为基本包括了主要东南亚国家的大东盟之后，东盟治理基本上在整个东南亚层次上实现了区域协调和经济协作，使东盟的“内部—外部”联结可以更加简化为“东南亚—东亚”两个层次。〔1〕

在对东盟治理机制从内外层次上加以分析时，理论的综合理解便显得更加清晰。东盟治理的实质可以从对东南亚面临的无政府文化的理解出发，说明东盟内外层次的国际环境给东盟

〔1〕 也正是因为这样，在考虑东亚区域化的时候，东盟被视为其内部一个重要的行为体而加以考虑：在次区域层次、即东盟内部的制度建构的基础上，东亚区域化的未来将继续依靠东盟的能力。Ralf Emmers and See Seng Tan，“Trends and driving forces in East Asian regionalism”，in Ralf Emmers ed.，*ASEAN and the Institutionalization of East Asia*，London and New York：Routledge，2012，p. 196.

治理设定了怎样的背景条件，之后再综合各种理论解释，分别就东盟的内外治理进程逻辑作出分析，逐层说明东盟机制是如何改变国家间关系、实现治理目标的。

理解东盟治理的背景，需要依据东盟治理进程的现实选择恰当的理论工具。集体合作机制如何应对现实威胁，在国际关系理论中是一个基础命题。在东南亚这样一个环境当中，或者将视野扩展到东亚这样一个环境当中，东盟国家可以选择结成军事联盟以形成均势，或者选择组建集体安全机制以抵御可能的安全威胁，这些办法都是建立在国家实力基础上的经典做法。但东盟治理进程并没有完全按照现实主义的逻辑进行——这是很自然的，因为如果按照现实主义的观点来看，东盟这些小国怎样结盟，也不可能形成对抗大国干涉的均势，至于与大国结盟，则又存在无法达成集体共识的问题——因为印尼奉行的“不结盟”政策，对个别国家来说可以接受的事情未必适合同样应用于集体机制中。所以东盟治理不仅要考虑现实力量的限制，还要努力在内外关系的差别中寻求适合安全目标的结构变化。

从历史事实看，东盟在治理过程中实际上选择了非完全现实主义的战略来尽可能规避硬实力的缺陷，以实现其治理目标。东盟治理路径的原因和过程，需要利用建构主义理论对国际无政府文化的观点加以分析。

东盟机制的基础，即东盟所面对的国际社会文化背景，应当被视为理解东盟治理的前提条件，它主要是指国际体系中行为体之间的关系特征和角色定位。亚历山大·温特在谈论国际体系中的“施动者—结构”关系时用人类个体与社会的关系进行了对比，他指出，人的大部分有意义的属性是社会关系建构的，而国际体系中涉及的有意义的国家属性也是由国家之间的相互关系建构的。[1]国际社会的相互关系被普遍承认为一种无政府文化，即不存在类似国家内部的政府那样的最高权威的社会关系，这是任何层次上的国际关系，包括全球层次、区域层次或者次区域层次国际关系的基本状态，这种状态对于体系中的每一个国家行为体的对外认知和政策有着普遍的、也是根本的社会意义。所以，在谈论国际社会的无政府状态时，用体系内行为体之间的相互关系所界定的无政府文化，来说明治理的背景（或者基础），在理论上是可行的。而对于东盟治理来说，这种说明又是必需的，因为东盟内外环境所呈现的不同状态是理解东盟治理的背景条件，实际上可以从不同无政府文化的特征加以理解的。

温特在《国际政治的社会理论》中提出了三种理想的无政府文化，即所谓霍布斯文化、洛克文化和康德文化（该书第六章）。这种划分描述的是三种比较理想化的状态，划分的基础是在无政府世界里国家之间的角色结构，即国家之间相互视为“敌人”、“对手”还是“朋友”。经典的现实主义在国家自利的前提假设下强调国家之间相互视为“敌人”，由此必然带来的是霍布斯所描述的“人人为敌”的世界，而在人类社会的漫长历史中这种状态的确有丰富的经验证据；在威斯特伐利亚体系中，西方国家之间似乎实现了相互视为“对手”的洛克文化，各国之间不再是在设想中毁灭彼此的关系，而是竞争关系；第二次世界大战之后，某些国家之间（温特举的是北大西洋国家的例子）超越了洛克文化，不再以武力解决争端，而是以安全团队的方式采取行动，在这样的被称为“康德文化”的无政府国际文化中，国家之间相互视为朋友，友谊是国际关系的基础。当

---

〔1〕［美］亚历山大·温特：《国际政治的社会理论》，秦亚青译，上海人民出版社2008年版，第305页。

然出现类似状况的原因可能是多方面的，比如冷战格局造成的国际政治大背景从结构上形成了国家团结的压力，但是当这种状况成为新的政治文化，不同于传统国际关系的行为模式就呈现为新的规范，温特认为这样的关系是“不会倒退到过去”的。[1]

现实主义或许会认为，遵循自利原则的国家将他国视为“朋友”是不可想象的事情，是理念主义推演过了头的结果；不光是现实主义，即便自由主义（自由制度主义）的判断也同样基于国家利益的先行设定，只不过它承认制度会约束国家追求利益的行为。[2]但如果注意到无政府文化的转化已经在世界体系中呈现的事实，那么我们就有理由怀疑，现实主义对国家利益和自利的解释并不是天然的和固定的，它不过是无政府文化中的一种类型，并借由现实主义的理解再造了这种文化。二战之后国际关系的发展已经使多元安全共同体成为事实上的可能，不光是跨大西洋关系，包括东盟机制在内的现实都表明，国家之间的角色定位不仅可以而且也的确产生了新的变化。[3]

对于东盟治理来说，无政府文化当然是必须首先承认的国际体系背景，不过，对东盟治理的解释上的矛盾提示我们，东盟治理机制内外层次所面对的无政府文化的意义并不

---

〔1〕［美］亚历山大·温特：《国际政治的社会理论》，秦亚青译，上海人民出版社 2008 年版，第 370～371 页。

〔2〕 Martha Finnmore, *National Interest in Internatioal Society*, Ithaca, Cornell University Press, 1996, p. 9.

〔3〕 甚至不论得到普遍承认的欧洲共同体，就以东盟为例，这个以第三世界国家为主的区域小国集团不仅成功地克服了内部争端、形成了集体认同，还具备了管理区域秩序的能力，而它的成就远非均势效应或者相互依存下的国际制度所能解释的。［加］阿米塔·阿查亚：《建构安全共同体：东盟与地区秩序》，上海人民出版社 2004 年版，第 7～10 页。

是一以贯之的。三种无政府文化的划分是在国家间关系和国家角色认知的基础上形成的，它并不意味着国际体系中必然存在清晰的类型划分，实际上，在处理不同的国际政治文化的时候，不同的角色关系可以体现在同一国家行为体身上。如果将“霍布斯—洛克—康德”三种国际社会文化的划分看作是国家间关系在协作和非暴力特征不同程度上的进化性描述的话，那么就可以利用这种划分手段大致确定东盟治理内外国际环境的特征。

东盟内外无政府文化的差别在于：东盟各国相互间所承认的角色关系是相对缺少冲突和对立的，相互视为“朋友”的程度更甚于相互视为“对手”，虽然很难清晰地说明这两种角色共识对每一个东盟国家来说到底有多大程度上的不同，但是这种差别的存在是毋庸置疑的——东盟成立本身就是马来西亚和印尼就领土争端达成和解的结果。此后，东盟国家相互间的争端再也不曾诉诸武力，即便发生了分歧和冲突，也以谈判和调解为主要处理方式；与此同时，东盟与组织外的关系仍具有现实主义理念所代表着的传统国际关系特征。当东盟尚未扩大为包括东南亚十国的时候，东盟之外的国家构成了其外部环境，即便同属东南亚国家，它们形成的无政府文化也是完全不同的：例如，1978 年底柬埔寨事件发生时，东盟内部已经形成了非敌对的协同关系，它们迅速就紧密关系到区域稳定的柬埔寨事件进行磋商，进而达成了统一立场，对这时候的东盟内部来说，无政府文化已经超越于传统现实主义上的霍布斯文化，甚至也不同于单纯的洛克文化，而是呈现出朝着康德文化的方向发展的趋向——但柬埔寨事件是外在于此时的东盟组织的、与东盟本身安危紧密相联的事件，如果将东盟作为一个国际行为体来看，它所面临的又是仍处于洛克文化（或者霍布斯文化）之中的国际社会状态。[1]很明显，越南此时与东盟各国的关系完全不是伙伴关系，而更多处于一种对立状态。在这样的国际政治文化中，东盟机制已建立起来的各种原则都无能为力。至于当东盟面对整个东亚区域、甚至亚太区域的问题时，这种内外差别就更加明显了。

因此，这是东盟治理进程的独特背景，也是实现治理目标的重要障碍。东盟国家的脆弱性使得东盟集体内外在物质性基础上是密不可分的，不管是在经贸关系还是政治安全领域，都必须置于同一治理进程中予以考虑；但东盟内外的无政府文化却是两分的，在东盟组织建立之后，特别是在东盟内部关系逐渐朝着更具协调性和非暴力特征的方向发展并达到一定程度之后，东盟治理机制需要处理的就是内外截然不同的国家间关系，即不同的无政府文化，这意味着东盟治理进程不得不同时在组织内外遵循着完全不同的行为逻辑。

7.3.4　东盟内部治理：共同体的确立和维护

既然东盟治理根据内外无政府文化的差别遵循不同的逻辑，那么具体怎样理解这种差别？首先需要讨论的是东盟内部治理的逻辑。由于治理意味着协作关系需要成为、并在实际上逐渐成为东盟国家间的主导关系，所以可以将东盟内部治理的主要内容概括为共同体的确立和维护。

---

〔1〕 如巴里·布赞所描述的那样，在漫长的冷战时期，东南亚遭到了大国对抗的“严重渗透”，其内核结构“在很大程度上跟冷战的对垒一致”，东盟成立后，整个东南亚就被整合为了两个对立的集团，其中一方是共产主义领导的集团，另一方是东盟集团，“沿着地区和国家间界线形成了意识形态的极化格局”。见［英］巴里·布赞、［丹］利奥·维夫：《地区安全复合体与国际安全结构》，潘忠岐等译，上海人民出版社 2010 年版，第 128～129 页。

在这里，共同体指的是经过社会建构而成的集体，其成员相互视为拥有共同身份和利益的同伴；东盟国家之间的早期冲突关系已经在治理过程中逐渐被合作关系所取代，并在东盟内部形成了一种集体认同，正如塞韦里诺所说，“东盟的最高成就在于为和平管理成员国冲突提供了平台。东盟成员间的经常性互动和共同使命感建立了成员国间的相互信任……持续增长的共同体意识……阻止了冲突成为解决争端的方式，而且培育了旨在实现某些共同目标的合作”。[1]

那么对东盟内部治理的理解需要回答的问题就是，共同体的塑造过程是怎样的，或者说，国家是如何在国际社会中形成新的身份和角色认知的呢？传统的解释是自然选择模式，即在不需要考虑行为体的认知和意图的情况下，依靠竞争和行为体的再造而发挥作用，就像是自然界中生物体的进化那样；而温特强调的是文化选择模式，即在无政府文化的建构过程中的“模仿”和“社会习得”。模仿是获得对身份和利益的认知比较迅速的途径，对成功者的模仿可以使得其所代表的文化类型很快建立起来；而社会习得涉及的是行为体在互动之前的特征和经过互动如何习得新的身份角色，即经由互动产生的结果来改变对自我和他者的预期，最终形成预期所代表的共有观念，以实现在共有观念之上的进一步互动。[2]这一过程重点在于，行为体会根据获得的信息的变化修正对情景的定义，并获得从他者的角度对自我的认识，从而建构共有知识、改变身份和利益。这就在国际关系理论对国家利益原有的预设前提下引入了新的

〔1〕［菲］鲁道夫·C. 塞韦里诺：《东南亚共同体建设探源：来自东盟前任秘书长的洞见》，王玉主等译，社会科学文献出版社2012年版，第317页。

〔2〕［美］亚历山大·温特：《国际政治的社会理论》，秦亚青译，上海人民出版社2000年版，第410～417页。

分析层次，不再是在固定的利益认知基础上分析国家行为，而是从“互动和社会化”的过程来理解认知和利益的改变，根本上扩展了国际政治的观察视角。[1]由此，国家行为的“社会化”这一过程就成了社会建构的关键，它可定义为“将行为体引入既定共同体的规范和制度中的过程”，其结果就是“持续地遵循这些得到内化的新规范。通过接受共同体的规则，社会化还意味着施动者从遵循后果逻辑（logic of consequences）转移到遵循恰当性逻辑（logic of appropriatenes）”。[2]

此外，温特还讨论了有关国家行为体身份利益建构的四种主变量，即相互依存、共同命运、同质性和自我约束。这些变量中大多数在客观基础上可以认为是给定的，但重点在于它们对于行为体身份的影响，即它们是如何从客观基础转化为主观认知的。如同利己者在社会行为中选择不合作强化了其利己身份，在相互依存的情况下，“亲社会行为”则能强化“利他”身份：它“含蓄地承受了集体身份”，不管一开始是否出于私心，这样的行为对他者发出了要求同等行为的信号，如果他者确实同等反馈，合作将成功延续并加强，而经过这一过程的多次反复，双方将内化集体身份；同时，在交流中如果有效地发挥语言的作用，比如行为者频繁地采用“我们”话语，相互之间的信任将更可能得到诱发，集体身份将更迅速更稳定地出现。[3]与“我们”话语相关的是集体认同，这是共同体共享的

〔1〕 Jeffrey T. Checkel, “the Constructist Turn in International Relations Theory”, *World Politics*, Vol. 50, January 1998, p. 326.

〔2〕 Jeffrey T. Checkel, “International Institutions and Socialization in Europe: Introduction and Framework”, *International Organization*, Vol. 59, No. 4, Autumn 2005, p. 804.

〔3〕［美］亚历山大·温特：《国际政治的社会理论》，秦亚青译，社会科学文献出版社2010年版，第433～434页。

集体意识，它表明在某一个共同体范围内（往往涉及对共同体的外部认知的情况下），行为体之间在主观上意识到面临着共同命运，或者行为体在主观上将相互视为同类，并尊重这一特殊范围内和特殊行为体的“行为选择”和“利益偏好”。〔1〕此外，现实困境中还常常面临的一个问题在于，行为体如何能够确定他者会按自己的设想遵循集体行为的逻辑？这就涉及自我约束的问题，除了共同体规范的内化和国内政制的信用之外，国家采取单方面的牺牲行为同样可以提升他者的信心。〔2〕实际上，这些因素在东盟行为方式中都是很常见的，在东盟治理进程中，作为东盟行为特征的重要体现，正式表达的制度体系背后充满了相互尊重立场和利益、为对方保留“面子”、尽可能维护东盟对外集体形象、坚持共存和宽容的交流态度等行为方式，〔3〕由此形成的治理进程支撑起了东盟区域机制。

这一建构过程对于理性主义关于国家身份和利益的判断是一个很重要的修正：对理性主义理论来说，将国家身份建立在物质基础上的自然选择逻辑的确解释了现实状况的缘由，但是它不能很好地解释文化的变异，以及身份和利益的进化；理性主义认为身份和利益是由外在因素所给定的，这说明了身份和利益的基础来源，但关键在于国家在给定的基础上做出选择，建构主义在此逻辑上补充了身份和利益的塑造这一环节。〔4〕通

---

〔1〕 Ted Hopf, “the Promise of Constructist in Internaional Relations Theory”, *International Security*, Vol. 23, No. 1, Summer 1998, p. 175.

〔2〕［美］亚历山大·温特：《国际政治的社会理论》，秦亚青译，上海人民出版社2000年版，第449～451页。

〔3〕 张云：《国际政治中“弱者”的逻辑——东盟与亚太地区大国关系》，社会科学文献出版社2010年版，第40～43页。

〔4〕［美］亚历山大·温特：《国际政治的社会理论》，秦亚青译，上海人民出版社2000年版，第455页。

过这一修正，国际体系变得更富有可塑性，为无政府状态下的国际合作和协调提供了更多可能性。这一点对于本书所讨论的区域治理（不仅对东盟，也是对东亚）来说意义重大，它涉及在无政府状态下区域治理如何可能实现其目标的问题，比如最为核心的政治安全与稳定，在东盟的案例中就明确地表现出超越单纯的理性主义选择的特征。

东盟治理的启动历史就是对上述建构逻辑的明确验证。

东盟治理是在区域共同面对的安全威胁下启动的。所谓威胁指的是来自外部的干涉和不稳定因素（主要是它们共同意识到的来自外部的共产主义威胁），创建东盟的东南亚五国通过反复协商，就采取协作立场、共同抵制外部威胁达成一致。在 1967 年曼谷会议结束时，各国外长纷纷发表讲话，表达了相似的意思：①东南亚各国面临共同的外部威胁；②各国面临发展和进步的挑战；③反对大国干涉；④组成东盟的各国将协作共进[1]。这表明，在对立性无政府文化的巨大压力下，东盟治理的开启从一开始就是围绕着处理内外关系的核心议题。至少就东盟国家自我认知的角色的最初设想来说，看起来新的东盟组织是一个国际集体安全组织，是为了应对外部安全挑战而建立的。但东盟真正建立起来的是明显不同于传统集体安全联盟的组织。

东盟治理对无政府文化的改变是从创始时对组织原则的表述开始的。主要有这样几点：平等伙伴关系，公平正义和法治原则，合作互助原则，联合国宪章基本原则，这一部分是针对东盟国家内部关系的，是对组织内部政治文化的设计；另外一部分是与外部行为体的关系原则，如承认大国在东盟成员国内

〔1〕 Arnfinn Jorgensen-Dahl, *Regional Organization and Order in South-East Asia*, the Macmillan Pree. Ltd., 1982, pp. 73 ~ 74.

有条件地驻军，有条件地欢迎东南亚区域其他国家加入，表达与其他国际组织的合作意愿。[1]这些原则，第一部分其实是对现代民族国家体系内在逻辑的正当表述，并无新奇之处，然而它表达了抵制现实政治当中的不平等、霸权、区域混乱等问题的集体姿态，确立了共同体意识的基础；第二部分针对的是处理东盟外部关系的问题，在承认既有事实的同时，也设计了组织外部关系发展的方向，开始培育外部认知的共有观念。温特将国家行为体的身份划分为四种类型，即所谓（个人）团体身份、类属身份、角色身份和集体身份：个人身份是其他身份的基础，是对自我的根本认知，在其上，类属身份对应着政权类型或国家形式，角色身份则生成于与他者的关系中，比如无政府文化中的“朋友”、“敌人”关系，集体身份则将国家归于某一认同；[2]这种划分可以作为参考，以理解东盟治理对成员国身份的改变。团体身份是东盟国家自身基于其内部观念和历史经验的意识，是以组成它的个人的集体身份为前提的，就此而言，每个国家都具有其不可复制的独特性，类属身份是国家内部政治体系决定的，比如东盟成员国虽然有总统制、议会制或君主制，也大多可归为威权国家，这意味着精英统治和非民主的意识；这前两种是东盟共同观念的基础。角色身份依赖于他者，对于东盟国家来说，是集体内部建构的主要内容，即通过控制争端、增进对话改善相互关系，而集体身份则是在治理过程中建立认同，赋予各成员国共同体感和归属感；这后两者体

〔1〕 The ASEAN Declaration, Bangkok, 8 August, 1967. http://www.asean.org/news/item/the-asean-declaration-bangkok-declaration.

〔2〕［美］亚历山大·温特：《国际政治的社会理论》，秦亚青译，上海人民出版社2000年版，第282～288页。

现了东盟治理进程的最重要意义。[1]

东盟治理走出了第一步，正式以组织集体的名义表述了后来被称作“东盟方式”的基本原则。这一步的重要性在于，它标志着东盟开始了扭转区域性无政府文化的尝试；当然，此时东盟只是表达了相应的设计意愿，各国对于它们所承认的原则未必有清晰的认知，这就是此后东盟治理的重要内容了。

在东盟治理启动之后，东盟国家之间处理相互争端的例子可以很好地说明自我身份的变化是如何实现和巩固的。东盟区域化是建立在东盟国家集体战略考虑之上的一种手段，它们刻意地付出努力以构建区域认同、增进国家利益，这种努力实际上带来的后果是，源于殖民主义地缘政治观念的东南亚区域性（regionness）却随着东盟治理的演化而转变为真正的东南亚政治概念；区域认同的发展未必与地理、历史、文化或者政治的事实一致，甚至可以视为“想象出来的”相似性，但东盟精英们在过去几十年里努力促进的社会和政治认同对“东盟”成为一个特有的观念意义重大。[2]

柬埔寨事件可以作为一个很明确的例子，来说明东盟治理过程中东盟国家对身份和利益的共有理解以及在此共有的理解

〔1〕 如温特所说，四种身份的划分只是讨论的一个开端，身份之间的差别有时候并不够清晰。不过，在东盟治理的建构主义分析中，可以看到身份类型对应于社会建构进程的不同部分，而有助于辨识国家身份和国家对利益的认知的转换；实际上，对东盟国家身份类型的解释正适应于对东盟治理逻辑的理解，比如团体身份和类属身份使东盟国家将国家主权、国家自主性等内容视为核心利益，集体身份使东盟将统一立场视为重要关切，等等。有的学者也用这四种身份类型分析过东盟，但对东盟身份的解释似有不妥。见陈以定：“东盟构建安全共同体之建构主义分析”，载《东南亚纵横》2009年第10期。

〔2〕 Amitav Achaya, “Imagined proximities: the making and unmaking of Southeast Asia as a Region”, *Southeast Asian Journal of Social Science*, Vol. 27, No. 1, 1999, pp. 55 ~ 76.

之上的进一步建构。1979 年初，东盟外长会议就刚刚发生的柬埔寨事件发布一个集体声明，声明主要表达了四层意思：一是东盟作为一个整体鲜明表达对柬埔寨事件的态度，即痛惜柬埔寨独立、主权和领土完整受到的干涉；二是重申柬埔寨独立自主的权力；三是呼吁外国军队从柬埔寨撤军；四是敦促联合国安理会采取必要措施恢复和平、安全和稳定〔1〕。东盟机制的多重作用都在这一声明中表达得很明确：一是东盟作为共同体对区域事务表态，再次凸显东盟内部作为“外交共同体”的意义，这也是对组织内集体身份的确认；二是东盟通过重申所谓独立、主权和不干涉等重要原则，再次确认东盟集体的共同价值观、确认东盟内部无政府文化当中的共有认知；三是通过声明在加强了共同命运的同时，向组织外施加影响，参与塑造区域无政府文化的状态〔2〕。

东盟这份声明在当时并未产生什么实际影响，因为像柬埔寨事件这样位于东盟外部的东南亚区域冲突，其所处的国家间关系在相当大程度上还在洛克文化甚至霍布斯文化的逻辑中，东盟的内部关系原则和共有价值观缺乏效力；因此，与其说它对于柬埔寨事件的解决有用，不如说这一行为对东盟内部关系更具实质意义。在此后东盟的一系列共同行动中，东盟各国继续确认东盟的原则和价值，内化已经成型的关系结构，修正相

---

〔1〕 Joint Statement of the Special ASEAN Foreign Ministers Meeting: On the Current Political Development in the Southeast Asia Region, Bangkok, 12 January, 1979, http://www.asean.org/communities/asean-political-security-community/item/joint-statement-the-special-asean-foreign-ministers-meeting-on-the-current-political-development-in-the-southeast-asia-region-bangkok-12-january-1979.

〔2〕 与中国不同，东盟的反应反映了其对国际法的娴熟运用，以取得共同立场，从法理上使越南处于不利位置。这正是东盟治理对于区域安全问题的典型做法。Michael Antolik, *ASEAN and the Diplomacy of Accommodation*, Armonk, New York: M. E. Sharpe, Inc., 1990, p. 116.

互间角色认知，使得东盟内部的无政府文化更加明确和成熟：比如，在柬埔寨事件发生之初东盟各国还存在一定分歧，马来西亚和印尼甚至一度试图承认越南在印支半岛的地位以换取越南撤军，因为这一态度忽略了泰国、新加坡对自身安全的忧虑，泰国总理甚至取消了对马来西亚和印尼的访问，随后马来西亚和印尼很快调整了政策，至少不再公开表达东盟内部的具体分歧，使东盟始终保持统一的立场[1]。尽管东盟内部存在严重分歧，但东盟“追求安全和承认的外交行为表现为坚定维护联盟外交和安全文化的原则”，它通过这一事件“对河内和金边展示了其立场的惊人团结”。[2]这表明，东盟国家之间的冲突已经在很大程度上成为一种“共同体”内部分歧，当遇到需要统一立场或者关系到内部同伴重要利益的事件，体系内行为体能通过非暴力、非冲突性的方式自动协调相互关系，避免矛盾激化和危及集体利益。在这个意义上说，东盟内部无政府文化已经在一定程度上类似于康德文化所描述的那种国家间关系，即相互间不考虑以暴力解决冲突，而是将其他行为体视为具有共同命运的伙伴，并建立了一种能有效协调相互关系、实现共同立场的政治文化——即便这种政治文化相当的非正式和不成熟。

东盟共同体的确立和维护，在“我们”与“他者”的区分下显得尤为明确，在东盟集体的社会化过程中，从外而内的建构因素非常有利于巩固共同体身份。的确，与外部关系的互动是集体身份建构的重要一环，比如，外部他者的承认（recognition）的意愿和程度可以对区域合作、区域概念的形成产生极大

〔1〕 Michael Leifer, *ASEAN and the Security of South-East Asia*, London and New York: Routledge, 1990, pp. 106 ~ 107.

〔2〕 Jürgen Haacke, *ASEAN's Diplomatic and Security Culture*, London and New York: Routledge Curzon, 2003, p. 111.

法律，东盟国家发布的文件倾向于采用“声明”、“立场”、“公报”等形式，而且东盟也没有建立起强有力的超国家机构，它的秘书处实际权力非常有限。实际上，正如本书的案例所表明的那样，东盟治理采用的大多是非正式的、弱约束性的制度工具，正式文件背后的交流和协商过程构成治理更关键的内容——正如阿查亚归纳的那样，东盟方式中最重要的社会文化规范就是对非正式的偏好（以及相应的对将合作制度化的厌恶），建立在平等和宽容之上的协商和共识建构〔1〕。这一点引起的争议较大，被相当多的学者认为是东盟弱于欧盟，或者东盟还处于欧盟模式的初级阶段的表现。甚至东盟内部也有这样的声音，比如，最早提出“东盟方式”的印尼情报官员 Ali Moertopo 将东盟的成功归结为“以协商体制为标志”的工作方式，因为大多数东盟成员国的领导人是“彼此熟识”的“老朋友”——但是他却批评了这种方式，认为“我们不能继续依赖于这种状况，它不可能长时间维持下去”，所以呼吁一种制度化努力。〔2〕

然而，东盟治理的事实却表明，它依然坚持以它独特的方式发展下去了。要理解东盟治理的选择，就必须首先承认东盟方式有其独特的逻辑，而从东盟社会化互动的角度来观察可以发现，东盟方式对于东盟治理不仅是可能的，在东盟内外环境下看也是恰切的。正如东盟前秘书长塞韦里诺所说，东盟选择非正式的松散安排而非正式协议，依靠私人关系而非组织机构，依赖共识和共同利益而非约束性承诺，从建立之时起东盟就是

---

〔1〕 Amitav Acharya, *Constructing a Security Community in Southeast Asia: ASEAN and the Problem of Regional Order*, London and New York: Routledge, 2001, p. 68.

〔2〕 Amitav Acharya, *Constructing a Security Community in Southeast Asia: ASEAN and the Problem of Regional Order*, p. 78.

这样不断推进目标实现的。[1]

对东盟治理来说，非正式的规则制度如何可能？又为什么是适宜的？根本原因还是在于欧盟和东盟的基本条件之不同。

欧盟治理虽然也可以从国家角色结构的建构来理解，但它是由各种纷繁复杂的法律、规章和条约支撑起来的，即便是在进入以网络治理为特征的新型治理结构之后，它也没有脱离具有约束力的法规体系。从根本上讲，欧盟治理的基础是欧洲区域内成熟的现代国家体系，这些国家本身就是相对发达的民族国家，它们在开始区域化进程、结为欧洲共同体之前已经历了漫长的近现代国际关系历史演变，区域内多民族政治和协调早已成为欧洲共同政治文化的一部分[2]；当区域内外状况的发展提出了相关的要求，它们就有能力、也倾向于通过驾轻就熟的国际谈判、条约体系、区域制度来实现它们的区域化努力。不仅如此，从当时的国际环境来看，二战后的欧洲内部（至少是西欧内部）已经将冲突问题掩盖下来，欧洲文明和政治的同质性得到了更明确的强调，新的欧洲具备了相对统一的充足可能[3]。

---

〔1〕 Rodolfo C. Severino, "Will there be a new ASEAN in the 21st Century?", *Asia Europe Journal*, No. 2, July 2004, p. 180.

〔2〕 如 Rajaratnam 所说，"和东盟不同，欧洲共同体对于区域组织有丰富得多的经验，因其创始国，特别是英国、法国、荷兰、比利时，甚至德国都参与了辽阔而复杂的全球帝国的创造和管理……西欧人用了500多年的时间建构一条多种族和多民族的帝国链条，在其高峰时，这一链条从西班牙和葡萄牙一直延伸到俄罗斯的太平洋海滨，以及其亚洲和非洲的部分。因此，重建一个西欧区域共同体（regional community）对它们来说是非常容易的事（child's play）"。S. Rajaratnam, "ASEAN the Way Ahead", Singapore, 1 September, 1992, http://www.asean.org/news/item/asean-the-way-ahead-by-s-rajaratnam.

〔3〕 [菲] 鲁道夫·C. 塞韦里诺：《东南亚共同体建设探源：来自东盟前任秘书长的洞见》，王玉主等译，社会科学文献出版社2012年版，第5~6页。

相比而言，东盟完全不具备按照欧盟治理的强制度化方式来实现治理的可能性。尤其是在东盟建立之初，对东盟机制的设计必然需要考虑到东盟各国的内外现实。

一方面，东盟国家大多是获得独立身份不久的前殖民地，在东盟成立前，这些新国家之间的冲突才刚刚起步，如前文的案例描述所说明的那样（见本书章节3.3和4.1），东盟区域内过度复杂的种族、民族和宗教背景使得国家间关系极为脆弱，再加上大国竞争带来的政治对立，东南亚国家相互猜忌和对立的程度并不亚于它们争取国际协作和安全的程度——因此，在冷战初期，人们想象中的东盟就如同一战爆发前的巴尔干地区一样，是以“动乱和不幸的状况”为特征的〔1〕。东盟成立之前，也包括东盟发展的大部分时间里，东盟成员国的国内政治体制大多可被划归精英统治的威权政体。对于东盟国家的政治精英们来说，具有强约束力的法律法规并非良策，因为那样会过度限制他们的活动，引起他们对外部干涉的不安——共同体同样是需要维护个体性的；相比之下，他们更青睐的非正式性规则制度可以提供足够的空间，让这些掌握各国重要权力且参与设计东盟机制的精英阶层能充分发挥他们的灵活性，依靠非正式的协调、磋商来处理区域性问题，这是他们更为熟悉和擅长的首选，比如东盟的建立，就是在五个国家的政治精英们“打高尔夫、喝咖啡”的过程中确定下来的〔2〕。

另一方面，东盟治理始终是在大国干涉的阴影下，东盟外部的竞争性（甚至敌对性）国际政治文化要求它必须回避他国

〔1〕［英］迈克尔·利弗：“当代东南亚政治指南（一）”，载《南洋资料译丛》2001年第4期。

〔2〕［菲］鲁道夫·C. 塞韦里诺：《东南亚共同体建设探源：来自东盟前任秘书长的洞见》，王玉主等译，社会科学文献出版社2012年版，第1～2页。

的怀疑和敌对，为了做到这一点，它甚至在建立东盟的《曼谷宣言》里将自身表述为经济社会文化联合，掩饰东盟在政治安全方面的实质意义；并且东盟各国之间最初也存在激烈的利益争端，内部关系十分复杂，需要一个缓慢的、谨慎的节奏来取得共识〔1〕。为了在表明东盟态度的同时，努力避免激化矛盾、引起直接对立，东盟的创建者们非常小心地控制东盟的多边机制建构，比如，始终将东盟维持在非军事联盟的界限内，反对任何形式的多边军事合作，害怕被“第三方”视为挑衅。〔2〕因此，非正式性也被视为一种必需的手段，以应对存在于区域内外的现实威胁。

因此，对东盟来说，非正式性是在现实条件下的必须之选，可以说，东盟方式的作用不仅是可能的，也是适宜的。应当认识到，东盟为国际事务的治理提供了一种不同于西方自由主义路径的新范式（paradigm），其中的诸项重要特征，如对国家主权和领土完整的追求、和平解决争端、非正式和非对抗性谈判、自主性和不干涉他国事务等，都是来源于自身文化和历史经验的，东盟成员国由此产生的共有观念在东盟的区域化过程中得以制度化，形成东盟独特的治理路径。〔3〕治理的成效并不依赖于固定模式，东盟不一定非要走依靠正式性、约束性法规制度的道路；或许可以认为，治理的实质并不在于制度体系的形成，

〔1〕 Rodolfo C. Severino，“Will there be a new ASEAN in the 21st Century?”，p. 180.

〔2〕 Amitav Acharya，*Constructing a Security Community in Southeast Asia*：*ASEAN and the Problem of Regional Order*，pp. 74～77.

〔3〕 Richard Stubbs 运用历史制度主义理论框架对这些特征一一做了阐释，说明相关观念是如何在东盟的治理路径中制度化，并成为东盟提供的制度选择的。Richard Stubbs，“The ASEAN alternative? Ideas，institutions and the challenge to ‘global’ governance”，*The Pacific Review*，Vol. 21，Issue 4，2008，pp. 451～468.

而是促成国家间关系的根本性改变，为治理目标的实现提供保障。事实表明，东盟已经采用的治理方式，包括私人关系的协商和调节，在东盟发展的几十年里，都切实地起到了建构集体身份和利益、改变东盟内部无政府文化的作用，那么东盟治理当然不必沿着欧盟的道路亦步亦趋。

不仅如此，东盟方式并非就是比欧盟模式更低级的治理方式。当然，从欧盟治理所取得的成就来看，正式性、约束性的规则制度也有着无法替代的作用，在制度约束下集体行动可望得到有力保障。对于东盟来说，它们所习惯的机制手段虽不是强制性的法律机制，但相比而言，很难说其治理成效更低下，只是在表现方式和运行途径上有所区别。要从上述东盟本身的特征来深入分析东盟治理，或许可以恰当地从“规范”（norms）的角度来理解其一系列非正式的规则、制度：按彼得·卡赞斯坦的说法，规范是在一定认同之上对何为恰当行为的集体预期，是有建构性效果的对行为体认同的界定〔1〕。阿查亚认为，东盟方式是特定的社会实践和文化规范，意味着某种多边主义的组织框架和多边制度建设进程。〔2〕那么可以说，东盟规范正是东盟方式框架中最为核心的总体性原则和行为制约，体现了集体共同认可的系列价值观念和制度要求，它并又不包含对具体行为措施的严格到每一细节的要求。阿查亚将其归纳为四个方面，一是放弃使用武力、和平解决争端，二是主张区域主权和独立，三是互不干涉内政，四是反对军事协议和双边防务合作〔3〕。

---

〔1〕 Peter Katzenstein, *the Culture of National Security: Norms and Identity in World Politics*, Columbia University Press, 1996, p. 5.

〔2〕 Amitav Acharya, “Ideas, Identity and Institution-building: from the ‘ASEAN way’ to the ‘Asia-Pacific way’”, *The Pacific Review*, Vol. 10, No. 3, 1997, pp. 320 ~ 324.

〔3〕 Amitav Acharya, *Constructing a Security Community in Southeast Asia: ASEAN and the Problem of Regional Order*, London and New York: Routledge, 2001, p. 48.

东盟规范的建立，从《曼谷宣言》的初步界定到《东南亚和平、自由和中立区宣言》、《东南亚友好合作条约》等一系列集体文件的阐释，逐步塑造了东盟所遵循的原则立场和行为方式。这些文件所表达出的东盟原则，部分来源于《联合国宪章》的基本内容，如国家主权、平等和法治等，这些其实都是现代民族国家体系理所当然的要求，以及协商一致等东盟方式的要点，都是接受度非常高、非常宽泛的原则，几乎可以称为普世原则。但正如国际政治的现实说明的那样，这些原则缺乏的不是提倡而是执行，或者如阿查亚所提及的“规范的本地化（localization）”，因为事实表明，全球规范在区域层次的扩散的必需条件是通过规范重构以适应于区域行为体的既有认知（cognitive priors）和认同，在这个过程中，本地化或者一致化（congruence）就是规范有效性的关键[1]；东盟治理机制提供的就是一种基于区域组织的规范构建渠道，即通过东盟治理的运作，使全球规范在区域层次上得到适应性重建，使这些似乎宽泛的基本原则通过适应于区域既有的价值和信条获得更坚实的实现基础。

东盟治理的原则体现出了高度的现实性，它要求的是解决问题，而不囿于某种特定的价值观或者抽象概念。在介入成员国国内事务的问题上，例如，面对缅甸军政府的问题，西方世界（甚至国际主流社会）所依据的是人道干预（humanitarian intervention）这样的概念，据此要求“介入”国家内政，但这样的概念对东盟国家全无吸引力，遭遇的只是猜疑和拒绝——所以人们看到的情况是，尽管国际社会一片制裁的呼声，而东盟

〔1〕 Amitav Acharya, “How Ideas Spread: Whose Norms Matter? Norm Localization and Institutional Change in Asian Regionalism”, *International Organization*, Vol. 58, No. 2, Spring 2004, pp. 239 ~ 275.

会议上呈现[1]。非正式的渠道是一切正式结果得以呈现之前的重要内容，就如同冰山隐藏在海面下的部分是外表部分的基础。东盟的行为方式在社会化过程中最大限度地强化了交流、协商的功能，在互动中发展其“非正式的”软实力。

东盟的行为方式的运用适应了东盟的多样性和复杂性，也提出了普遍意义上的启示性价值。马来西亚外长 Mohamud Ghazali Shafie 指出，东盟与欧洲的不同早在创建文件中就表达出来了，因为《曼谷宣言》（相比于与《罗马条约》的不同之处是）被设定为一种宣言而非条约，表明东盟从一开始就确定了松散和非正式的方向；正是因为“没有死板的程序规则和繁复的机构”，东盟组织才能“容纳多样利益”，成员国“越少感到受规则束缚，就越愿意进行磋商，越能采取共同立场”，并形成“协商一致和合作的精神”[2]。东盟行为方式的特征还带来了另一种批评，即认为东盟对成员国利益的充分尊重和保护不过是掩盖了而非解决了冲突，因为它主动地将可能引起冲突的问题排除出了多边议程。[3]但是，避免冲突性多边议程并不是不解决问题，而是通过这种方式维持交流与互动，使得利益多样性背景之下的治理进程不致因直接冲突而被迫中断；只要将多边框架内的社会化进程维持下去，就有可能使得各方对彼此的利益和立场“更善于接受和更加敏感”，使得各方的态度逐渐向着更有利于解决冲突的方向转变，从而促进区域冲突的实质

---

〔1〕 Pushpa Thambipillai, “ASEAN Negotiation Styles: Asset or Hindrance?”, in Pushpa Thambipillai and J. Saravanamuttu, *ASEAN Negotiations: Two Insights*, Singapore: Institute of Southeast Asian Studies, 1985, p. 14.

〔2〕 Amitav Acharya, *Constructing a Security Community in Southeast Asia: ASEAN and the Problem of Regional Order*, p. 80.

〔3〕 Pushpa Thambipillai and J. Saravanamuttu, *ASEAN Negotiations: Two Insights*, Singapore: Institute of Southeast Asian Studies, 1985.

性进展[1]。在东盟扩大的过程中，东盟规范成为新成员国必须首先理解和承诺遵守的标准，东盟国家用了 30 年时间创设和应用这些行为规范，新成员国要适应它们自然并非一朝一夕的事情，但是东盟非常清楚，相对于扩大来说，区域稳定和团结是更为重要的，它宁可减缓扩大的速度也必须坚定地维护其规范——尤其是管理内部争端的行为方式[2]。因此，东盟的经验的普遍价值在于，它对在多样性和复杂性并存的区域内实现区域治理、增强区域认同具有高度的启示意义，如东亚区域。

东盟治理在经济领域的努力可以作为一个例子来说明东盟规范的意义。与欧洲相反，东盟各国在东盟框架内的经济协作是在政治安全领域之后才逐渐进入东盟议程的；实际上，直到 20 世纪 90 年代之后，随着经济全球化的扩展和东亚区域经济的繁荣，东盟治理中的经济领域才获得较多实质性内容（见本书第六章）；但是，正是由于东盟治理对内部相互关系的改善，东盟各国在社会化互动中逐渐视彼此为合作伙伴，即便是在经济利益分歧很大的情况下，它们是很早就开始了经济协作的尝试，主要集中于区域特惠贸易制度、工业项目合作、民间经济合作、建立金融互惠贷款基金等[3]。这种初期尝试并非毫无意义，它同样是东盟共同体建设的社会化互动的一部分：不管有没有取得较大的成效，从《东盟国家协调一致宣言》开始，东盟各国在政治安全关系上的协调行为逐渐延伸到了经济协作；初期合

[1] Amitav Acharya, *Constructing a Security Community in Southeast Asia: ASEAN and the Problem of Regional Order*, p. 85.

[2] Hoang Anh Tuan, "ASEAN Dispute Management: Implications for Vietnam and an Expanded ASEAN", *Contemporary Southeast Asia*, Vol. 18, No. 1, June 1996, pp. 72 ~ 73.

[3] 袁喜清："东盟区域经济合作：回顾与前瞻"，载《现代国际关系》1992 年第 3 期。

作的结果并不令人满意，特别是在建立自由贸易制度方面，东盟各国都有自己的利益打算，难以实现有实质意义的贸易提升，以致 1991 年马来西亚总理马哈蒂尔宣称，东盟在经济合作领域的成绩“实在令人失望”〔1〕。

正如东盟规范所表明的那样，东盟治理在经济领域同样非常照顾各国对的切身利益的考量和表达，寻求在合作中坚守协商一致，这是经济领域无法取得实质性进展的机制原因——但是，东盟治理不可能无视东盟各国本身的利益而强求区域性合作，不可能无视东盟各国对经济利益的担心而以强制度化手段束缚各国，这是对东盟各国经济现实的充分体现。实际上，正是由于东盟规范为成员国提供了充分的“舒适度”，即便东盟治理长期无法在经济领域达成突破，东盟各国也从未停止在经济领域进行区域合作的探索和协调，这构成了东盟内部社会建构的重要部分，增强了东盟共同体的建设基础，同时，经过反复的尝试和思考，东盟区域经济治理积累了丰富的经验教训，也为东盟在时机适当的情况下真正开展区域协作提供了条件。当经济全球化的压力，特别是金融危机的急迫需求形成之后，东盟很快就在经济合作领域实现了突破，成为东盟规范向外扩散的关键方向，例如，金融危机之后，东盟不仅充分接受了新成员国并大步迈向整个东亚区域，东盟还两次提前了实现自由贸易区的时间，促进投资自由化，甚至提出东盟一体化倡议（Initiative for ASEAN Integration），在原有的基础上做出了相当大的改进——而东盟采取的方式始终体现了对各国现实利益的充分尊重，比如，区域合作要求各国不断缩减关税水平，同时也仍然照顾到各国的实际情绪，如菲律宾对关税支付管理费用的必

〔1〕［菲］鲁道夫·C. 塞韦里诺：《东南亚共同体建设探源：来自东盟前任秘书长的洞见》，王玉主等译，社会科学文献出版社 2012 年版，第 186 页。

要性考虑，以及其他国家对不愿完全失去关税收入的考虑，即便是象征性的关税征收，也仍然将其纳入共同体的宣言，使得集体行动得以持续〔1〕。因此，东盟规范并不是几个简单原则，其实质是对实现集体行动的切实考虑，这在东盟规范实现扩散之后仍然得到了有力维护。

东盟规范是东盟治理的特色，也是东盟治理成效的保障，由此出发，东盟治理证明了其有效性。正如东盟前秘书长鲁道夫·C. 塞韦里诺总结的那样，“从几乎毫无希望的地方起步，面对着创建时各种紧张冲突、经济困难的威胁，东盟在四十年里实现了巨大的进步。它通过了国家间行为规范，赢得了其他国家（甚至许多大国）对这些规范的支持……它实现了一定程度的政治团结，成为区域稳定的一支力量，并努力使外部大国建设性地参与到区域事务中来；它实施了区域经济融合，相互之间大幅度削减了关税，采取了广泛的措施以促进区域经济融合；它还建立了处理共同区域性问题的合作方式，培育了区域内亲密关系”〔2〕。当东盟将其规范扩展到东亚区域层次，质疑其有效性似乎有了更多理由，比如东盟地区论坛作为一种安全机制的无力——但即便如此，东盟规范的价值仍然无法否认，正如巴里·布赞在评论东盟地区论坛时所说，如果将它看作“在一个一向以缺乏地区机制著称的地区尝试建立地区安全机制的开始阶段，那么它似乎又是相当了不起的……推广和平解决争端的规范，在多个层次上定期进行多边对话……都是很有帮

〔1〕 邓应文：“东盟区域经济合作与外部因素”，载《亚太经济》2009 年第 3 期；［菲］鲁道夫·C. 塞韦里诺：《东南亚共同体建设探源：来自东盟前任秘书长的洞见》，王玉主等译，社会科学文献出版社 2012 年版，第 189 页。

〔2〕 Rodolfo C. Severino, “ASEAN Beyond Forty: towards Political and Economic Integration”, *Contemporary Southeast Asia*, Vol. 29, No. 3, 2007, p. 422.

助的”，并且，如果“与之前的情况相比，或者与南亚和中东相比”，它所提供的要素“相当令人印象深刻”[1]。

7.3.6 东盟外部治理：规范扩散的双重意义

前文论述了东盟治理对东盟内部层次无政府文化的改变所遵循的逻辑及其特征，那么，当东盟作为一个整体面对外部环境的时候，它的行为逻辑又表现出什么样的不同呢？

首先，东盟作为整体所面对的外部环境绝不是以具备合作倾向的国际政治文化为特征的，相反，或许竞争性或者敌对性的国际政治文化能更恰当地描绘东盟外部的区域现实。从前文对东盟治理三个阶段的概况可以看出，至少在东盟启动之后的相当长时期内，由于冷战对抗、区域内战争的影响，东盟外部环境充满了动荡不安和激烈冲突；即便是在冷战结束后，与东盟最直接相关的外部环境（主要是东亚区域）中的国家间关系趋于缓和，其无政府文化的特征也远未达到相互视为“朋友”的程度，不过是原有的竞争性或敌对性关系有所改善而已。

在这样的外部环境中，东盟作为小国集团，能够采取的行为方式是极其有限的。相对于域内大国，东盟唯一的优势是更为成熟的组织机制和治理经验，区域规范是它最重要的软实力；当东盟治理的范围不断扩展，东盟主要采用的手段的确是扩散东盟规范并主导这一进程，如提议东亚共同体、主持建立东盟地区论坛和东亚峰会、倡导建立东盟+3机制等[2]。但是同时必须考虑的是，由于外部环境的不同，东盟治理对东盟规范的

---

[1] ［英］巴里·布赞、［丹］奥利·维夫，《地区安全复合体与国际安全结构》，潘忠岐等译，上海人民出版社2010年版，第150~151页。

[2] 张云：《国际政治中的弱者逻辑：东盟与亚太地区大国的关系》，社会科学文献出版社2010年版，第92~95页。

运用也必须有所改变。

在冷战结束前，东盟外部环境浓重的对抗性色彩没有给东盟治理留下多少有利空间，东盟内部治理的逻辑完全不能适用；冷战结束后，东盟才开始有了更多的选择余地，但是在可预见的时间内，东盟能够真正改变外部环境的难度仍然太大。因此可以观察到，东盟主导的那些旨在重塑区域国家间关系的治理机制并不完全具有社会建构意义，而是在很大程度上表现出国际竞争的现实主义特征。比如，正像 Ralf Emmers 认为的那样，东盟地区论坛是参与者寻求“权力平衡”的工具，各国都希望在这个平台上创造制衡竞争对手的机会，这明显是一种现实主义策略。[1]还有一个明确的实例是，在何者应参与东盟主导的区域机制这一问题上，各国竞争也同样激烈，比如，中国主张以东北亚五国加东南亚十国为基础建构东亚区域主义，而日本甚至主张东亚区域化应加入澳大利亚、新西兰和印度，以牵制中国的影响力。[2]

东盟主导的东亚区域机制存在鲜明的现实主义特征并不奇怪，东亚本身就是一个竞争性无政府文化占据主导地位的区域。在竞争性无政府文化中，国家行为体之间还不存在这样的预期，即通过友善的社会化行为发出的信息能够确保得到同等性质的回馈，那么，国家如果选择“亲社会”行为就极有可能面临自我损害的危险；这一逻辑意味着，东盟规范在东亚区域的扩散只是提供了一种社会建构的可能性而非必然性，在现实主义国际关系逻辑仍然强有力的东亚，不可能指望各国会自然依循东

〔1〕 Ralf Emmers, *Cooperative Security and the Balance of Power in ASEAN and ARF*, London: Routledge Curzon, 2003.

〔2〕 张蕴岭：“探求东亚的区域主义”，载《当代亚太》2004 年第 12 期；郑先武：“‘东亚共同体’愿景的虚幻性析论”，载《现代国际关系》2007 年第 4 期。

盟规范的指向去行动，社会建构的可能性要成为现实还需要更充分的关系基础。所以，在外部环境的制约下，不用说原本就存在竞争关系的大国，就算是期待用规范性力量发挥重要作用的东盟，都不约而同地采用了现实主义平衡策略。

同时，东盟主导东亚区域化的进程也表明了，这一过程不能简单被看做是战略谈判或者“互动”，东亚区域主义同样具有规范概念的特征，表达了共同价值、规范、认同和期望，[1]而首要的是政治性和规范性的。东盟在其中起作用的基础在于，经过本身长期的组织整合，“东南亚”实际上是比“东亚”更加“真实”、具有更高的接受度和合法性的——尽管东亚区域是由更为广泛的经济网络和更大规模的区域化维持的。东盟的角色和实际作用意味着，东亚区域化甚至可以被认为是东盟这一建立在共有规范之上的组织与整个东亚的互动（谈判），并且是由东盟的规范所塑造的。[2]

因此，东盟的规范扩散选择具有双重意义，它不仅试图将东盟治理扩展开来，在更大的范围内改变国家间关系特征，但同时又不得不是一种现实主义工具，发挥着国际竞争和制衡的作用。

实际上，东盟的选择是发展中国家在登上国际舞台之后，面对着以现实主义国际关系为特征的无政府状态，而不得不做出的战略选择。在观察包括东盟在内的亚非拉发展中国家行为体之后，阿米塔夫·阿查亚发现它们都采取了一种可称之为“规范自主性（norm subsidiarity）”的策略，即本地行为体（Local actors）创造规范，以维护其独立性，抵制更强大的行为体的

---

〔1〕 Samuel Kim, “Regionalization and regionalism in East Asia”, *Journal of East Asia Studies*, Vol. 4, No. 1, 2004, pp. 39 ~ 67.

〔2〕 Alice D. Ba, “Regionalism's multiple negotiations: ASEAN in East Asia”, *Cambridge Review of International Affairs*, Vol. 22, No. 3, September 2009, p. 350.

支配、怠慢、侵犯或欺侮。[1]当然，也存在对外部规范本地化的行为，阿查亚通过描述东盟对外部规范进行重构的案例阐述了其逻辑，在全球层次上得到普遍承认的规范在区域层次上需要重新建构，以适应于区域内行为体既存的规范，并有助于增强行为体原有信条和制度。[2]这种规范性行为在第三世界国家对抗冷战联盟的时候就开始出现了，如最初的亚非会议。在一个发展中国家物质性力量天然不足的世界里，规范性力量是它们能够倚赖的不多的保障之一。这意味着，发展中国家并非如本地化（Localization）过程所表明的那样，被动地接受外界强加的规范，而是实施一种外向型的策略，即为了免于外部大国的支配，主动地承担规范抵制者甚至规范制定者的角色。[3]发展中国家发展规范自主性源于两个目的，一是挑战它们被从全球规范制定进程中排除或边缘化的处境，发展中国家要求从区域本身出发处理区域内问题，而将他者排除在区域议程之外，二是当遭遇大国的虚伪或者它们所珍视的全球规范被大国践踏时，第三世界国家只好诉诸规范自主性——其中最关键的原则就是涉及主权的不干涉原则，而这一被视为威斯特伐利亚国际秩序核心的原则往往是最容易被侵犯的[4]。

阿查亚指出，这一行为带来两种效果，一是拒斥（挑战）

---

〔1〕 Amitav Acharya, "Norm Subsidiarity and Regional Orders: Sovereignty, Regionalism, and Rule-Making in the Third World", *International Studies Quarterly*, (2011) 55, pp. 95 ~ 123.

〔2〕 Amitav Acharya, "How Ideas Spread: Whose Norms Matter? Norm Localization and Institutional Change in Asian Regionalism", *International Organization*, Vol. 58, No. 2, Spring 2004, pp. 239 ~ 275.

〔3〕 Amitav Acharya, "Norm Subsidiarity and Regional Orders: Sovereignty, Regionalism, and Rule-Making in the Third World", pp. 98 ~ 99.

〔4〕 Stephen D. Krasner, *Sovereignty: Organized Hypocrisy*, Princeton, Princeton University Press, 1999.

大国干涉，弱国宣称了自我处理区域事务的权力；二是它们对维持自主极为重要的全球既有规范的支持[1]。

东盟规范的扩散特征很大程度上也正是出于这种逻辑，在东亚大国的阴影下，在竞争性国际政治文化中，现有机制并不能给东盟这样的小国集团提供足够的安全感。尽管不干涉原则越来越受到忽视——因为即便建构主义者都开始更关注国家对人权的侵犯这样的议题，反对不干涉原则的扩散[2]，但是必须注意的是，那种观念更多是对于西方来说有意义，而发展中国家仍然非常在意国家主权，仍然关心自我免受大国干涉的问题，这正是世界政治中规范创制的复杂性和争议性所在。出于对这一问题的关注，半个多世纪以来，发展中国家在世界政治发展中扮演了非常重要的角色，或者被归结为所谓的“对西方的反叛”（revolt against the west）[3]，或者如克拉斯纳所认为的南北“结构性冲突”（structural conflict）[4]，但如同东盟将其治理规范进行扩散的策略选择表明的那样，他们忽略了发展中国家在观念和规范上的施动者（agency）角色，因此，阿查亚强调，观念的力量是“弱者的武器”，可以作为世界政体中的构成性工具[5]。

---

〔1〕 Amitav Acharya, "Norm Subsidiarity and Regional Orders: Sovereignty, Regionalism, and Rule-Making in the Third World", p. 101.

〔2〕 Martha Finnemore, *the Purpose of Intervention: Changing Beliefs about the Use of Force*, Ithaca, Cornell University Press, 2003.

〔3〕 Hedley Bull, "the Revolt against the West", Hedley Bull and Adam Watson eds., In *The Expansion of International Society*, Oxford: Clarendon Press, 1984.

〔4〕 Stephen D. Krasner, *Structural Conflict: The Third World against Global Liberalism*, Berkeley: University of California Press, 1985.

〔5〕 Amitav Acharya, "Norm Subsidiarity and Regional Orders: Sovereignty, Regionalism, and Rule-Making in the Third World", p. 118. 在张云的《国际政治中弱者的逻辑：东盟与亚太地区大国关系》一书中同样强调了这一点，但是，他重点讨论的是在亚太层次上东盟作为一个国际行为体的对外关系行为，这似乎不能完全说明东盟利用规范手段的实质和意义。

在东亚区域环境中，东盟规范扩散是兼具现实制衡意义和社会建构意义的，这是在东盟共同体外部环境的限制下，它必然做出的更有利选择；所以，规范的扩散并不是单纯的东盟治理的扩展，同时也包含着对外部现实环境的积极适应和改造过程。在这个过程中，作为对竞争性无政府文化的应对，东盟治理机制的扩展不得不在很大程度上倾向于现实主义策略——即便这种策略倾向实际上对实力较弱的东盟并不十分有利，但同时也必须承认东盟规范扩散的社会化意义，即东盟在主导东亚区域机制建设的过程中，始终坚持以东盟规范为核心推动区域社会化互动；并且，尽管东盟长期以来更注意维护区域自主性而非积极追求在亚太安全中的地位，但东盟管理内部关系的成功（即使得成员国间冲突的前景变得不可能）已经为它带来了国际声誉，这导致在冷战后东盟的对话伙伴们承认了东盟治理的价值，并接受了东盟在亚太对话中的主导地位，也促使东盟开始了将其模式应用于更广阔范围的努力[1]。

东盟规范能否成功扩散受到过很多质疑，因为东盟这样的小国联盟能否成功地将大国引入社会化是缺乏先例的——就已有的经验来说，如欧盟扩大这样的区域化是建立在强国合作的基础上的，这使得学者有理由认为，强有力的主导者是社会化成功的前提，正像在欧盟扩大这样的事件中，“东西欧之间的不平衡是新欧洲社会化的前提条件，因为西欧控制了合法性和物质资源，使之有能力要求东欧接受其政治约束”[2]。像Leifer这

〔1〕 Herman Joseph S. Kraft, “Driving East Asian regionalism: the reconstruction of ASEAN's identity”, in Ralf Emmers ed., *ASEAN and the Institutionalization of East Asia*, London and New York: Routledge, 2012, p. 63.

〔2〕 Frank Schimmelfennig, “International socialization in the New Europe: rational action in an institutional environment”, *European Journal of International Relations*, 6 (1), 2000, p. 111.

样的现实主义者，在他批评东盟地区论坛的时候就明确表达了对东盟规范的怀疑，他当然难以相信东盟这样的小国联盟有能力通过社会化促使中国这样的大国采取协作行为。[1]但东盟始终坚持与中国展开对话与交流，以东盟规范来影响和塑造中国对东盟的认知；如在东盟地区论坛中，东盟的言行充分考虑中国的观点和立场，充分尊重中国的利益，逐渐解除了中国对这一机制的顾虑，也极大地改善了中国对东盟的评价[2]，中国对东盟规范也表现出了尊重和接受，表达了按照东盟规范解决南海争端的意愿，并依照东盟规范与东盟国家发布《南海各方行为宣言》，接着中国还成为首个加入《东南亚友好合作条约》的东盟外大国，增强了东盟规范的合法性和权威性。从 20 世纪 90 年代以来，中国对东盟的态度从猜疑到合作，中国外交的注意力也从双边协商转移到区域多边机制，中国—东盟多边和常规交流途径的建立、中国—东盟互动的持续性都体现了二者关系质的变化——这种变化表明，在东盟机制向东亚区域的扩展过程中，社会化互动改变了外部大国的认知，从而改进了相互关系[3]。东盟所坚持的区域多边机制逐渐被域内大国内化为一般

〔1〕 Leifer, Michael *The ASEAN Regional Forum*, Adelphi Paper 302, New York: Oxford University Press/Institute for Strategic Studies, 1996.

〔2〕 张云：《国际政治中“弱者”的逻辑：东盟与亚太地区大国关系》，社会科学文献出版社 2010 年版，第 66～87 页。

〔3〕 David Shaombaugh, “China Engages Asia Reshaping the Reginoal Order”, *International Security*, Vol. 29, No. 3, Winter 2004/2005, pp. 64～99; Alice D. Ba, “Who is Socializing Whom Complex engagement in Sino-ASEAN Relations”, *The Pacific Review*, Vol. 19, No. 2, June 2006, p. 175. 东盟治理在区域事务中的长期运作带来了中国—东盟关系的新面貌，正如中国近年来不断申明的那样，中国“将一如既往支持东盟发展壮大，支持东盟共同体建设，支持东盟在区域合作中发挥主导作用”。见“习近平在印尼国会发表演讲：携手建设中国—东盟命运共同体”，载新华网，2013 年 10 月 3 日，http://news.xinhuanet.com/world/2013－10/03/c_117591652_3.htm.

行为方式，当中国希望在区域事务中更加积极，它的首选方式就是东盟所倡导的方式：从2013年开始，中国更加积极地提出区域多边机制倡议，如中国国家主席习近平在访问印尼和马来西亚时倡议“筹建亚洲基础设施投资银行”[1]，而按照中国官方的解释，该组织是一个“亚洲区域多边开发机构”，中国“倡导亚投行遵循开放的区域主义”，相关事务都经过多边磋商确定[2]。

冷战后至今的历史实践证明，东盟治理框架不仅培育了最低限度的区域交涉（minimalist regional bargain），使中国、美国和东盟在区域安全中的角色制度化，将相关大国带到谈判桌前，并且特别重要的是，它帮助固定了美国的安全承诺，成功地“社会化”中国，使之接受了自我克制的规则，使日本安全角色“再规范化”（特别是在经济领域），这些都是东盟在东亚区域化中作为主导者将大国引入制度化的显著成就。[3]

综合起来看，要得出对东盟的全面客观的评价，就必须结合东盟治理内外层次来考察其有效性，即考虑在其内外环境的限制条件下，东盟在多大程度上实现了其目标，对国家间关系特征发生了和可能发生怎样的改变。东盟发展的历史，正如前文概述的那样，表明了东盟治理在共同体内建构的成效，同时它本身的有限性也决定了东盟治理在处理外部关系上的不足，

---

〔1〕“习近平同印度尼西亚总统苏西洛举行会谈”，载《人民日报》2013年10月3日，第1版。

〔2〕“楼继伟就筹建亚洲基础设施投资银行答记者问”，载中华人民共和国财政部网站，2014年3月7日，http：//www. mof. gov. cn/zhengwuxinxi/caizhengxinwen/201403/t20140307_1053025. html.

〔3〕Evelyn Goh，“Institutions and the great power bargain in East Asia：ASEAN's limited ‘brokerage’ role”，in Ralf Emmers ed.，*ASEAN and the Institutionalization of East Asia*，London and New York：Routledge，2012，pp. 108～111，120.

这两者都是在评价东盟时需要得到承认的；因此，对东盟治理的评价方式是与欧盟治理相当不同的。

此外，由于东盟在东亚区域化中的主导地位，对东盟治理的评价问题还涉及东亚区域化的发展，同样需要从以上的结论出发，辩证地看待东盟治理的不同层次和成效，并且注意到对现实状况的分析和对发展方向的设计的不同，这将留待下一章详细讨论。

7.3.7 东盟治理的前景：是否可持续?

区域化是一个可以自我维持和强化的过程，在区域治理当中，治理成效有助于推动观念和利益维护自身的倾向——但它并非必然实现，因为区域化面临的现实条件是区域治理的基础。因此，东盟治理的前景预想，存在于东盟发展现实环境中，也存在于东盟本身发展的可能中，需要对此做出全面思考。

现实主义的解释，如对区域国际格局的分析、对大国力量对比和外交战略定位的认识都更多是静态的、对国家能力和政策的反映，如果国家对彼此关系和利益的认识是既定的，那么从这一客观反映中是很难找到存在积极解决方案的可能的。正如前文分析的那样，物质性力量本身是硬标准，如果将东盟作为国际社会中的一个行为体来看，那么它所处的外部世界仍然在很大程度上应归于无政府的政治环境，基本上由发展中国家组成的东盟能真正起到的作用始终会是微乎其微的，不可能成为东盟治理的有利选择——如果东盟组织期待进一步发挥实际作用。

而相比之下，建构主义的解释似乎为东盟治理的扩展提供了更加理想的前景。东盟治理的历史进程，如前文所述的那样，表明东盟国家正是沿着这样的逻辑做出了选择。东盟治理的建构主义逻辑可以从内外两方面进行概括。对外来说，东盟的治理进程利用了大国对抗的格局，小心翼翼地抵制外来干预、维持自身独立性，它们通过宣称和强化一系列基本原则和国际关系模式来表达集体立场和姿态，塑造东盟共同体；对内，它们加强对话与协商，建立起组织内部的交流网络，通过妥善、和平地解决内部争端确认了一系列内部交往规范，巩固了组织的整体性，形成带有东盟特色的国际关系交往模式。前者说明的是东盟在竞争性的国际政治文化中的应对策略，后者是东盟内部共同体文化的主动性策略，是东盟治理能真正发挥积极作用、有所作为的部分。东盟过去的成就表明了东盟治理的有效性，那么，对东盟前景的分析，重点就应置于东盟治理的维持和创新之上。

第一，对东盟治理的维持应当重点注意，不管东盟治理的路径是在外部压力之下的无奈选择，还是表现为对客观环境的主动适应，东盟的问题解决路径毕竟不同于一般的国家间合作，这就在于它确实建构了代表着新的国家间关系的无政府文化。

当东盟从相互敌对的政治文化发展到协作共进的政治文化，这种变化对东盟未来具有的效应是长期性的，因为文化本身的相对稳定性，由此塑造的国家间关系也能在一定条件下趋于稳定，或者朝着既定的方向继续发展。温特对三种国际无政府文化的划分是理想类型的描述，他虽然承认这一序列并非说明一种必然的发展性进化，但同时也指出，文化沿着“霍布斯—洛克—康德”顺序的推进是有必然的理由的，因为毁灭性、伤害性的力量会使得人们具备创造更加谐调和非暴力的无政府文化的动机，所以即便在事实上并无绝对的保证，但从理论上说，无政府文化是应当向康德文化推进的。不仅如此，温特还坚持认为，国际政治的文化类型即便不保证一定向前，但在没有

“震撼性冲击”的情况下也不会向后倒退了，因为每当更为进步的文化得以实现并内化于体系内的国家，这些国家都获得了重要的权利，比如主权、安全，这都是不可能轻易舍弃的，因此它们必然会为了保护这些权利而努力，至少使得国际体系的发展不会在已经取得成就的基础上倒退〔1〕。

这一点相当重要，如果对国际体系只存在现实主义的一种理解，建立在权力和利益基础上的国际关系逻辑只能形成停滞不前甚至趋于恶化的国际政治文化，如果相互之间对角色和利益的认知始终没有改变，自我实现的预言不会推动着国际体系向着更加安全与繁荣的未来发展。东盟已经形成了协作倾向的内部无政府文化，虽然新成员国的加入给内部关系带来了更多变数，但是应当看到，东盟共同体这一身份已经得到了所有成员国的普遍承认，这在东盟处理缅甸身份的案例中可以得到清晰的确证：比如，1999 年缅甸因强制劳动力的做法遭遇国际劳工组织有针对性的惩罚性措施，这一遭遇得到东盟劳工部长们的集体支援〔2〕，这说明东盟的扩大并没有淡化东盟内部的集体认同，与扩大之前相比，东盟各国没有放弃集体行动的方式，保持共同进退、以集体身份一致对外的行为方式延续了下来。

第二，由于20 世纪末开始东盟逐步扩大，以及在全球化时代经济波动影响增强，东盟的发展近年来存在诸多问题，其最重要的后果是对东盟机制的质疑。比如，当东盟扩大为包括东南亚大多数国家的大东盟，东盟治理是否会受到削弱或者失去原本的意义？如果东盟期待继续成为东亚区域化的领导者或者

〔1〕［美］亚历山大·温特：《国际政治的社会理论》，秦亚青译，上海人民出版社 2000 年版，第 386～387 页。

〔2〕国际劳工组织相关决议见 http：//www. ilo. org/public/english/standards/relm/ilc/ilc87/com-myan. htm.

中枢，它的能力是否还能支撑它的期待？传统的东盟方式基本原则在新的全球和区域挑战面前是否还能适用？这些疑问涉及的是东盟治理能否适应发展中的现实的问题，不光来自外部他者的质疑，东盟本身也已经开始反思并认识到了这种矛盾和改变的必需〔1〕。不过，从东盟机制的几十年发展历程来看，还没有理由认为它的前景已经黯淡无光了。

东盟治理作为一个互动和协调的过程，本身就是不断地适应内外条件的变化的过程。正如前文对东盟治理各个阶段的总结所表明的那样，东盟机制的内容、重心、范围和方式都在随治理目标之需做出变化，以适应内外环境。东盟治理实际上有相当大的灵活性，基于实用主义的考虑，东盟机制的内容都能有目的地作出调整，甚至包括东盟的基本原则。

东盟对不干涉原则态度的变化可以作为东盟治理实用主义调整的例子。不干涉原则早已得到东盟各国的普遍承认，学者们大都认为这是东盟机制最重要、甚至处于核心位置的原则〔2〕。其主要内容可以表述为：①避免批评其他成员国对国民的行为，包括侵犯人权的行为，也避免将国内政治体系和政府的政治类型作为决定东盟成员国资格的基础；②批评确实违背了不干涉原则的国家行为；③拒绝承认、庇护或者以其他形式支持那些意图威胁或者推翻邻国政府的暴乱集团；④当其他成员国在进行反颠覆和反动乱的行动时，为它们提供政治支持或者物质援助。〔3〕

---

〔1〕 See Seng Tan, "Is Asia-Pacific Regionalism outgrowing ASEAN?", *the RUSI Journal*, Vol. 156, No. 1, February/March 2011, pp. 58 ~ 62.

〔2〕 Jürgen Haacke, *ASEAN's Diplomatic and Security Culture*, London and New York: Routledge Curzon, 2003, p. 1.

〔3〕 Amitav Acharya, *Constructing a Security Community in Southeast Asia: ASEAN and the Problem of Regional Order*, London and New York: Routledge, 2001, p. 58.

这些内容在东盟治理的过程中有助于消除各国相互间的疑虑，以形成巩固集体认同的良好氛围，长期以来为东盟各国所普遍肯定。但东盟治理的真实历史中仍不乏改变这一原则的情况，新加坡的一个前外交官承认，“坦率地说，从一开始我们就在无情地干涉各自的内部事务，我们这样做已经几十年了”〔1〕。东盟前秘书长 Rodolfo Severino 也坚持认为，不干涉原则的执行受制于实用主义考虑，因此并不是那么绝对的。〔2〕

之所以在某些时刻改变不干涉原则，可以从东盟国家内部层次的博弈的角度来考虑。正如同安德鲁·莫劳夫奇克在《欧洲的抉择》一书中的分析方法一样，Lee Jones 特别关注东盟国家内部统治力量对国家决策的控制是如何影响东盟机制运行的。他对东盟不同时期“干涉”或者“不干涉”的政策选择进行了国内层次的分析，说明不管是对外坚持不干涉原则还是实质性地干涉他国内政，其实都是源于国内政治需要：如一开始，东盟国家的统治精英们大都是倾向于右翼的保守主义政治家，他们对共产主义运动的担忧使之在“不干涉”原则下聚合到一起，而又由于同样的原因对柬埔寨问题进行干涉；在共产主义威胁减弱之后，东盟国家政治权力逐渐被一些寡头攫取，所以他们又用“不干涉”来反对西方的自由化要求，又为了市场利益而实质性地干涉柬埔寨内部事务；在 1997 年危机中，权力遭受严重质疑的统治寡头们仍然希望用不干涉的口号来维持自己的支配地位〔3〕。对国内博弈的描述有利于加深对东盟治理的理解，

〔1〕 Lee Jones, “ASEAN's unchanged melody? the theory and practice of ‘non-interference’ in Southeast Asia”, *The Pacific Review*, Vol. 23, No. 4, September 2010, p. 481.

〔2〕 R. C. Severino, *Southeast Asia in Search of an ASEAN Community: Insights from the Former ASEAN Secretary-General*, Singapore: ISEAS, 2006, p. 94.

〔3〕 Lee Jones, “ASEAN's unchanged melody? The theory and practice of ‘non-interference’ in Southeast Asia”, *The Pacific Review*, Vol. 23, No. 4, September 2010.

忽略关于道德价值观的讨论，那么，至少这个角度的描述说明了在区域层次上东盟内部的互动当然存在国内层次的根源，因为各国决策者会根据现实状况和对自身利益的考虑，迅速而明确地调整国家政策和立场，并通过区域治理的变化反映出来。这一层次的分析一定程度上证明了东盟治理随着时代变迁而自我调整的能力。

Lee Jones 在分析东盟不干涉原则的文章中详细描述了东盟各国是如何根据国内外压力，为追求统治集团的最大利益而不断调整政策，甚至调整东盟机制宣称的基本原则的。特别是 20 世纪 90 年代之后，东盟各国面临着自由化和民主化的国际压力，在危机之后面临着恢复东盟国际“重要性（relevance）”和“可靠性（credibility）”的压力，甚至促使它们不得不至少在表面上致力于维护民主化进程。东盟国家在这种时刻，对传统上的“不干涉”原则破坏得越来越严重。这一点在缅甸事件中表现得尤为突出。[1]为了回应西方对缅甸军人政权的关注，东盟采用了“建设性参与”，付出了有限但实在的努力，如投入资本、提供政策建议、训练初级官员、允许加入东盟等方式，去鼓励缅甸政权从事国内改革。[2]在金融危机的时候，西方强烈批评东盟的政策，为了恢复其国际地位，东盟急需通过其促进缅甸政治自由化的能力来获得国际声誉；但是，在 2003 年，缅甸反对改革的小集团得势以及民主派领袖昂山素季（Aung San Suu Kyi）再次被监禁似乎使得东盟的努力白费了。当时东盟做出了强烈反应以表明立场，比如，马来西亚总理要求“立即释

[1] Lee Jones, “ASEAN's unchanged melody? The theory and practice of ‘non-interference’ in Southeast Asia”, pp. 494 ~ 497.

[2] Lee Jones, “ASEAN's albatross: ASEAN's Burma policy, from constructive engagement to critical disengagement”, *Asian Security*, 4 (3), 2008, pp. 273 ~ 275.

放”昂山素季，接着又建议东盟应驱逐缅甸，他的外交部部长说，这件事情虽然是“缅甸内政”，但同时又“对区域具有重要意义”，事情必须“以可靠的方式尽快解决，以确保东盟的声誉和形象不会遭受质疑”[1]。在西方的压力下，东盟内部自由派立法者推动了更强硬政策的出台，对某些成员国增加压力。[2]最终缅甸还是被迫放弃了轮值主席国的权力。2005年，菲律宾支持美国将缅甸问题纳入联合国安理会议程，东盟对缅甸政府没有表示任何支持；在缅甸拒绝了印尼提出的接纳东盟监察人员的提议之后，印尼和新加坡甚至向印度和中国寻求支持以加大对缅甸的压力；东盟以集体名义谴责了缅甸政府2007年底对僧侣抗议活动的镇压，并在2008年飓风之后强迫缅甸接受外国援助[3]。可以看到，东盟在这一系列事件中针对缅甸这个异类成员国打破了不干涉的传统原则，为了集体重要利益而实施了多种干涉行为。

这些事实说明，东盟治理机制在新的背景下，不断地调整和适应，即便是传统上认为坚不可破的基本原则，也并不是绝对的。东盟治理对其所提倡的基本原则事实上是采取实用主义立场的，这些原则可以被树立起来作为维持共同身份的旗帜，而在有必要绕开的时候东盟各国也从不犹豫——实际上，正如菲律宾驻日大使多明戈·西亚松（Domingo L. Siazon）所阐述的那样，最初考虑吸纳缅甸的时候东盟就已经确定了“干涉”缅

〔1〕 Lee Jones，“ASEAN's albatross：ASEAN's Burma policy，from constructive engagement to critical disengagement”，pp. 279 ~282.

〔2〕 Lee Jones，“Democratisation and foreign policy in Southeast Asia：the case of the ASEAN Inter-Parliamentary Myanmar Caucus”，*Cambridge Review of International Affairs*，22（3），2009，pp. 387 ~406.

〔3〕 Lee Jones，“ASEAN's albatross：ASEAN's Burma policy，from constructive engagement to critical disengagement”，pp. 282 ~287.

甸的目标，即由于缅甸的特殊地位，东盟必然也需要赋予缅甸以成员国身份，以便东盟影响其国内政策向“民族和解前进”，以利于东南亚的长远安全和政治稳定[1]。

事实表明，东盟在改变不干涉原则的同时也在致力于加强集体认同，这一过程当中存在东盟方式的矛盾；但它更多是暂时性的矛盾，和东盟面对的无政府文化内外差别有关。在东盟治理改变不干涉原则的地方，比如对柬埔寨事件的干涉，也包括对缅甸的干涉，都存在于东盟治理已经形成的国家间关系结构之外：1978 年柬埔寨事件发生之时，柬埔寨尚位于东盟组织之外，它与东盟国家之间的关系并不适用东盟内部政治文化的逻辑，东盟以集体身份进行干涉并非不可想象的事情；而冷战结束之后，东盟扩大治理范围是出于区域稳定和发展的战略考虑，但东盟组织的扩大并不意味着东盟治理的效应已经覆盖整个东南亚区域，或者已经形成了包括所有成员国的无政府文化，在东盟老成员国（核心国家）和新成员国之间，必然还存在对集体认同、共有观念的认知上的鸿沟——如果考虑到东盟老成员国也曾经花费了相当的努力来改变东盟建立之前的无政府文化，可以预想，东盟新成员国适应于东盟治理机制的时间也不会短。那么，东盟老成员国对新成员国的干涉就不光是国家对国家的干涉，同样可以看做是已经成型的共同体在面对不同无政府文化中的他者而产生的适当反应，它们还需要花费足够的时间和精力在互动和建构中调整彼此关系，形成新的共有身份和利益。在这一过程中，东盟治理的原则到底应当如何适用当然存在事实上的困难。

此外，正如规则的建立并不容易，要稀释（dilute）甚至改

[1] Domingo L. Siazon Jr. , “No New Walls”, keynote address at the 4th European Association for Southeast Asian Studies Conference, Paris, 1 September, 2004.

变旧有的原则并不是轻而易举的事情。当东盟的核心成员国试图通过在《东盟宪章》里强调成员国对组织的责任，制定包含制裁机制和区域人权团体的条文，以此调整旧有的不干涉原则时，越南、老挝和缅甸这些新成员国两次威胁退出整个东盟进程。新老成员国的妥协结果就是在最终文件里对自由价值的承诺和对不干涉、共识决策等原则的再次确认并列出现。新成员国内的冲突使得这种矛盾状况必然存在，比如，缅甸和越南的国内冲突，使得它们对主权的坚守无疑还将持续下去；与此相伴，在可预见的未来，东盟核心国家仍然必须不断创新，继续对这种状况保持紧张〔1〕。

东盟各国已经采取的措施表明了它们出于实用主义目的做出协调内部关系和利益的努力，同时，也表明了东盟规范强大的适应性和灵活性。在扩大之后，东盟内部社会化所塑造的集体身份很快就为新成员所承认，使之自然成了共同体的一部分；在缅甸的案例中，固然可以观察到各国基于国内压力的考虑，但东盟对缅甸的处理也清晰地证明了东盟集体认同如何深深地嵌入了东盟各国的观念意识内：当缅甸成为东盟的一员，东盟立刻将其纳入集体行动当中，在国际上以集体身份维护缅甸的名誉和利益。例如，2004 年东盟以平等原则为由，扛住了欧盟对缅甸的抵制，坚持将缅甸等新成员国推入亚欧会议；2005 年，由于荷兰拒绝缅甸参加亚欧会议的经济部长会议，东盟国家集体降低了参加该会议的官员等级以示抗议〔2〕。并且，虽然东盟

〔1〕 Lee Jones, "ASEAN's unchanged melody? The theory and practice of 'non-interference' in Southeast Asia", *The Pacific Review*, Vol. 23, No. 4, September 2010, pp. 496 ~ 497.

〔2〕 [菲] 鲁道夫·C. 塞韦里诺：《东南亚共同体建设探源：来自东盟前秘书长的洞见》，王玉主等译，社会科学文献出版社 2012 年版，第 123 ~ 124 页。

对缅甸的民主化进程加以干涉，但更重要的是，同时东盟还不断以集体的名义对缅甸的进步表示高度赞扬，表明东盟国家反对通过制裁，而主张以鼓励和支持的方式来引导缅甸改革的立场[1]。这些都说明，东盟集体认同已经明确将缅甸吸纳在内，即便最后缅甸让出了担任轮值主席国的机会，这也并不能完全归结于集体的强制性干涉，而更多是以集体认同、集体利益的名义协商一致的结果，最后缅甸以“民族和解和民主化进程”需要充足的精力为由表示自动放弃轮值主席国地位，并在东盟联合公报中以集体的声音共同表达理解和赞赏的立场，使这一事件的最终解决成为东盟内部协调和团结的一个极好证明。[2]

东盟治理过去的经验表明其适应性和灵活性，但是同时也要看到，东盟治理是否具有可持续性的前景并不完全是东盟自身的努力可以决定的，它的调整方向和内容还必须视内外环境的现实变化而定，并且，往往环境的变化给它带来双重的影响。

从现实主义的视角来看东盟——这适用于竞争性的国际无政府文化，有利于认识东盟治理的现实图景，这主要是指东盟所处国际环境——东亚、亚太区域的现实图景，必须承认这一环境是东盟治理的基础。东盟治理的三个主要发展阶段中，每一次战略调整都是对外部环境（主要是东亚国际关系状态）变

---

〔1〕 2001年、2003年和2004年的东盟部长会议联合公报。http：//www.asean.org/news/item/joint-communique-of-the-34th-asean-ministerial-meeting-hanoi-23-24-july-2001； http：//www.asean.org/news/item/joint-communique-of-the-36th-asean-ministerial-meeting-phnom-penh-16-17-june-2003；http：//www.asean.org/news/item/joint-communique-of-the-37th-asean-ministerial-meeting-jakarta-29-30-june-2004-2.

〔2〕 2005年东盟部长会议联合公报。http：//www.asean.org/news/item/joint-communique-of-the-38th-asean-ministerial-meeting-vientiane-26-july-2005-theme-towards-the-harmony-dynamism-and-integration-of-asean-2.

迁的反应（见本书第四、五、六章）。东盟机制对东盟集体身份的建构，当然离不开现实背景的压力，例如，大国干涉和区域安全问题的威胁迫使东盟各国团结在一起，甚至在很多时候不得不压抑对自身利益的表达而遵循组织公认的行为规范、追求集体共同立场，似乎这种合作仍然充满不稳定的因素；这是必须承认的东盟治理的一个方面，即它确实是深受外部现实压力的影响，没有对外部威胁的强烈不安，东盟治理根本无法得以启动。同时这也正是东盟规范成功扩散的内容，东盟主导的区域架构的战略意义在于，它成功地将区域大国纳入一种合作框架中，因而有力地减少了误解和猜疑，成为对东盟治理至关重要的外部治理的关键[1]。东盟所面临的国际政治背景给它提供了启动东盟治理的充分理由，又在此基础上给东盟国家以足够的压力维持东盟的基本原则，促使它们朝着更团结协作的方向构建组织内角色关系。

因此，东盟治理的前景不只是东盟机制本身的发展问题，当前对东盟的质疑正是由于：随着东盟的扩大，并越来越深入地成为东亚区域的“领导者”角色，一方面给东盟治理机制的应用提供了更广阔的空间，但另一方面也增加了巨大的压力。在东亚区域内，东盟治理要能发挥既有的效应的话，就必须为区域内社会化互动提供足够的条件，但是在域外大国美国加强干涉而域内大国（特别是中日）仍存在强烈竞争性关系的情况下，这一点充满阻碍——问题就在于，东盟对此能起到什么样的作用？冷战之后，尽管东盟在实力上还有种种不足，它也已经成为大国竞争当中的一个重要部分，与亚洲地缘政治紧密相

〔1〕 T. Koh, “the United States and Southeast Asia”, in *America's Role in Asia: Asian and American Views*, San Francisco, CA: The Asia Foundation, 2008, p. 46. http://asiafoundation.org/resources/pdfs/AmericasRoleinAsia2008.pdf.

联，东盟要实现地缘政治稳定，关键在于它如何在区域范围内处理好日趋激烈的大国竞争[1]。这表明了东盟已经深深地嵌入区域现实格局中，但是，东盟即便是在成长为一个稳定的共同体的情况下，其实力也很难与中美日这样的大国相提并论，它能够运用的更多是规范性能力，针对如此庞大的国际结构推进区域建构还是在很大程度上超出了东盟治理的经验；近年来，关于东盟主导的机制的质疑始终不休，部分大国（如美国、日本）开始认为既有的制度安排未能充分体现其关注点和重要利益，东盟机制面临变革的挑战确实非常严峻[2]。

在面临外部挑战的情况下，东盟内部也增添了新的变数（如民主化），带来了对参与式区域治理的要求。

在过去几十年的历史中，东盟治理实质上一直是由精英主导的，这违背了东盟各国从殖民主义下解放出来的自由民主传统，在确保了东盟生存的同时政治上长期欠缺民主性。并且，东盟的不干涉原则更是将精英主导式区域治理制度化了，在东盟发展过程中为成员国遮挡了来自外部的民主化压力；然而，从20世纪80年代末开始，在菲律宾、泰国和印尼发生的民主转型对精英主导的区域治理提出了挑战，公民社会要求东盟机制具有更大的开放性[3]。东盟国家内部与民主转型相关的问题在冷战后充分表露出来，比如国家政府不愿或是无法维持基本秩

[1] Fenna Egberink and Frans-Paul van der Putten, "ASEAN and Strategic Rivalry among the Great Powers in Asia", *Journal of Current Southeast Asian Affairs*, 3/2010, pp. 131 ~ 141.

[2] Alice D. Ba, "ASEAN centrality imperiled? ASEAN institutionalism and the challenges of major power institutionalization", in Ralf Emmers ed., *ASEAN and the Institutionalization of East Asia*, London and New York: Routledge, 2012, pp. 135 ~ 136.

[3] Amitav Acharya, "Democratisation and the prospects for participatory regionalism in Southeast Asia", *Third World Quarterly*, Vol 24, No 2, 2003, p. 375.

序、提供基本的社会价值，缺乏合法性，这些问题表明了国家能力的缺陷，带来了对国家软弱性（weakness）的怀疑〔1〕。比如，缅甸政府无法维持国内秩序，在其不能掌控的地区军事武装和叛乱持续存在；泰国2006年发生军事动乱，泰国南部叛乱的复兴，2010年暴力反政府抗议行动的发生；曾被誉为民主象征的菲律宾也面临腐败、军事暴乱等问题。这些国家出现的困难都表明了国家能力的欠缺，也使人怀疑它们能否在中短期内真正地巩固民主、增强国内稳定〔2〕——而往往这样的国家为了掌控局势会选择的政策方向包括了推动内部冲突，“利用种族或政治浪潮获得政治经济收益”，或者挑起群体对立，甚至延伸到外部关系上〔3〕。这对于区域治理的发展无疑具有不可回避的消极意义，特别是在外部挑战要求东盟巩固内部关系的情况下。

不仅东盟的建构主义研究已经开始表明以精英为主的社会化和认同建构过程在朝着强调属于“普通人的东盟”的研究转移〔4〕，东盟的官员和领导者们也承认了东盟一直以来的精英性质，宣称将对这种状况进行纠正，比如“东盟社会文化共同体”的提出，就是转为这一转向设计的官方工程〔5〕。此外，东盟经

---

〔1〕 G. Sorensen, “After the security dilemma: the challenges of insecurity in weak states and the dilemma of liberal values”, *Security Dialogue*, Vol. 38, 2007, pp. 365 ~ 366.

〔2〕 Christopher B. Roberts, “State weakness and political values: Ramifications for the ASEAN Community”, in Ralf Emmers ed., *ASEAN and the Institutionalization of East Asia*, London and New York: Routledge, 2012, p. 13.

〔3〕 B. Atzili, “When good fences make bad neighbours: fixed borders, state weakness, and international conflict”, *International Security*, Vol. 31, 2007, p. 151.

〔4〕 A. Collins, “Forming a security community: lessons from ASEAN”, *International Relations of the Asia-Pacific*, 7 (2007), p. 209.

〔5〕 M. Caballero-Anthony, “ASEAN ISIS and the ASEAN People's Assembly (APA): paving a multi-track approach in regional community building”, in H. Soesastro, C. Joewono and C. Hernandez eds., *Twenty Two Years of ASEAN-ISIS: Origin, Evolution and Challenges of Track Two Diplomacy*, Jakarta: ASEAN-ISIS, 2006, pp. 53 ~ 73.

济治理中也越来越要求公民社会的参与。实际上，自从 20 世纪 90 年代中期以来，东盟不仅定期会与商业部门进行协商，它与私营企业的联系也是建立在正式制度之上的，商业团体拥有制度性渠道与东盟秘书处进行交流，使之有能力影响东盟经济治理的议程设置——但迄今东盟官方对商业行为者的态度还是两面的，既承认其专业性决定了在经济治理中的恰当地位，也认为其参与有可能破坏东盟的区域经济一体化工程[1]。东盟区域经济治理的问题在于，公民社会组织要求的是经济治理不能只遵循竞争性和市场效率的原则，更重要的是还应当顾及分配正义（比如对土地和其他经济资源和机遇的透明和公正的分配），然而东盟处理经济问题和社会发展的政策与项目中对此都没有做出恰当的回应[2]。这与东盟治理在人权领域的问题是相似的。

这一变化对于东盟国家来说是极为深刻和艰难的，它涉及相当复杂的国内政治问题；但民主化问题本身不是本书所要讨论的重点，民主化给区域治理带来的影响才是需要关注的。理论上讲，民主化造成了各国政治变动甚至动荡，给东盟治理带来了新的不稳定因素，有可能导致区域治理的停滞甚至倒退；但是，民主化本身所带来的更深刻的意义在于，它不仅为区域安全带来了相对更多的有利因素，还为区域机制基础的深化提供了可

〔1〕 H. E. S. Nesadurai, "Regional economic governance in Southeast Asia: normalising business actors, sidelining civil society groups?", paper presented to the 2004 Annual Convention of the International Studies Association (ISA), Montreal, Canada, 17 ~ 20 March 2004.

〔2〕 Helen E. S. Nesadurai, "ASEAN and regional governance after the Cold War: from regional order to regional community?", p. 112.

能，使得区域治理的议题设置和效应更为全面和可靠[1]。

正如欧盟出现的多层治理那样，在东盟治理中体现民主化的要求是必不可少的，也是有望为区域治理的成效带来长期收益的。东盟治理的创新契机或许正在于接受民主化，并促成符合民主化要求的参与式区域治理，设想从东盟既有的结构和实践中产生更具进步性的治理模式，也许只能是从治理的开放性入手。在官方区域主义层次，各国政府在处理内部关系时可能接受更加宽松的主权观念和不干涉原则，允许对区域面对的问题进行更公开的讨论和行动，在决策过程中为非政府行为者提供更多空间；东盟在区域经济合作和融合方面的努力应当继续推进，经济相互依赖的加深会持续地加大强制性外交的成本，而减少武装冲突的风险；东盟现有的言辞和实践上的矛盾揭示了东盟结构是与国家能力和政治价值如何相互依赖的，东盟必须尽可能拉近其中的差距，使得公民社会和跨国群体才能得到发展空间，协调和整合民主化中的政治价值[2]；在这样的情况下，东盟区域治理模式将从传统的精英主导转向多元的开放性治理模式，可望带来诸多进步，诸如区域冲突管理、增强透明度和互动中的规则基础等，以真正实现东盟共同体的目标。东盟公民社会组织已经开始更积极地参与区域议题，为区域治理的创新和发展开拓了新的领域，不管是经济还是人权的区域治理议程，其实都可归结为政治治理问题。那么，一个包容的、以人民为中心的东盟共同体也许不得不寄希望于在东盟成员国层次上的政治治理改革，同样的，东盟安全共同体也必不可少

---

〔1〕 Amitav Acharya, "Democracy or death? Will democratisation bring greater regional instability to East Asia?", *The Pacific Review*, Vol. 23, No. 3, July 2010, pp. 340 ~ 341.

〔2〕 Christopher B. Roberts, "State weakness and political values: Ramifications for the ASEAN Community", p. 26.

地要求东盟国家建设（nation-building）的成效，这也许会是一个长期过程，但近年来的发展证明了其实现的可能性；这种可能性依赖于历史发展的重大事件、国际环境和相关推动者的潜力，有待于进一步的历史实践和研究[1]。

---

〔1〕 Helen E. S. Nesadurai, "ASEAN and regional governance after the Cold War: from regional order to regional community?", p. 113; Christopher B. Roberts, "State weakness and political values: Ramifications for the ASEAN Community", p. 25.

结语：东亚区域化展望

8.1 区域治理的扩展：从东盟到东亚

治理视角所提供的不仅仅是对区域化现象的解释，更重要的是，它对区域化进程从制度建设方面所作的描述和分析有助于对区域化发展的理解。就东亚区域化来说，东盟案例所提示的就不仅仅是对东盟本身的解释，当东盟机制扩展到东亚区域并成为东亚区域化的主导，东盟治理的案例也对东亚区域化发展提供了更深入的理解。

8.1.1 东盟治理对东亚区域化的意义

综合前文的分析，东盟治理的历程表明了它对东亚区域化发展的意义。具体来说，它对东亚区域化的发展提供了以下这些更深入的理解：

（1）东盟为代表的区域治理方式是在东南亚区域的特殊条件下形成的，符合东南亚国家多样性的民族、宗教和文化特征，这一点对于整个东亚区域来说同样如此。就整个东亚区域的状况而言，民族、宗教、文化以及社会制度等各方面的多样性相比东南亚区域不是降低了而是更高了——仅以社会制度而言，东亚区域内的差异性就比东南亚大大增强了，相互之间在价值观、意识形态等各方面的倾向也更加复杂；而且区域内国际关系的状态和东盟治理一开始所面临的情况一样充满危险，东亚区域整体潜在的国际关系冲突和对立虽然不如东盟创始之初那么直接和剧烈，但是各国双边和多边关系的错综复杂程度也是难以忽视的，在域外大国积极干预下更是如此[1]；此外，东亚区域认同尚未形成，各国虽然达成了一系列共同合作的意向，但究其实质，这些合作还是背后具体领域的利益关联推动的，并没有真正的区域认同在推动东亚区域化进程中发挥作用；与此相关，东亚区域的传统对立和疏离的历史遗留影响也还没有消除，各国间还存在各种猜忌和防范，特别是东亚各国之间就重大安全问题的相互警惕和防范，以及诸多国家对迅速崛起的中国的疑虑[2]。

因此，虽然东亚区域化已经发展到一定程度，东亚区域化中的国际关系状态仍然存在明显的分歧和竞争，主要国家对于推动区域性合作缺乏强烈的政治意愿。在这样的情况下，将各国带到共同合作的框架中来，逐渐培育区域意识和认同是区域化发展首先必须关注的重点内容，而对各国主权独立平等的尊重要求回避价值观和社会制度的分歧、回避总体战略上可能存在的分歧，在一个区域性框架内就共同的具体事务进行交流与合作，这是推动区域化进程的第一步。实现和维护区域内各行为主体在共同框架下的初步合作，如东盟治理案例所表达的那

〔1〕 任奔、孙健："东亚合作困境与出路探析"，载《东南亚之窗》2006年第2期。

〔2〕 时殷弘："安全两难与东亚区域安全体制的必要"，载《21世纪初期世界政治的基本性质和中国的应有战略》，中国人民大学出版社2006年版，第190~194页。

样，需要通过国家之间的互动建立起来一系列共同原则和行为方式，确保所有成员的基本利益都受到尊重。东亚区域化的现实符合这样的特点，作为区域治理进程的初步发展，它要求首先将各国政治意志整合在一个区域性框架下，通过共同的交流与合作创建和完善区域机制，而这一机制正是以东盟治理机制为基础。

总之，像东盟区域治理的长期发展所证明的那样，东盟机制的基本原则，如协商一致、尊重主权等，对于处于民族国家建构和转型过程中的东亚各国来说，都是具有特殊意义的。由于东亚区域化的现状，东亚区域是可以适用东盟区域治理方式的。以东盟协商一致原则为例，这一原则强调在磋商过程中的友好的情感和心理状态，强调在寻找大多数参与者都能接受的观点总和条件下各方拥有充足的权力〔1〕；因此，东盟模式"通过共同承诺缓和与和解，通过强调磋商的重要性"，有助于安全合作，"会增进参与者之间的友好气氛，从而有利于限制政治和均势行为；这一治理方式避免讨论可能引起争论的问题的同时还意味着，将争端掩盖起来并不代表忽视争端，而是留待更有效的双边渠道解决"〔2〕。这样，治理进程既维护了集体合作局面，也尊重了个体意志和利益分歧的事实，可一定程度上减弱

〔1〕 J. N. Mark, "The ASEAN Process ('way') of Multilateral Cooperation and Co-operative Security: the Road to a Regional Arms Register?", paper presented to the MIMA-SIPEI workshop on an ASEAN Arms Register: Developing Transparency, Kuala Lumpur, October 1995, pp. 2 ~ 3. 转引自［加］阿米塔·阿查亚："观念、认同与制度建设——由'东盟模式'到'亚太模式'?"，载王正毅、迈尔斯·卡勒、高木诚一郎主编：《亚洲区域合作的政治经济分析——制度建设、安全合作与经济增长》，上海人民出版社 2007 年版，第 136 页。

〔2〕［加］阿米塔·阿查亚："观念、认同与制度建设——由'东盟模式'到'亚太模式'?"，载王正毅、迈尔斯·卡勒、高木城－郎主编：《亚洲区域合作的政治经济分析——制度建设、安全合作与分析增长》，上海人民出版社 2007 年版，第 138 ~ 139 页。

区域内和解与协调的难度，通过区域合作框架为区域化进程发展创造有利条件。

（2）东盟治理经历了长期的发展历程，从初步建立到逐步完善，整个过程中东盟组织积累了丰富的区域治理经验，对于东亚区域化来说尤为重要；不仅如此，东盟通过长期的自身建设、特别是东盟共同体建设，为东亚区域化的进展提供了一个良性的示范，并为东盟主导东亚区域化培养了重要的制度规划和建构的能力。通过长期实践，东盟拥有了丰富的缓解内部冲突、协调相互关系的经验，并且随着东盟目标的转变而不断深化，如近年来，东盟开始改进传统上绝对的不干涉原则，在强调主权平等、互不干涉的条件下，东盟利用组织的集体框架向缅甸施加非强制性的影响，通过温和而有耐心地、间接地向缅甸表达共同意愿，促进缅甸的民主化进程向前推进——如新加坡外交部部长所说，东盟各国都“希望缅甸能尽快取得进步”，但不是用“惩罚的方式”，“一切还是由缅甸人民自己决定”，印尼外长 Marty Natalegawa 将其总结为“安静的外交更有效”[1]。这既体现了对国家主权的尊重，符合国际政治现实，也是对推动区域治理模式改进的有益尝试，对在区域化中涉及影响重大的内政问题的处理提供了参考。

在东亚区域化进程中，东盟始终是议程设定者和规范制定者，其内部共同体建设和以集体身份主导东亚区域化的努力是

---

[1] 这种方式在东盟处理缅甸问题中始终得到采用，如在 2010 年 4 月 10 日结束的东盟领导人会议上，尽管存在不同意见，东盟各国最终还是没有采取激烈的措施敦促缅甸在民主选举问题上作出进步，而仍然坚持东盟方式、以温和间接的提醒向缅甸施加影响。See Larry Jagan, “South-East Asia: Leaders Take Softly, Softly Approach to Burma”, Inter Press Service/Global Information Network news, Hanoi, Apr. 10, 2010. http://globalgeopolitics.net/wordpress/2010/04/10/south-east-asia-leaders-take-softly-softly-approach-to-burma.

相互联系、相互促进的。具体而言，东盟主导东亚区域化进程，同时也是将其治理机制扩展到整个东亚区域的行为，主要包含这几层意义：①从具体行为上讲，东亚区域化进程从一开始就是由东盟主导的，即是说，东盟是东亚区域化机制的主持者、议程和规划的设计者，并且在实际的机制运行中处于核心地位；②从规则制度上讲，东亚区域化进程迄今为止所采取的机制模式和基本原则都是按照东盟治理模式来运行的，如东盟方式所表达的那样，东亚区域化不采取过于正式的、约束力强大的合作机制，具备很强的包容性和开放性，并且重视协商一致、独立平等，在推动区域化进程中国家政治意愿非常重要；③东盟将自身区域治理的发展与东亚区域化结合在一起，东盟积极参与东亚区域化，有利于自身的稳定和发展，而东盟不断巩固和深化自身建设，也为其主导东亚区域化提供了更有利的条件。东盟的区域治理经验可以经由东盟主导的区域机制进入东亚区域化进程，而东盟本身对东亚区域化的需要也促使它为东亚区域化进程积极地提供主导。这一相互依赖的逻辑对于东亚区域化来说是相当关键的。

东盟治理的原则规范和经验在东亚区域化中适用，体现了国际规范的“社会化”过程，即是说，通过东盟积极运用相关原则，通过从东盟扩展至东亚的机制建设、国际合作、国际互动，以东盟方式为特征的治理原则逐渐被东亚区域的其他国家所接受，成为得到普遍认可的原则规范，东盟行为方式成为其他行为体、甚至是大国的行为方式。很明显的例子是，近年来，中国越来越积极地推进区域合作，例如，与东盟建立“全面战略伙伴关系”，与日韩谈判建立自由贸易区，等等。在这个过程中，中国坚持东盟方式、并予以高度赞赏。2013 年 8 月 2 日，中国外交部部长王毅在中国—东盟高层论坛上表示：“回顾过去，中国—东盟关系发展……最重要的经验是始终坚持‘亚洲方式’和‘东盟方式’”[1]；2014年6月9日，中国外交部副部长刘振民在东盟地区论坛高官会上谈到东亚安全事务时，也专门提到了“亚洲国家的成功经验和模式……如东盟倡导的‘静悄悄外交’”[2]。这些都表明东盟治理经验在东亚区域“社会化”的成就，也说明了它对于东亚区域化的积极意义。

东盟区域治理的长期发展历程表明了它在处理区域体系的问题上的积极性和正面效应，但同时需要指出的是，基于东盟治理发展历程的各种研究和探讨，对东盟机制的积极效应和消极影响都给出了丰富而详尽的说明，这也为东盟治理模式扩展到东亚区域形成了较为有利的理论基础，可帮助东亚区域化更充分地发挥东盟治理的积极效应，相应规避和改善其消极影响。比如区域合作的次序问题，东盟区域治理是从政治安全协调开始，在内部无政府文化得以改善的基础上才着手经贸整合，而东亚区域化却是因强烈的经贸需求而启动、因金融危机而特别强调金融货币协作——这样的后果是，因为推进区域化政治动力不足，难以支撑经贸货币协作成为区域化的有力突破口[3]，东亚区域治理呈现为被动地应付危机，而相对欠缺主动建构的努力。东盟区域治理在这一点上的经验可资借鉴，区域治理的进展离不开外部压力的推动，但参与治理的行为体更应当发挥

〔1〕“王毅出席中国—东盟高层论坛”，载新华网，2013年8月2日，http://news.xinhuanet.com/world/2013－08/02/c_116793679.htm.

〔2〕“外交部副部长刘振民在2014年东盟地区论坛高官会上的讲话”，载中华人民共和国外交部网站，2014年6月16日，http://www.fmprc.gov.cn/mfa_chn/ziliao_611306/zyjh_611308/t1165763.shtml.

〔3〕有的学者就提出，东亚自由贸易区与东亚货币一体化的先后次序说明东亚合作在事实上和法理上缺乏有力的互动关系，制度的发展未能体现、也不能适应经贸关系的事实，这一定程度上揭示了东亚区域化的困境。参见富景筠：“一体化次序视角下的东亚合作”，载《世界经济与政治》2012年第6期。

积极性和创造性，为治理提供恰当的政治环境和动力。

（3）东盟治理在东亚区域化中得到扩展，不仅仅体现为现实可能性，也是东亚区域的现实必需。东亚区域作为一个地理文化上长期联系紧密的整体，在面对现今的政治经济局势时，需要加强区域性合作，以区域整体机制来解决共同的问题。

从政治安全角度来说，东亚区域内的安全局势急需培育有效的区域性安全机制加以应对。东亚区域包含了世界上可能引发剧烈冲突甚至局部战争的多个热点，包括朝鲜半岛、台海关系、南海问题等，更由于东亚区域内国家间关系的复杂加剧了争端爆发的可能性。这主要是指，中日美三国之间的相互疑惧（主要是中国与美日之间），在中国日益明显的崛起态势和日美同盟的密切背景下显得更为突出，三国间在战略安全上始终保持着相互警惕，即便不能否认同时还存在彼此协调的因素使这一关系不致表现过于激烈，在总体格局上表现出来的猜忌和对立极有可能在热点问题上带来更大的安全危险。〔1〕东亚复杂的国家间关系所造成的地缘政治态势需要以有效的区域安全合作安排加以缓解，特别是在发生危机或冲突时能协调各国关系、进行有效干预。在未形成安全共同体的情况下，对安全问题的区域治理是最具现实可能性和战略意义的解决方式，当然，其前提要求是存在一个大国协作的战略框架。〔2〕

对东盟来说，这种需求同样明显。东盟国家实力的弱小，决定了其安全保障不能单独依靠内部合作获得，而必须向外扩

---

〔1〕 时殷弘："安全两难与东亚区域安全体制的必要"，载《21世纪初期世界政治的基本性质和中国的应有战略》，中国人民大学出版社2006年版，第191～194页；Hugh White, "Why War in Asia Remains Thinkable", *Survival*, 1 December, 2008, pp. 96～102.

〔2〕 郭延军："东亚安全的区域治理之道——评《国际关系理论与东亚安全》"，载《外交评论》2008年第4期。

展，寻求与周边大国的合作，在更大的区域范围内形成安全机制。东盟在维护安全方面的需求始终必须在东亚甚至更广泛的范围内加以考虑。东南亚区域实力的弱小决定了，如果陷于现实主义原则的国际关系无政府状态，它在安全方面难免处于区域内政治关系的从属地位，但是在一个平等协商的区域合作机制中它在实力上的劣势是可以很大程度上被忽略的。东盟对大国干涉的抵制、对自身安全的追求，只有在由它主导的、按照它的基本原则运行的区域机制中才可以真正发挥作用，才能得到朝向更积极意义的发展。东盟对区域安全的追求长期遵循大国平衡和集体合作的原则，但在东亚总体安全机制下其内外安全才能结合起来得到更有效的保障〔1〕。

综合起来看，东亚区域需要建构新的共同安全机制，这是现有的以美国为主导的安全合作机制无法做到的。冷战后，美国采用的“集体防务”方式是建立在双边联盟关系之上的，这一以美国为核心的联盟体系是建立在有针对性的战略对抗方向之上的，它无法真正打破从冷战时期积累起来的敌对性无政府文化，甚至在某些议题上增强了东亚区域内国家间的相互不信任和安全形势的不确定性——比如对中国的疑虑，其结果只能是加深了区域内部分裂，加大了局部动荡的可能性，区域治理自然不可能倚仗这样的安全机制来实现目标〔2〕。因此，美国主导的双边联盟体系无助于东亚区域化的实现，相反，东盟机制提供了更符合促进协作性无政府文化的区域治理选择。

---

〔1〕 如推动现有的东亚峰会、东盟安全共同体向更高水平发展，实现真正意义上的大国协调和集体安全。参见郑先武：《安全、合作与共同体：东南亚安全区域主义理论与实践》，南京大学出版社 2009 年版，第 373 页。

〔2〕 朱宁：“东亚安全合作的三种模式——联盟安全、合作安全及协治安全的比较分析”，载《世界经济与政治》2006 年第 9 期。

从经济角度来说，自从20世纪90年代以来，东亚区域经济合作不断发展，使东亚区域在经贸关系上已经形成紧密相联的一个整体，尽管单独的“10+1”在一定时间内还无法与欧盟或者北美自由贸易区相比，但从长期来看，正在兴起的东亚区域经贸集团（trading bloc）的规模绝不亚于欧洲或者北美。〔1〕在区域性经济一体化越来越兴盛的今天，东亚区域化是东亚各国经济发展必不可少的。〔2〕这一点对于东盟的重要性可以从东盟治理的发展历程看到，东盟市场的固有缺陷在于规模过于狭小，并且大多数国家经济结构和技术水平类似，使得各国之间经济竞争的需求大于经济合作，决定了东盟经济合作不得不极大地依赖于区域外经济联系，必须表现为“开放的区域主义”；同时这也意味着东盟经济合作难免是缺乏深度的，使治理机制的效用远远不如欧洲区域化——东盟次区域经济合作的困境正说明了这一点，虽然各国在区域合作上具有良好的政治意愿，但就整个区域而言，能够实现比较优势互补的次区域实在有限，而且其规模也完全不能满足东南亚国家经济发展的需要。这一点在东盟决心建立经济一体化的进程中尤为明显，因为不仅其主

---

〔1〕 Chien-Hsun Chen 等经济学家运用贸易指数分析了东亚贸易集中性，以经验数据证明在1990～2005年期间东亚已经演化为一个贸易集团，其中中国扮演着越来越重要的角色。Chien-Hsun Chen, Chao-Cheng Mai and Chen-Tai Shih, “China and East Asia: An Appraisal of Regional Economic Integration”, *Eurasian Geography and Economics*, 48, No. 3, 2007, pp. 320～340.

〔2〕 从经济发展视角出发，东亚区域化甚至东亚共同体的方向都是有利于东亚各国的，如对日本这个东亚区域内经济最强国家。参见周永生：“21世纪初日本对外区域经济合作战略”，载《世界经济与政治》2008年第4期。从东亚区域的治理环境来看，由于各国相互经济关系的性质，东亚经济区域化是各国互动不可替代的结果，参见马兰起：“脆弱性博弈与东亚经济合作制度建设”，载《世界经济与政治》2009年第8期。

要出口地是域外大国，其消费品也大多来自域外。[1]因此，东盟自由贸易区计划必须寻求更广阔的空间。东亚区域化的前景为解决东盟机制的效用问题提供了一个有利选择。随着东亚区域内经济相互依赖的加深，东亚经济一体化的发展是必要的、也是现实的。[2]

以东盟自由贸易区建设为例，按照东盟首脑会议的协定，在东盟六国间首先建成自由贸易区，到2001年，东盟自由贸易区取得了较为明显的成就。这主要是指，东盟自由贸易区计划所设定的区域内相互关税减免基本达到了所设想的目标：在东盟六国来说，列入关税减免的商品种类达到了东盟六国商品种类的98.3%，并且，92.73%的商品关税税率已经降到了5%以下，即便是加上因经济发展水平落后而延后执行关税减免的另外四国，东盟十国的关税减免商品种类也达到了83.8%，84.76%的商品关税降到了5%以下。但同时，自由贸易区建设目标的基本实现并未真正对东盟区域内贸易起到太大的增进作用，从1993～1999年，东盟五国的区域内贸易份额只增长了2.14%，而马来西亚区域内贸易甚至出现了些微下降。[3]这表明东盟经贸增长仍然很难在这个次区域内获得有力支持，即便东盟自由贸易区建成，其所能带来的贸易增长也是有限的。

如图7.3所示，在20世纪90年代初东盟开始实施自由贸易区计划之后，其内部贸易增长并不明显，相比之下，东盟与其外部贸易虽然也经历了一些曲折，但总体发展趋势表现更好；

---

〔1〕刘鸣："2015年东盟经济共同体：发展进程、机遇与存在的问题"，载《世界经济研究》2012年第10期。

〔2〕Yuichi Hasebe and Nagendra Shrestha, "Economic Integration in East Asia: An International Input-Output Analysis", *the World Economy*, Vol. 29, 2006, p. 1723.

〔3〕数据来源：陈雯："试析东盟自由贸易区建设对东盟区内贸易的影响"，载《世界经济》2002年第12期。

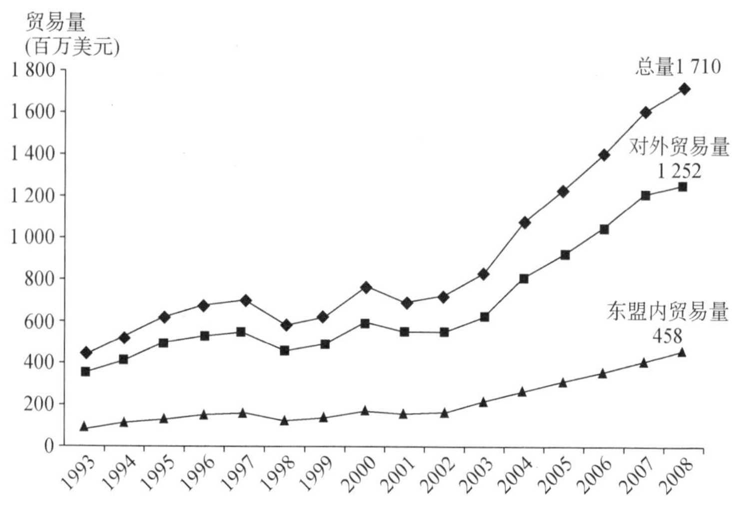

图 7.3　1993 ~ 2008 年东盟贸易量增长趋势图

（来源：ASEAN Yearbook 2009，p. 18；http：//www. aseansec. org）

值得注意的是，从东盟与中日韩三国（特别是中国）启动自由贸易区建设计划之后，东盟与外部贸易增长出现提速，增长率明显高于同期东盟内部贸易。这也在一定程度上表明了东盟内部贸易增长的局限，以及寻求更广泛经贸合作的必要性。

现实发展中，东盟将向外寻求经贸增长的目标重点定焦于东亚区域与东亚经济区域化对东盟贸易发展变得越来越重要相关。从 2006 ~ 2008 年，东盟区域内 FDI 来源自东亚区域的比例维持在总数的 1/3 以上，东盟进口中东亚区域的比例到 2008 年已经占据东盟进口总量的 57%，而出口到东亚区域的数额占东盟出口总量的 54%，东亚区域已经成为东盟经济发展的首要考虑。[1] 建立东亚层次的区域治理对东盟来说是必不可少的。此外，

〔1〕 数据来源，ASEAN Chartbook 2009，http：//www. asean. org.

在东亚区域内贸易问题上也存在一些疑问，如由于东盟和中国同为发展中国家，很大程度上都依赖于制造业的出口推动经济发展，区域内贸易自由化是否会在二者间产生不可避免的冲突？David Holst 和 John Weiss 通过计量经济学的经验分析证明，东盟在对美日出口上的确失去了大量的市场份额给中国，特别在是东盟国家高度专业化的出口活动中，确实存在东盟竞争力朝向中国的短期损失，但是从长期来看，通过东盟经济体内的有效调整，东盟和中国之间是有相当可观的互补潜力的。[1]双边贸易发展的数据证明了中国—东盟经贸的强大潜力：据统计，2002 年中国—东盟贸易额为 547.67 亿美元，而自贸区进程开始后，双方贸易增速立即呈现惊人态势，如 2004 年这一数字就达到了 1000 亿美元，2007 年达到 2000 亿美元，到 2012 年自贸区基本建成，数字已经达到 4001 亿美元，是 2002 年的 7.3 倍[2]。

表 7.1　1993～2008 年东盟与主要贸易伙伴贸易量占东盟贸易总额比例变化表

时间 国家	1993 年	2003 年	2008 年
东盟	19.2%	25.1%	26.8%
中国	2.1%	7.2%	11.3%
日本	20.2%	13.8%	12.4%
韩国	3.1%	4.1%	4.4%
东亚区域总计（东盟 +3）	44.6%	50.2%	54.9%

---

〔1〕 David Roland Holst and John Weiss, "ASEAN and China: Export Rivals or Partners in Regional Growth?", Blackwell Publishing Ltd., 2004, pp. 1255～1274.

〔2〕 "据统计　十年间中国—东盟双边贸易额增长 7.3 倍"，载中华人民共和国中央政府网站，2013 年 7 月 23 日，http://www.gov.cn/wszb/zhibo575/content_2453244.htm.

续表

国家＼时间	1993 年	2003 年	2008 年
美国	17.6%	14.3%	10.6%
欧盟 25 国	14.7%	12.3%	11.8%

（来源，ASEAN Yearbook 2009，p. 22；http：//www. asean. org）

从表 7.1 中可以看到，东盟贸易总体上呈现出朝东亚区域聚拢的趋势。虽然东盟在东亚区域内来自不同来源的贸易量各有起伏，但总体而言，东亚区域内贸易占其贸易总量的比例不断上升，特别是东亚区域化进程真正启动之后，东亚区域内贸易已经成为东盟贸易的主要方向，发展趋势较为明确。值得关注的是，东盟—中国自由贸易区项目启动后，与东盟其他贸易伙伴相比，东盟—中国贸易在东盟贸易总量中所占比例上升较快，并呈现出加速发展的趋势；此外，在东盟加强共同体（特别是自由贸易区）建设之后，东盟集团内贸易比例上升也较明显。总体上看，东盟与传统贸易伙伴美欧国家之间的贸易比例逐渐减少，其主要贸易对象转移到东亚区域内，表明了东亚区域化在东盟经贸合作中越来越重要的地位。针对近年来东盟贸易发展的走势，有的学者根据一般的自由贸易发展规律推断，东盟在东亚区域内贸易的变化会呈现出更为制度化的前景，如在东盟—中国自由贸易区建设中甚至会出现如欧盟那样的“中央协调机构”，来具体处理共同的贸易管理事务。[1]也许这样的推测忽略了经济状况之外的其他重要因素，但它仍是在东亚区

〔1〕 曹和平、周钜乾：“自由贸易区成长五阶段及亚洲视角——亚洲‘10+3’自由贸易区潜在成长能力预测”，载程士国、后藤基编著：《经济走势分析（中国、日本与东盟联合）》，中国经济出版社 2008 年版，第 3~10 页。

域化不断推进的显著变化背景下作出的合理判断，凸显了东亚区域化中经济整合的迅猛势头。

总之，东盟治理的经验和机制框架为东亚区域化提供了切实可行的最佳选择。冷战之后，特别是 1997 年金融危机以来，东亚区域化出现了若干新的发展趋势：①东亚区域容纳了更丰富的安全结构，包括各种从双边到多边的安排，其性质也是包括了从军事联盟到综合合作安全制度[1]；②东亚也出现了一系列新的多边制度，呈现相互重叠的多边安排景象；[2]③经济和安全之间的紧密关系得到越来越广泛的承认，比如东盟就将安全共同体和经济共同体的建设视为相互补充和增强的；④既有的东亚制度具有了新的安全意义，如东盟、东盟地区论坛甚至 APEC 等都开始在反恐、卫生、跨国犯罪乃至其他议题上发挥一定的作用[3]。在越来越复杂的区域性挑战面前、在多领域和多层次的区域架构中，东亚区域化提出了诸多不可回避的问题，一种东盟启发和管理下的东亚区域治理是综合运用各种合作框架、共同应对区域性的最切实方案。在处理当代国家间关系和全球事务上，东盟在区域化过程中提供了植根于亚洲文化与历史经验（如殖民历史和冷战史）的独特路径，近年来，由于东盟的扩大扩展了东盟路径的适用范围、冷战后联合国的被边缘化和美国的独霸以及崛起中的中国对东盟的支持，东盟处理区

---

〔1〕 Ralf Emmers, *Cooperative Security and the Balance of Power in ASEAN and the ARF*, London: Routledge Curzon, 2003.

〔2〕 S. S. Tan, "Introduction", in S. S. Tan ed., *Regionalism in Asia Vol. III: regional order and architecture in Asia*, Abingdon and Oxford: Routledge, pp. 1 ~ 12.

〔3〕 Ralf Emmers and See Seng Tan, "Trends and Driving forces in East Asian Regionalism", in Ralf Emmers ed., *ASEAN and the Institutionalization of East Asia*, London and New York: Routledge, 2012, pp. 192 ~ 193.

域事务的路径实际上得到了增强[1]。目前来看，即便质疑和批评的论调从未间断，东盟的意义也必然会越来越重要，东盟治理提供的始终是无法替代的选择。

8.1.2 治理视角下东亚区域化发展分析

基于以上的判断，本书推测，东亚区域化会沿着当前的方向继续进行下去，其未来发展也许会呈现出如下趋势：

（1）东盟治理基本原则和方式还将在东亚区域化进程中维持下去。东盟面临的主要问题还不足以实质性地更改东盟治理的基本原则，而东亚区域化的现实发展短期内也不可能达到要求东盟方式大幅度改变的地步。当然，这并不意味着东盟治理方式不会在必要的方面进行调整，如对主权原则的适度调整可能在东盟框架内得到实现；但总体而言，东盟治理机制在东亚区域的扩展在初步发展阶段很大程度上还是意味着基本原则的继续适用。

这一点也关系到对东亚区域化发展途径的争论。东亚区域化是否是一个独特的区域历程，或者将不可避免地走向欧洲一体化那样的道路，一直是东亚研究乃至比较区域主义研究中的重要问题。在对区域主义的研究中，早期的理论都以欧洲的成功为区域主义的唯一可能，认为欧洲一体化是所有区域化的必然道路，它们将各区域化的发展差异被视为区域合作演化过程中的不同阶段，而非朝向同一个目标的不同道路，也非朝向不同归宿的不同道路；[2]即是说，欧洲一体化被视为区域化的普

---

〔1〕 Richard Stubbs, “The ASEAN alternative? Ideas, institutions and the challenge to ‘global’ governance”, pp. 460 ~461.

〔2〕 Mi-Kyung Kim, *the Logic of Regionalism: a Comparative Study of Regionalism in Europe and Asia*, Dissertation for the Ph. D degree, submitted to Texas A&M University, December 2003, p. 68.

遍轨道，其最终结果是其他区域化的未来——自然东亚区域化也不例外。但从东盟治理的案例中我们可以看到，东亚区域化的发展已经表现出了不同于欧洲一体化的发展道路，并不断加以确定。本书认为，比较研究中应当集中于欧洲一体化中各国的行为逻辑而非将其行为模式推至普遍模式——其模式既不是普遍的，也不是可以复制的；本质上，区域制度的选择源自成员国对国家自主管理政治经济事务的观点，源自由国家、社会、自主权和国家管理经济的能力几者的关系来界定的具体形势——而这形势很大程度上是由二战后区域经济发展的不同历史轨迹决定的[1]。

从东盟治理的经历中我们看到，其独特的治理模式是在具体的国际环境背景下形成的，是东盟结合国家制度、社会形态、国家实力等因素在对具体形势作出判断的基础上不断实践的结果，这对于东亚区域化同样如此；与欧洲的成功相比，如果非要从依靠制度治理的区域化逻辑来理解的话，东亚区域化显然是失败的，但实际上，设定区域化的必然路径和目标是一种明显的误导，东亚区域化依靠的是另一种逻辑，一种非正式的社会经济和文化网络方式，使东亚区域化表现出另一种管理社会生活和经济生产的生活方式，亦即一种不同的区域治理模式[2]。因此，应当承认，区域化发展不存在绝对或普遍的实践规则，对区域治理的研究已经明确指出，“善治最重要的指标不

---

〔1〕 Mi-Kyung Kim, *the Logic of Regionalism: a Comparative Study of Regionalism in Europe and Asia*, pp. 69 ~72.

〔2〕 如有的学者将东亚区域化的逻辑表述为“文化和种族治理的网络力量”(the network power of cultural and ethical governance)，肯定了东亚区域主义有别于欧洲经验的独特性。See William A. Callahan, “Comparative Regionalism: the Logic of Governance in Europe and East Asia”, in David Kerr and Liu Fei eds., *the International Politics of EU-China Relations*, Oxford University Press, 2007.

是正式的规则或机制，而是存在适当的体系，在这样的体系中问题能得到有效解决”[1]；此外，如同欧盟治理确立了以自身具体的历史条件为基础的价值和认同那样，东亚区域化也应当在不断发展中确立根据东亚区域的现实而塑造的价值和认同，这在由西方国家引领的全球化和全球治理背景下显得尤为急切，而东亚国家至今尚未有意识地、积极地朝这个方向努力——东盟治理机制已经为东亚区域治理的价值体系提供了一个有利的基础，所需做的应当是在这个基础上、在东亚区域化进程中更好地反映出东亚区域的现实，充实所谓“东亚价值”、“东亚共识”，并以此促进东亚软实力的积累和东亚治理的改进[2]。总之，东亚区域化有其自身独特的动力和背景，它在实质运行方式和制度创设上可以是、也应当是不同于欧洲的。东亚区域化的结果尚难以确定，但至少在可预见的时期内以东盟模式主导的区域化道路还将持续下去。

（2）东盟主导权还将继续维持下去。东盟主导权虽然在近年来受到种种质疑[3]，但是就目前东亚区域的现实而言，东盟仍然是最适合主导东亚区域化进程的。东盟主导东亚区域化、

---

〔1〕 Edward Best, *Assessment of regional governance: principles, indicators and potential pitfalls*, UNU-CRIS Working Papers, W-2008/10, pp. 9~10.

〔2〕 Geun Lee, “East Asian Soft Power and East Asian Governance”, *Journal of International and Area Studies*, Vol. 16, No. 1, 2009, pp. 53~63.

〔3〕 有的学者提出，东盟国家相互间贸易并不多，并且东盟并不遵守 WTO 的条款，只是选择性地降低关税，其后果是，实现了特惠自由化的贸易项目交易量并不大，而可以带来大量贸易的项目上关税削减是最少的，因此东盟不能改变东亚区域的贸易模式，它作为东亚区域化的主导者至少是不够格的。See Richard E. Baldwin, *East Asian Regionalism: a Comparison with Europe*, pp. 9~10. 还有的学者根据东盟在经济危机中的表现，认为东盟本身就是能力不足、缺乏实质的，更难以主导东亚区域化。See David Martin Jones and Michael L. R. Smith, “Constructing communities: the curious case of East Asian Regionalisms”, *Review of International Studies*, (2007) 33, pp. 165.

将东盟机制延伸到整个东亚区域，如果东亚区域内不出现大的变动，这一格局仍将自然维持下去〔1〕。这是由东亚区域的现实可能和必需决定的。

一方面，东亚区域内大国合作以主导东亚区域化的设想不仅不现实，在现阶段的东亚区域而言也是不合理的；这首先是因为中日合作的困难在一定时期内恐怕都难以解决。虽然1997年金融危机之后日本出现的新区域主义倾向表明，日本的东亚认同感明显加强，并开始由推动一般的经济合作向东亚一体化方向转变，但同时，日本在东亚共同体的实现方式和路线上还和其他国家、特别是中国有很大的差异，它希望在东亚区域化进程当中占据主导地位的越来越强的要求也不免受到猜忌。更重要的是，在政治安全方面，日本仍然将日美联盟置于首位，与中国开展经贸合作的同时也保持防范态度〔2〕。其次，即便中日在一定条件下真能联合起来承担东亚区域化的主导角色，这在东亚区域也必然引起东盟各国的猜疑，因为东亚区域化的特色还是在于国家间合作，尚未形成欧洲共同体那样普遍的区域认同，从国际关系现实和长期受到大国干涉的历史经验来说，秉承大国平衡战略的东盟国家都不能接受中日携手主导东亚区域化——那样必然导致东亚区域化分裂、进程中断。

另一方面，必须看到，东盟在主导东亚区域化进程中也是有其独特的制度优势的，在建立初步的区域性合作阶段，将各国维持在一个共同的制度框架下尤为重要，东盟在这方面的需

---

〔1〕 参见卢光盛：《地区主义与东盟经济合作》，上海辞书出版社2008年版，第280～281页。

〔2〕 王少普："日本的新区域主义及中国的外交选择"，载《社会科学》2005年第6期。See Raimo Väyrynen, "Pose-Hegemonic and Post-Socialist Regionalisms", in Björn Hettne and Osvaldo Sunkel eds., *Comparing Regionalisms: Implications for Global Development*, N. Y: Palgrave, 2001, pp. 167～168.

求最为强烈、活动最为积极，可以充分发挥其制度优势，从机制建设、关系协调等各方面为东亚区域化作出无可替代的贡献。并且，还应当看到，东盟近年来自身建设的努力是其发挥主导作用的有力保障，虽然也存在种种问题，但东盟自身在制度建设方面的不懈努力表明了它在东亚区域化发挥重要作用的决心和毅力。东盟自身的问题也可以通过不断的区域化发展来获得解决，在共同体建设上，东盟的不断发展是它作为制度典范和主导者角色的保证。[1]

在金融危机中体现出来的各国自私自利的行为，并没有阻碍各国进一步在东盟的框架机制下推进合作，正如东盟各国日益认识到的那样，东盟面临的种种困难还很繁杂，特别是在当前危机中，东盟国家“除了区域主义别无选择”，这必然需要付出更多的努力来推进在各方面的联合、推进区域化[2]；因此，东盟在推进自身一体化方面的努力不会因为一时的挫折而减弱，而其自身建设的成就必然会给东盟的主导地位带来更有利的条件。现实表明，虽然东盟未能在金融危机中发挥直接的、显著的效果，但是在金融危机当年，东盟各国就又达成了一致，还是坚持在东盟机制下合作、甚至将这种合作推向更高层次，建立了东亚区域整体的合作框架，即“10+3”合作机制。这证明

〔1〕 到2010年3月1日，东盟已经完成了其到2015年建成经济共同体任务的85%，这使得东盟建设共同体的成效更为显著。参见“ASEAN scores 85% for economic community scorecard”，http：//news. xinhuanet. com/english2010/business/2010－03/01/c _13192087. htm.

〔2〕 参见东盟前秘书长塞韦里诺和新加坡总理李显龙的讲话。“No Alternative to Regionalism”，by Rodolfo C. Severino，August 1999，http：//www. asean. org/resources/item/no-alternative-to-regionalism-by-rodolfo-c-severino-jr；“Speech by Prime Minister Lee Hsien Loong at the ASEAN Day Lecture”，by Lee Hsien Loong，ASEAN Secretariat，7 August，2007，http：//www. asean. org/news/item/speech-by-prime-minister-lee-hsien-loong-at-the-asean-day-lecture-singapore－7－august－2007.

了东盟机制的生命力和创造力，证明这种治理机制仍然是符合东盟各国需求，并有着更广阔的发展空间的。其可能有意义的前景，就在于对外扩展，特别是在东亚扩展以形成东亚区域治理的趋势。

（3）因此可以设想，未来的东亚区域化的最有利方向应当是加强现有合作框架，形成东盟治理机制和中日韩政治、经济实力的互补。即是说，充分利用东盟在机制建设和治理模式方面的经验来为东亚区域化开拓道路，而中日韩三国作为区域内最重要的经济实体，共同沿着东盟机制的道路加以推进，可以为东亚区域化提供强有力的基础支持。实现东亚区域治理的良性发展，也许有依赖于形成这样的互补格局。这样的合作当然并不是最完善的，但是从区域治理的角度来说，也许会是近期内最现实也是最有效的区域治理模式——从区域治理的评估而言，并非某种独特的区域化结构才是唯一最佳的，因为“适合于解决区域问题的”区域治理才是最佳的。

这一设想的优越之处在于，既符合了当前东亚国际关系的现实，也从治理的视角提供了区域内合作的有效预期，东盟、中日韩三国之间的双边、多边关系都要求相互承认利益和意愿。东盟和中日韩之间的相互认知是不同的，总体来说，东盟作为小国集团，在中日这样的大国眼中并不是威胁或者竞争对手，是可以接受的第三方，而中日韩之间的相互认知就难免带有国际竞争的意味，相互之间的合作和承认对方的主导地位都不容易。因此，由于东盟治理机制是东盟自身发展的产物和成就，东盟在与大国进行合作中的疑虑有望在其自身创建的机制方式中得到缓解，而中日韩也较容易接受东盟组织提供的合作路径，在区域化进程中达到妥协，这一设想是明显符合区域治理框架的建构需求的。[1]

不仅如此，从东亚区域化的长期发展着眼，东盟占据区域化进程的驾驶员位置还有利于发挥其治理机制在改变区域内国际环境的作用。东盟治理的发展经验表明，其治理机制在复杂而多样的国家利益诉求和竞争中具有重要作用，可以通过其运作来巩固域内团结谐调的国际氛围，创造有利于国家间协作的制度条件，并有助于培育区域认同。东盟的制度体系和原则在东亚区域化中确立起来之后，可以进一步巩固各国间的合作关系，扩大各国合作议题的范围和深度，在治理的发展过程中避免政治分歧的困扰，促进区域认同的成长。

8.1.3 东盟进程对东亚共同体的启示

就长期发展而言，区域化进程到达较高层次后一般会走向区域共同体建设，东盟发展历程是如此，东亚区域化也同样可能如此；东亚共同体目标是东亚区域化进展到一定程度的必然要求。这一目标面临着种种挑战和可能，也可以从东盟区域治理的扩展中得到启示和帮助。

东亚共同体是近年来东亚区域化中备受关注的议题，自从“东亚展望小组”提出这个目标，东亚区域内各国都对它做出了不同的反应，特别是2009年来随着中国和日本领导人对这一理念的肯定，东亚共同体建设得到了越来越多的关注。但是从长远来看，这一目标所面临的困难仍然复杂，特别是在政治安全方面，如朝核问题显示的那样，东亚区域化所采取的基本方式

---

〔1〕 东盟、中国、日本三方的相互看法实际上构成了东盟地位的来源之一，参见雷小华、段璐灵：“东亚合作中东盟发挥主导作用的原因分析——基于建构主义的视角”，载《东南亚纵横》2009年第2期；李东屹：“从区域治理视角看东盟在东亚区域化中的地位”，载《国际关系学院学报》2010年第4期。

还不能真正承担解决区域内安全危机的重任，重大的区域内国际关系问题还是在大国框架内进行解决更为现实和有效，并且必不可少地要求域外大国的参与。[1]东亚区域化也许需要较长时期来推动区域整体从经济一体化向政治合作发展，而东亚共同体的目标可能路途更加漫长。东亚共同体是一个较有理想色彩的政治号召，但现今参与东亚区域化的各国对于实现东亚共同体缺乏共识，甚至在共同体包括的行为体范围上都难以达成一致，因此，东亚共同体现在仍然缺乏现实基础，这一观念更多还是停留在一种设想阶段[2]，更何况域外大国——美国在东亚区域的影响力并没有随着冷战的结束而减弱，它对东亚区域化进程的警惕态度也是重要的制约因素[3]。

东亚共同体所面临的困难也正是东亚区域化的困难，从区域治理的视角来看，这些困难应当被视为治理进程发展中的必然组成部分，而不是无法逾越的阻碍。从本书的案例描述部分可以看到，东盟区域治理的进程体现为从简单的政治联盟到经贸自由化、合作不断扩展，最后朝向区域共同体的目标前进。东盟从最初的简单联合到建设共同体的努力也许能对东亚共同体有所启示，当然，这并不是说东亚区域化会完全按照东盟治

〔1〕 如赵全胜教授所提出的“大国关系管理”模式，实际上发挥着东亚区域内安全机制的重要作用。参见［美］赵全胜：《大国政治与外交：美国、日本、中国与大国关系管理》，世界知识出版社 2009 年版，第三部分。区域化也更多地容纳了大国合作，特别是在东亚区域化的进展中，通过区域主义促使大国更多采取合作姿态。See Julie Gilson, “Strategic Regionalism in East Asia”, *Review of International Studies*, Vol. 33, 2007, pp. 145 ~ 163.

〔2〕 郑先武：“‘东亚共同体’的虚幻愿景”，载《东南亚之窗》2007 年第 1 期。

〔3〕 Raimo Väyrynen, “Pose-Hegemonic and Post-Socialist Regionalisms”, in Björn Hettne and Osvaldo Sunkel eds. , *Comparing Regionalisms: Implications for Global Development*, N. Y: Palgrave, 2001, pp. 146 ~ 149.

理进程的路径发展，而毋宁说，对东亚区域化更为重要的是，东盟进程所证明的“区域治理发展是不断适应、不断更新的变化过程”的意义：即区域治理应当是一种包含了治理机制从设置简陋到相对完善、治理目标从较为低级到更高层次、治理范围从单一到多样、区域认同从相对薄弱到逐渐加强的变化过程。评价区域治理，必须避免简单、武断——不能像阿查亚提到人们对东盟的批评时所说的那样，人们对东盟的观点总是倾向于戏剧性的（dramatically）变化，而且常常只是针对东盟短期内的表现来轻易地做出论断，比如在20世纪60年代马来西亚和菲律宾发生沙巴争端时，或者在1997年金融危机时对东盟大加贬抑，在20世纪90年代初东盟处理柬埔寨危机时又看好东盟的作用〔1〕。区域治理是一个长期过程，它自有其生命力，需要从整体全面地看待其发展。在实际的治理进程中，区域内国家基于对共同问题和共同利益的认识，通过在同一个合作框架下实现集体行动，使区域性的治理机制成为各国所倚赖的行为路径，有望逐渐增强各国采取区域化安排处理共同事务的意愿和倾向。区域治理本身意味着寻求对区域共同事务的集体解决，因此这一进程就是不断处理区域性问题、在合作中适应变化的现实的过程。

表7.2　东盟治理主要问题与进展表（来源：作者自拟）

时间	所需解决的共同问题	区域治理措施	治理成就
1967年～20世纪80年代末	冷战背景下的政治安全困境：大国干涉、区域局面动荡	建立政治联盟、以一个声音说话、倡议中立区和无核区	很大程度上稳定了区域安全局面，维护了集团内部和平与安定

〔1〕 Amitav Acharya, “Arguing about ASEAN: what do we disagree about?”, *Cambridge Review of International Affairs*, Vol. 22, No. 3, September 2009, p. 495.

续表

时间	所需解决的共同问题	区域治理措施	治理成就
20世纪80年代末~1997年	全球化背景下经济发展需求、新的区域格局和非传统安全威胁	真正开始自由贸易区计划、将区域政治安全治理机制向东亚区域扩展	实现了集团内贸易自由化、建立了东亚区域初步政治安全合作机制
1997年至今	金融危机表现出的经济金融缺陷、区域性政治安全议题凸显	扩大区域合作机制、设立东亚区域自由贸易区计划、加快自身建设	东亚区域化机制的建立和完善、中国—东盟自由贸易区的实现、东盟共同体的初步进展

表7.2对本书的案例描述中不同阶段的主要问题、治理相应措施与成就作了一个大致的概括，通过这一概括表现出在不断变化的区域治理背景下，东盟治理进程针对其特殊治理问题而作出的应对措施，以及因而取得的治理成就。可以看到，区域性共同问题正是东盟治理案例得以启动的直接原因，也是推动东盟治理不断进步的动力。因此，应当从治理进程的发展视角看待东亚区域化的现实与困难，正确评价东亚区域化的发展前景。

东亚区域化的问题主要还是集中在各国推动区域化的政治意愿存在相互矛盾之处，现有的区域共识不足以使各国摆脱旧有的思维模式，将区域主义作为本国发展的重要倚赖[1]；这和

〔1〕 金熙德："东亚合作的进展、问题与展望"，载《世界经济与政治》2009年第1期；金熙德："东亚合作进入了'深水区'"，载《世界经济与政治》2008年第10期。

东盟治理初期的情况是相似的，也表明这种问题有可能通过切实有效的区域治理、通过更进一步的区域化深化来得以解决。上文的分析已经指出东盟治理在东亚区域化中的意义，在东亚区域内寻求政治合作的制度建设进程可能为东亚共同体的未来发展奠定基础，如“10+3”机制、东亚峰会等，如果能在东亚区域化的方向上加强这些机制的作用，并使其制度形式更为有效，通过区域治理解决当前的困难，其结果正是本书所设想的以东盟治理为运作途径、大国共同推进的一种区域化机制。在全球化背景下，治理日益成为处理共同问题的选择，东亚区域治理的启动和改进，像欧洲一体化所体现的治理那样，能够根据自身的独特条件发展出东亚特色的有效治理模式，将是对区域治理的极大贡献，并有助于创造东亚共同价值和认同，积极推进东亚区域化的进展。[1]

目前，虽然由于东亚复杂的政治经济局势，东亚区域化进程面临着太多的阻碍，但东亚国家表现出的热情并未消退，在定期的领导人会议和其他各类专业会议上，东亚各国不断进行交流与讨论，合作的领域也在缓慢而坚定地扩大，证明了东亚区域化走向一个更高发展程度的可能性。总体而言，东亚区域化未来发展的变数主要集中于这样几个方面：①中日韩为代表的大国关系的变化，即三国在发挥其政治经济能力和积极参与区域化进程方面的意愿；②东盟自身共同体建设的进展，即东盟自身的内部团结和协调能够达到何种程度；③域外大国的影响，这主要是指美国因对东亚区域化的关切而不可避免地进行干涉会达到怎样的深度和方向。这些问题都带有非常大的不确定性，预测其未来的发展状况是极其困难的，本书也无意进行

---

〔1〕 Geun Lee, “East Asian Soft Power and East Asian Governance”, *Journal of International and Area Studies*, Vol. 16, No. 1, 2009, pp. 62 ~ 63.

详细的推断，只是就区域治理在这些可能因素中的意义作以上的设想。从区域治理视角而言，东盟利用其独特的治理经验和机制优势维持在东亚区域化中的主导地位，在已有的制度基础上建构适合于东亚区域的区域制度体系，是东亚区域化未来较现实的有利方向。如果按照本书所设想的方向发展，当然有利于发挥以东盟机制为基础的区域治理的积极效应，很有可能成功塑造更新的东亚区域认同，在推动东亚区域化发展进程中加强东盟区域建设并同时推动东亚区域化向更高层次前进；此外，区域机制如果能容纳域外大国的参与，在适度的限制内促使其发挥建设性作用，是最理想的发展前景[1]。这就有待于东亚区域化的进一步发展来证明，有待于参与区域化的各国的互动来塑造了。

8.2 东亚区域化：障碍、契机和对策

从本书的案例描述和比较分析中，东盟作为一个区域治理案例的启动和成长历程得以呈现出来，特别是其制度特征和效应得到了深入的阐释和探析。它为东亚区域化进程的发展带来了一个具有重要示范效应的制度安排模本，也从治理视角体现了区域化作为有机发展进程的本质。因此，对东亚区域化来说，东盟案例最重要的意义在于，它的发展历程和其特殊的行为模式为东亚区域制度发展提供了一个模本（template）[2]，为东亚

〔1〕 如像张蕴岭主张的那样，"实行开放性区域合作战略，合作框架可灵活多样……美国的参加并不一定不好，如可邀请参加东亚峰会……"，参见张蕴岭："东亚区域合作的新趋势"，载《当代亚太》2009年第4期。

〔2〕 Mark Beeson, "East Asian Regionalism at Times of Crisis", presented to the conference "Comparative Regional Integration: The European Integration Process and Its Implications to East Asia", 4 ~ 5 May, 2009, Beijing, China.

区域化的发展提供了兼具现实性和必要性的选择。东盟区域治理也提供了这样的启示，即东亚区域化自身的动力和背景是东亚各国推进区域化的独特条件，东亚区域化模式和实际运行的选择是可以不同于其他区域（特别是欧洲一体化）的。[1]

以东盟治理机制为基础、以东盟为主导的区域制度安排正是东亚建立在自身现实之上的区域化模式；与大国关系的困境、区域内国家间的猜疑等因素相关，这一模式至少在现阶段来看仍是必不可少的，不仅如此，它也体现出了基于治理概念所具备的积极意义，如由议题导向的区域性合作对敏感问题的回避、在共同行为中培育合作传统和区域共识，可藉由制度体系的合作性安排将各国聚拢在区域性共同行为中，以缓和国际关系氛围、创造更有利的区域化条件。

在思考东亚区域化的前景时，东盟区域治理的逻辑的确提供了一种非常有意义的启示——但是，正如温特在检讨自己提出的建构主义理论时所说的那样，身份转化的逻辑只是从理论上提供了一种可能性，而它并没有完全解释国际政治中的结构变化：一是没有讨论主变量是如何得以“支承”的，即客观上主变量发生变化的原因；二是没有从更宏观的角度来说明身份结构的变化，身份建构不是少数几个行为体之间的简单互动，其效应往往必须置于更广阔的国际环境当中来讨论[2]。这对于

---

〔1〕 Feng Shaolei, “What Can East Asia Learn from the EU Integration: Thinking from Regional Perspective”, presented to the conference “Comparative Regional Integration: The European Integration Process and Its Implications to East Asia”, 4 ~5 May, 2009, Beijing, China.

〔2〕［美］亚历山大·温特：《国际政治的社会理论》，秦亚青译，上海人民出版社2000年版，第453 ~454页。正因为这一点，认为建构主义足以支撑东亚区域化的逻辑是不完全的；共同体形成的可能性指示的是有利的方向，但并不保证必然如此。从这一点来说，东亚区域化的现实还远非实现建构主义逻辑的理想条件。东盟治理向外扩展的进程还远未成功，东盟作为一个行为体与他者的互动还仍然没有进入新的无政府文化。

东盟来说尤其切实，因为东盟治理的成效从来就不是单纯的建构效应，东盟区域化中集体身份的改变很大程度上是因为东盟各国积极利用了历史条件赋予的有利因素，例如，共同威胁的存在，冷战对抗的减弱，甚至一些偶然因素如更倾向于缓和对外关系的苏哈托取代持民族主义强硬立场的苏加诺上台执政等，这些因素奠定了身份形成的客观基础，是区域治理必须面对的现实条件。当在东亚的层次上考虑区域治理时，同样不可避免从区域现实条件来思考：从区域治理的逻辑看，对集体身份的形成和角色结构的变化来说，当今东亚国际关系的现实存在哪些客观障碍，有什么样的契机，作为区域大国的中国又应当采取何种对策？

8.2.1　东亚区域化中的现实主义困境

东盟规范能否起作用有赖于东亚区域内各国关系，这包括东盟国家与东亚域内大国的关系、域内大国相互间关系、东盟各国之间关系。东盟为区域安全和合作所做的一大贡献在于，它基本实现了自身与东亚域内大国之间关系的稳定化和常规化，不管是东盟内单个国家还是东盟整体，都与东北亚大国建立起来更为稳固和可预见的关系，协作和对话不断扩展。虽然它对于上述大国间关系的影响并不明显，但是它所建立的制度框架，如东盟地区论坛、东盟“10+3”机制等都为各国对话提供了充足的条件，有助于增强透明度、消减过度冲突的可能性。但东盟的影响是有限的，对它是否能继续保持制度中心地位的疑问来自两个内外方面的压力，特别是大国关系。这就有必要关注两个领域：一是域内大国之间的竞争关系不可能依靠东盟引导的制度框架得以消除，在区域倡议、政策和机构调整等各个方面，中美日（甚至可能还涉及印度）之间的竞争行为和逻辑都是持续而明确的；二是大国对东盟主导的进程的承诺，区域大国对东亚区域化如何发展的看法存在差异，也在变化中，实际上，参与进程的大国对东盟制度不能带来更及时的切实合作越来越表达出不满[1]。

从东盟来说，它最关心的是与东南亚这一区域有关的主要大国及其相互关系，由此形成的东亚区域内国际格局是东盟治理发挥作用的基础。

与东盟间关系最重要的域内大国首先是美国。冷战时期，美国与东盟创始五国关系较为密切，特别是美国与菲律宾和泰国都建立了双边同盟关系、派出了驻军，甚至于1955年主持建立了所谓东南亚条约组织，虽然其中也就仅有菲律宾和泰国两个国家属于东南亚（见本书章节4.1）；基本上，美国在东南亚的存在是建立在双边政策基础上的。东盟国家对美国普遍抱有好感，在所谓共产主义威胁下，它们认为美国的保护是非常必要的——即便是美国的军事部署对于遏制东盟国内动荡和混乱并无多大意义，美国的存在对它们来说也是不可或缺的；长期以来，美国都是东盟主要国家的第一大出口市场，也是最重要的进口源之一，美国在东盟的投资甚至超过欧盟和日本，所以，早在1977年美国就成了首批东盟对话伙伴之一[2]；而且，东盟国家的统治精英大多数认同美式价值观，如同新加坡前总理吴作栋所说的那样，美国“培育”了东盟精英们，使之普遍接受和认同美国的价值观念[3]。但是，冷战后美国与东盟关系的

---

〔1〕 Alice D. Ba，“Regional Security in East Asia：ASEAN's Value Added and Limitations”，*Journal of Current Southeast Asian Affairs*，29，3，2010，pp. 119～120.

〔2〕［菲］鲁道夫·C. 塞韦里诺：《东南亚共同体建设探源：来自东盟前任秘书长的洞见》，王玉主等译，社会科学文献出版社2012年版，第279页。

〔3〕 Gok Chok Tong，“ASEAN-US Relations：Challenges”，Keynote speech at the ASEAN-United States Partnership Conference，New York，7 September，2000. http：//www. asean. org/news/item/asean-us-relations-challenges-goh-chok-tong-prime-minister-of-singapore-keynote-speech-at-the-asean-united-states-partnership-conference-new-york-07-september-2000.

发展出现问题，由于美国对东南亚的忽视，努力在全世界推广“民主、人权”等概念，特别是美国对缅甸问题的强硬干涉，对东盟规范构成了严重挑战，由此造成了它与东盟之间一定程度上的对立，甚至迫使东盟做出集体反应，暗中对抗美国干涉。[1]美国形象的改变、美国对东盟多边努力的忽略带来了美国在东南亚影响力的减弱，这基本上和中国在东盟影响力的增强同时发生；[2]近年来，美国宣布重审其东南亚政策，开始介入中国南海争端，这为东亚区域的国际格局带来了更多变数。

东盟国家非常依赖于培育中美两个大国与它们的良好关系，但也同样依赖于中美两国之间的良好关系——就此而言，东盟现在还算不上发挥了较为积极的作用，这一点需要得到改变，也存在改变的潜力。的确，东盟最重要的手段是多边主义平台，这对于中美关系这样并非基于多边背景，而且讨论的议题大大超越了东南亚区域的双边关系来说可能是力所不及的；但如果注意到，东盟建构了有力的区域性平台，使得中美在此范围内展开获取影响力的竞争，这意味着东盟其实影响这一“东亚区域最具战略意义”的双边关系的潜力——尤其是当美国宣布在东盟地区论坛中将发挥积极作用，以及美国参与调解中国南海争端、东盟—美国峰会的开启和美国参与东亚峰会的前景，都表明不能简单地将东盟视为与中美关系无关。[3]

---

〔1〕 Amitav Acharya, *Constructing a Security Community in Southeast Asia: ASEAN and the Problems of Regional Order*, p. 113.

〔2〕 Amitav Acharya and Tan See Seng, "Betwixt Balance and Community: America, ASEAN, and the Security of Southeast Asia", *International Relations of the Asia-Pacific*, 6, 1, 2006, pp. 37 ~ 59.

〔3〕 Fenna Egberink and Frans-Paul van der Putten, "ASEAN and Strategic Rivalry among the Great Powers in Asia", *Journal of Current Southeast Asian Affairs*, 3/2010, p. 134.

为了在区域内甚至世界范围内阻遏和制衡不断崛起的中国，保持自身在东亚和整个亚太区域内的支配地位，美国长期采取的主要手段是双边联盟基础上的区域结构，而多边机制（比如东盟地区论坛）最多算是美国双边关系的一种补充手段，并不受重视；但正如 Evelyn Goh 指出的那样，美国参与东盟地区论坛这样的多边机制，不管是对于增强它在东亚区域内安全利益的合法性，还是帮助保护它的支配地位来说，都是非常关键的。[1]

近年来，由于国际金融危机的影响，世界地缘重心逐渐转移，亚洲、特别是东亚表现优异，美国已经开始改变其全球战略部署，它对东亚区域性多边机制的兴趣也逐渐增强。2009 年，美国外交关系委员会就发布了一个名为《新亚洲中的美国（The United States in the New Asia)》的报告，声称东亚区域组织在经济和金融上是与美国公司和目标相抵触的，而美国对此的无所作为带来的后果只能是自我边缘化，因而督促美国在相关多边机制中发挥更重要的作用，保持强有力的存在；[2]2011 年，美国总统奥巴马在访问澳大利亚时发表演说，陈述了美国战略转变的要点，其中就包括了在亚太范围内维持美国军事存在、介入区域组织、建立跨太平洋伙伴关系等内容[3]。虽然美国仍然有所保留，比如美国国务卿希拉里仍然将“美国同盟关系为基

〔1〕 Evelyn Goh, “The ASEAN Regional Forum in United States East Asian strategy”, *The Pacific Review*, Vol. 17, No. 1, March 2004, pp. 47 ~69.

〔2〕 Evan A. Feigenbaum and Robert A. Manning, “U. S. Influence at Risk in Asia without More Active Role in Regional Organizations, Warns CFR Report”, November, 2009, http://www. cfr. org/asia-and-pacific/us-influence-risk-asia-without-more-active-role-regional-organizations-warns-cfr-report/p20659.

〔3〕 Barack Obama, “Remarks by President Obama to the Australian Parliament”, Canberra, Australia, Nov. 17, 2011, http://www. whitehouse. gov/the-press-office/2011/11/17/remarks-president-obama-australian-parliament.

石”作为美国的亚洲架构原则之首[1]，但总体来说，因为全球金融危机的影响，美国对东亚区域机制的态度朝着参与、合作的方向转变，美国意识到它必须加强利用区域性多边合作平台。具体来说，首先，美国加强了与东盟的联系，比如，于2009年正式加入《东南亚友好合作条约》，在APEC会议期间举行首次“美国—东盟”领导人会议，2010年在东盟秘书处派驻常设外交机构；其次，在东亚各种双边关系基础上发展小多边机制，如美日韩三边合作体系、美国—湄公河国家合作机制等；最后，美国也由原本对东亚区域机制的抵制态度转而有选择地加入，最主要的例子就是于2010年加入东亚峰会，开始参与东亚区域安全机制的活动[2]。

这样一来，它的态度就包括了两方面相互矛盾而又共存的特点：一方面，美国一直以来对东亚区域化的怀疑态度由此有所松动，在坚持APEC机制作用的同时也开始积极介入东亚区域合作机制，而且它也迎合了东盟希望运用区域机制平衡大国影响力的期待；但另一方面，美国的行动很大程度上还是针对着崛起的中国（虽然美国声称并非如此），希望维护它在东亚区域内的国际地位和战略利益，带有强烈的现实主义遏制意味，此外，它也仍然没有放弃将东亚区域合作机制置于掌控之下的欲望，其主要手段是用“亚太”来取代“东亚”，不管是战略合作、还是自由贸易区的建设，都希望在美国的领导下来完成，这与东盟和中国的意愿还是有差距的。[3]

---

[1] Hilary Clinton, “Remarks on Regional Architecture in Asia: Principles ans Priorities”, Honolulu, Hawaii, 12 January, 2010, http://www.state.gov/secretary/rm/2010/01/135090.htm, 2013年10月10日。

[2] 顾静：“美国多边主义东亚新政策剖析”，载《东南亚研究》2011年第6期。

[3] 宋静：“美国因素影响下的亚太、东亚合作机制之争”，载《世界经济与政治论坛》2011年第1期；朱锋：“奥巴马政府‘转身亚洲’战略与中美关系”，载《现代国际关系》2012年第4期。

可以想象，美国以这样的姿态参与东亚合作机制，很难为解决区域内国际冲突、改善国家间无政府文化提供支持，相反它对军事联盟的利用倒是很容易激起各国在既有问题上的过度反应和错误认知，加大区域性冲突的可能性；比如，它在南海问题上的介入不仅无益于问题的解决，甚至可能导致局势恶化〔1〕，更不用说它长期以来对中日矛盾的默许甚至鼓励，包括在钓鱼岛上支持日本与中国的对抗，就是非常不利于局势的缓和、不利于区域安全的〔2〕。东亚区域安全中美国的作用不可或缺，历史发展曾经使美国成为东亚稳定的重要因素（如罗伯特·吉尔平提出的霸权稳定论所表达的那样），但是当美国过度追求主导权，以对立的姿态应对东亚格局变化，这种积极作用就变质了。〔3〕这种变化凸显了着区域治理的重要性，但也表明区域机制受到美国干涉的可能性。美国“重返亚洲”的一个重要手段是用亚太合作机制来取代东亚区域机制——比如美国对所谓“泛太平洋伙伴关系（Trans-pacific Partnership）”的利用，就是将东亚自贸区的内容分化瓦解，以自己能合法控制的方式取而代之的一个重要工具，即便这个工具短期来看未必能够产

〔1〕 美国对南海冲突中的东南亚国家许以军事援助，如 2013 年 12 月 17 日，新上任的美国国务卿克里访问越南，宣布提供资金和武器援助，支持东盟国家在南海问题上采取强硬立场。“US pledges ＄41m maritime security aid for Asean”, *the Straits Times*, 17 Dec, 2013. http：//www. straitstimes. com/premium/top-the-news/story/us-pledges-41m-maritime-security-aid-asean－20131217.

〔2〕 廉德瑰：“解析美国在钓鱼岛问题上的立场”，载《太平洋学报》2013 年第 7 期。

〔3〕 如一些学者提出，从区域性公共产品的视角来看，美国在东亚区域安全中的行为表现出了“负外部性”，即获得自身收益的同时不是给他者也带来好处，而是不承受成本地伤害了他者。见李增刚：“全球公共产品：定义、分类及其供给”，载《经济评论》2006 年第 1 期；郭延军：“美国与东亚安全的区域治理——基于公共物品外部性理论的分析”，载《世界经济与政治》2010 年第 7 期。

生很大威胁，但从长期来看，为美国干涉东亚区域事务提供了充足的可能性[1]。美国的做法必然会大大削弱东盟在区域治理中的地位和作用，对发展中的东亚区域主义造成干扰，对东亚自由贸易区的深入推进也带来了强有力的竞争。[2]妥善应对美国的参与，既要允许美国参与东亚区域化，又要引导和鼓励美国发挥建设性作用，这必将是一项艰巨的任务。

日本是美国在东亚区域最重要的盟友，往往紧随美国的区域政策而动，这一因素是东亚区域化进程中的重要问题。当今东亚区域化呈现出历史上最快的发展趋势，但同时也面临着尚未解决的层层困境，就东亚区域化的未来发展而言，经济上已经证明有利的区域化计划不能得到充分实现，主要的阻碍还是和各国推进区域化进程的政治意愿相关；以日本为例，它参与东亚区域化在经济上相当有利的，它的主要产业都有望从东亚区域的贸易自由化当中实现巨大的比较优势，但由于其政治战略上的考虑，日本推动东亚区域化的政治意愿并不强[3]。日本与美国的安全同盟是日本参与东亚区域化的一大障碍，这一点在日本与东盟的互动中早有表现[4]；虽然日本很早就开始与东盟建立了紧密的经济联系，也熟悉东盟规范的特征，但出于在政治安全领域对美国的依赖，日本往往紧随美国政策倾向，甚至在

[1] 沈铭辉：“东亚合作中的美国因素——以‘泛太平洋伙伴关系协定’为例”，载《太平洋学报》2010年第6期。

[2] 韦宗友：“美国战略重心东移及其对东亚秩序的影响”，载《国际观察》2012年第6期。

[3] 谷源祥：“东亚区域合作概论与中日战略考虑”，载《亚非纵横》2009年第1期。

[4] N. Ganesan, “ASEAN's Relations with Major External Powers”, *Contemporary Southeast Asia*, Vol. 22, No. 2, August 2000.

诸如东盟地区论坛这样的区域机制建构中挑战东盟规范[1]。

除了日美联盟这一因素，在东亚格局的总体结构中，还有一个主要障碍是中日之间的战略竞争。由于历史原因、领土争端和战略矛盾，日本对中国的崛起抱有强烈的疑虑，虽然经济联系日益紧密，但双边关系始终缺乏互信，近年来摩擦不断，且有不断升级的态势。这一方面构成了东盟在东亚区域化中占据主导地位的重要原因，另一方面，中日竞争也造成了区域机制基础的不够稳固，限制了东亚区域化的进展，比如，即便是中日在经济利益上的重合带来了双边和多边贸易协议的扩散，但二者在适用何种贸易治理机制上的分歧仍然限制了区域贸易框架的成熟——因为中日竞争的存在，东盟要通过区域治理获得东亚区域化的理想成效遇到了严重阻碍。[2]

东盟在中日关系中同样起到了媒介作用，这和东盟主导的区域机制的特征相关联。虽然没有明确的证据表明东盟的考虑在多大程度上影响了中日相关政策，但就区域机制呈现的可能性来说，由于东盟与中日双方建立起来的友好关系使东盟推动的区域性努力得到有力支持，所以，通过吸引双方参与共同区域化机制，东盟是有机会为中日双边关系的改善提供非正式建议的，而且它还能够通过地区论坛、亚欧会议、自由贸易区机制等中立的渠道促进双方对话磋商。[3] 日本在区域合作的方向上是与东盟有所不同的，但这并不妨碍日本积极参与东盟议程的努力，毕竟东盟仍然是中日外交博弈中的重要部分，也仍然

---

〔1〕 张云：《国际政治中“弱者”的逻辑：东盟与亚太地区大国关系》，社会科学文化出版社 2013 年版，第 164～170 页。

〔2〕 Yasumasa Komori, “In Search of Regional Governance in East Asia: Processes and Outcomes”, *Asian Journal of Political Science*, Vol. 20, No. 3, 2012, p. 238.

〔3〕 Joseph Y. S. Cheng, “China's ASEAN Policy in the 1990s: Pushing for Regional Multipolarity”, *Contemporary Southeast Asia*, 21, 2, 1999, pp. 176～205.

是区域化进程的主导者，不管是出于外交协调的目的，还是出于在区域机制中制衡中国的目的，日本都需要与东盟保持良好关系。[1]

综合东亚大国关系的现实来看，东亚区域内国际格局存在较明显的战略性竞争，东盟主导的区域化受到怀疑是很自然的事情。长期以来，东亚区域并没有在政治安全领域形成充足的安全共识和安全机制，区域化进程在这个方面也未能取得多少进展[2]，东亚区域化的启动更多是源于经济贸易联系的需要，这是与东盟治理的道路截然不同的；东亚各国，特别是大国之间的竞争和实际冲突，使得东亚区域化想要在政治安全领域有所作为十分艰难，特别是美国和日本出于对中国崛起的担心，参与东亚区域化的意愿有相当大的保留。从根本上说，东亚区域内政治隔阂仍然存在，冷战遗留的旧怨与国力消长的新愁在原本脆弱的政治关系上加码，很容易迫使各国将政治考虑置于经济利益之上。世界性经济危机之后，区域化的机遇与挑战共存：相关大国的新领导者都将区域机制放到了政治议程的重要位置，为区域机制发挥作用创造了机会，但同时区域经济融合面临的新旧挑战并未完全解决，多边安全协作框架也还是不够确定。[3]当今东亚国家间关系的现实表明，整个东亚范围内还不具有实现区域治理的良好条件，以东盟为主导、遵循东盟规

---

〔1〕 Fenna Egberink and Frans-Paul van der Putten, "ASEAN and Strategic Rivalry among the Great Powers in Asia", pp. 135 ~136.

〔2〕 或者按有的学者的说法，区域共同安全产品是缺乏的。见郭延军："美国与东亚安全的区域治理：基于公共物品外部性理论的分析"，载《世界经济与政治》2010 年第 7 期。

〔3〕 Amy Searight, "Special Assessment: Asian Regionalism, New Challenges, New Visions, Pedestrian Progress", *Comparative Connections*, Vol. 12, No. 1, 2010. http://csis.org/files/publication/1001q.pdf.

范的区域治理在大国竞争面前遭遇严重阻碍，全球经济危机给东亚区域化带来了利弊各半的变化，还不能完全改变现有局面。

美国对东亚区域的掌控欲望和日本紧随其后的姿态都表明了，东亚区域化不可能走欧洲一体化的道路。正如前文所分析的那样，东盟区域治理离不开东亚格局，而东亚区域治理又离不开域外大国，比如美国，不管是否愿意，它都必然会存在于这个过程中；东亚区域化比较可能的发展前景是一个开放的多层结构，有主导者和参与者的层次不同，也有区域化核心与外围的不同，如“10+1”、“10+3”、“10+6”甚至“10+8”这些层次都会长期共存，其中东盟会继续保持主导地位，通过以它为核心的多种区域性机制发挥不同领域、不同程度的作用。〔1〕

因此，虽然本书对东盟治理机制的分析为东亚区域化的发展提供了有益的选择，但这一进程究竟如何发展，很大程度上还是在于东亚各国在现实中的互动；即便有良好的治理体系可以采用，但是否采用、如何采用的选择权还是最终掌握在各国手中，这就有赖于各国国内政治经济形势的变化和东亚区域内国际关系的演进了。

从近年东亚各国对区域化的态度来看，既存在对东亚区域化的实际肯定，也存在对这一进程的消极应对。自2009年日本新政府首相重提“东亚共同体”，其在与东亚各国的交流中多次倡导东亚区域化，中国领导人也对此表示了积极回应，构成了东亚区域化中有利的政治动力。但也需要看到，自从1997年危机以来，东亚区域合作不断加深的同时，在东亚区域化的理念倡导之外，现实的区域化进程仍然是在东盟与中日韩之间分别

〔1〕 张蕴岭：“寻找推进东亚合作的路径”，载《外交评论》2011年第6期。

进行着，双边合作仍然强于多边区域合作；东亚区域合作最显著的特征，即东盟的主导，是治理机制和规则上的主导，它并不能为区域提供如法德核心那样的“硬核（hard-core）”领导，这使得政治融合在相当时间内仍然是不可能的，要实现区域内更强有力的区域化意愿还有待区域现实的进一步发展。[1]

8.2.2　民主化与参与式区域治理

除了东亚区域化中的现实主义困境，还有一个重要因素需要考虑，即近年来区域治理中出现的民主化进程。包括东盟各国在内，从 20 世纪 80 年代末开始，冷战对抗减弱，东亚国家受到强大的民主化压力，尤其是亚洲金融危机之后，这种压力更加明显；民主化进程逐渐成为东亚的普遍现象。比如，菲律宾在 1986 年阿基诺（Corazon Aquino）取代马科斯（Fidel Marcos）之后开始了民主化，韩国在 1987 年举行了总统直选，泰国在 1988 年经过选举产生新总理差猜（Chatichai Choonhavan），柬埔寨的洪森（Ranarridh-Hun Sen）联合政府于 1993 年选举后取代了联合国过渡政府，而 1997 年金融危机引发了对印尼总统苏哈托（Suharto）的抗议，使之在次年失去权力。[2]

民主问题不仅涉及区域治理的合法性，也与区域所致力于建构的共同体认同有关。从历史事实来看，东盟区域化长期以来的确非常依赖于成员国精英的私人关系，东盟国家间关系文化的建构就发生在这样的精英网络之中，这在东盟发展初期对

[1] Douglas Webber, “The regional integration that didn't happen: cooperation without integration in early twenty-rst century East Asia”, *The Pacific Review*, Vol. 23, No. 3, July 2010, pp. 330 ~ 331.

[2] Amitav Acharya, “Democracy or death? Will democratisation bring greater regional instability to East Asia?”, *The Pacific Review*, Vol. 23, No. 3, July 2010, p. 342.

于实现治理是有益的，它使得东盟就相关问题寻求协商共识的过程保持在小部分精英之内，参与区域治理的行为体相对更少，国家可以被视为具有统一意志的行为体，有助于推动角色互动和集体认同；东盟几十年的治理过程表明了这种方式的有效性。但当东盟国家经济社会发展到一定程度、国际环境也发生了巨大变化的时候，经典的东盟治理对于整个东亚区域化来说就有所不足了。这主要是指，民主性不足的问题削弱了东盟治理的共识基础，由于缺乏公民社会的参与，治理过程难以产生对公民社会意义重大的反映和回馈机制，对区域主义发展中的新议题特别是跨国议题关注不足。〔1〕这反映了东盟治理机制的发展对新现实的反应有所滞后，现有机制还没有真正意识到，民主化过程中得到初步发展的公民社会已经对区域治理提出了自己的要求。所以，应当看到，民主化不仅对东亚各国是一个挑战，也带来了区域化稳定和深化的重要契机，区域治理机制对其做出恰当的反应已不可回避。

民主化对区域治理兼有正面和负面的影响，需要辩证看待。国际关系自由主义理论曾经提出“民主和平论”，认为民主对于国际关系的意义在于，民主制度限制了决策者利用战争作为外交政策手段的可能性，因而对维护和平起到重要作用——不管这种理论在多大程度上是逻辑自洽的，它对于东亚区域也是意义不大的：①因为东亚区域本来就不能使用民主前提，符合标准的民主国家少、民主制度也不成熟；②Mansfield 和 Snyder 提出，不成熟的民主其实正好是混乱的前提，因为民主转型过程中受到强调的民族主义倾向于不稳定和战争，“在民主转型阶段，国家会变得更具野心、更倾向于战争，而它们也确实会和

〔1〕 赵银亮：“民主化和区域主义相关性研究：东盟的地区实践”，载《东南亚研究》2011 年第 2 期。

民主国家开战"〔1〕，何况，"从独裁向多元政治体系转移的过程正好与国际独立运动的兴起同时发生，这就刺激了经常会跨越边境的分离战争"〔2〕。

但是阿米塔夫·阿查亚指出，Mansfield 和 Snyder 的观点并没有将某些重要因素考虑进去。为了说明这一问题，他列出了一系列民主化后果，其中分为两类，一部分导致区域冲突，另一部分导致稳定。

民主化进程导致冲突的因素包括：民主化可能带来新的或传统的国家间冲突，以及民主转型给区域冲突解决机制带来的影响。具体来说，新的民主国家易于向外输出革命，倾向于强调民族主义，新的合法政权可能会重新挑起之前独裁政权解决了的国家间冲突；已经建立的区域合作机制如果是由过去的威权主义政权领导和促进的，也可能会遭到新的民主国家及其公民社会的反对；不仅如此，在分离运动中被选举出来的领导者很可能会对区域组织保持敌意，特别是考虑到区域组织此前对其分离运动的冷漠甚至反对；区域组织当中未竟的民主化也会在关键政治议题上分化成员国，比如通过区域形式促进人权和民主这样的议题就很可能疏离区域关系；最后是跨界溢出效应，如跨界的政治非法行为或种族难民等都可能成为国家间冲突的来源。

阿查亚强调，虽然有这么多不利因素，但是必须看到，民主化还带来了很多有利于调解冲突的因素，比如刚上台的统治者更关注的是国内稳定和经济重构，特别是国家刚经历了长期

〔1〕 E. D. Mansfleld and J. Snyder, "Democratisation and the danger of war", *International Security*, 20 (1), 1995, p. 5.

〔2〕 E. D. Mansfleld and J. Snyder, "Democratic transitions, institutional strength, and war", *International Organization*, 56 (2), 2002, p. 297.

毁灭性的独裁统治的情况下，那么战争必然会被视为一种浪费；此外，民主化也会带来更多的透明度，有利于区域内的相互理解和信任，信息的可获得性能减少邻国间的猜疑，扩展区域安全与经济合作；民主化之后，国内的法治背景更容易促进区域内建立在规则之上的互动（interaction based on rules），有助于区域内集体冲突解决手段的实施；民主化还为公民社会创造了空间、协调了其关注点，从而能为区域内的社会化创造出更深的基础，因为正在民主化的国家的统治精英更可能协调公民社会、接受公民社会的跨国联系，从而对跨国议题做出更有效的反应；民主化国家的统治精英可能会更重视维持并增强其国际合法性，而非从邻国追讨领土或者追求单边收益。阿查亚强调，民主化过程中产生的民族主义更可能变成积极的民族主义，或者“民主自豪”，而非消极民族主义。民主国家更可能将自己归属于国际协调者，它们更容易接受协作安全和区域一体化战略。〔1〕阿查亚结合民主化国家的实例，证明了民主化进程虽然给区域治理带来了转型过程中不可避免的复杂性，但更重要的是它提供了区域治理走向深化和扩展的契机。东盟的经验已经说明，民主化的结果可以是一种区域治理改进的动力，如泰国、菲律宾和印尼等民主转型国家就变成了更为开放和灵活的东盟方式的支持者。〔2〕

民主化不可能一蹴而就，迄今东亚公民社会尚未形成，基于公民社会的东亚认同还有待发展。从区域治理适应于东亚经济社会发展的要求来说，这个方面的不足是东亚区域化的重大

---

〔1〕 Amitav Acharya, “Democracy or death? Will democratisation bring greater regional instability to East Asia?”, pp. 340 ~ 341.

〔2〕 Amitav Acharya, “Democracy or death? Will democratisation bring greater regional instability to East Asia?”, p. 352.

缺陷。现今东亚区域化很大程度上还是依赖于各国政府，议程的设定、协议的规划等实际操作都是通过政府的活动完成的，这当中极少有其他行为体的参与。东亚区域合作更大程度上还是由协调利益和战略必需推动的，尽管对自主的东亚公民社会的呼吁已经出现，但近期而言还是可能性不大的；[1]也正源于此，东亚区域化进程对大多数生活在东亚的人们来说还是陌生的，东亚认同无从谈起。区域治理的平等性质的交流和协商模式不仅应当在各国政府之间实现，更重要的是，应当在政府和各种社会组织、跨国机构当中以网络式的模式实现，这意味着对东亚公民社会作用的强调。

通过东亚公民社会的作用，东亚区域内可以形成效应更加深入的区域治理态势，正如欧盟网络治理的逻辑所表明的那样，更加多元的社会行为体参与到区域治理进程中来，有利于从各个角度推动区域治理的全面改进，也有利于区域集体认同的确立和巩固。当然，这并不是要求塑造像欧盟那样明确的网络治理模式，因为那样不仅不可能，也无必要，只要是在区域治理机制中建立起一种非正式的网络关系，能够允许区域内社会行为体对治理进程产生积极影响，那就是在推进参与式治理的道路上前进了重要一步了。

例如，在官方交流渠道之外运作的第二轨道进程就为东亚区域化提供参考意见，参与了对区域发展意义重大的决策过程；各国相关研究机构对东亚问题的研究和交流，形成了一种社会化关系网络，它与官方正式交流之间的反馈机制表明，它不仅为东亚区域化的现状和前景提出批评和建议，也能在各个相关议题领域形成共同体，推动东亚规范和共同体认同的扩散和深

---

〔1〕 Raimo Väyrynen, "Pose-Hegemonic and Post-Socialist Regionalisms", p. 174.

入。二轨进程在非官方的层次上沿袭了东亚区域化的路径，并且由于其专业性、社会化等因素，在区域治理的深度、广度上能取得官方层次无法实现的成就，堪称推进东亚区域化的另一种基础力量。〔1〕二轨进程包含了丰富的研究和政策网络，实质上是在拓展区域治理的广度和深度，将更多有益的因素纳入治理架构中来，比如在东亚金融危机之后，一系列二轨网络就有力地把握住了经济和安全的相互联系，为相关国家如何最好地应对全球金融市场和资本流动的挑战提供了专业意见，这正是二轨非正式网络通过帮助居于一轨的正式组织增强区域经济协作而发挥积极作用的典型例子。〔2〕近年来，二轨进程保持活跃，日本国际交流中心的数据显示，以 2008 年为例，东亚区域合作领域的国际对话中，一轨和二轨对话数量相当，甚至二轨还略多，并且，议题设置上也是存在很大的趋同性的。〔3〕

参与式区域治理的出现并非一帆风顺，发展的动力和阻碍是并存的。东亚区域内的情况并不是静止的，民主化本身也产生了证明和维护自身价值的动力，使东亚国家在区域治理中加强对开放性和民主性的倾向，促进区域治理机制发挥更实质性的作用。比如，作为东亚区域化制度代表的东盟，在人权、民主这些饱受西方批评的领域也一直存在细节上的改进，很明显的就是东盟共同体建设对公民社会态度的转变，它对公民社会的

---

〔1〕 东亚区域内二轨进程已经取得了一定成效，以事实证明了参与式区域治理对于东亚区域化发展的意义。参见魏玲："第二轨道进程：清谈、非正式网络与社会化——以东亚思想库网络为例"，载《世界经济与政治》2010 年第 2 期。

〔2〕 二轨网络对区域经济安全的意义（特别是对区域经济自由化的积极作用），以及在东亚金融危机中二轨网络与一轨组织之间的互动。See Charles E. Morrison, "Track 1/Track 2 symbiosis in Asia-Pacific regionalism", *The Pacific Review*, Vol. 17, Issue 4, 2004, pp. 547 ~ 565.

〔3〕 日本国际交流中心调查报告。http://www. jcie. or. jp/drm/2008/.

接受度不断提升，呈现主动接纳和建构协作关系的态势：例如，2006 年，东盟发布了《东盟与公民社会组织关系指针（Guidelines on ASEAN's Relations with Civil Society Organisations）》，其中正式提出，要"将公民社会组织引入东盟行动的主流，使其及时获得相关政策信息并有机会参与到东盟行动中来；要保证东盟既有组织结构与公民社会组织之间的互动，建立卓有成效的（fruitful）关系；促进以人民为中心的（people-centered）东盟共同体发展"[1]。东盟公民社会的兴起给区域整体都带来了深刻的影响，国家层面和区域层面的治理通过公民社会这一渠道联系起来，增加了区域治理的维度，虽然这一现象才不过刚刚成型，但它已经代表了使区域治理得到改善的重要方面，在区域认同和区域化方向上都具有重要意义。[2]

同时也应注意到，虽然公民社会的发展必然带来区域治理开放性的要求，但与东亚国家自身政治社会的发展状态有关，国家政府在社会生活中还是占据着很大程度上是排他性的权威地位，等级制政治秩序依然存在；以东盟为例，更加开放的区域主义就面临着诸多困难，如民主化的深化不足、不干涉原则持续存在、"9・11"恐怖袭击之后公民社会发展空间受到压缩等[3]。这样的政治社会特征延伸到区域化中，造成的后果是，东亚区域化在根本上还是处于很不成熟的发展阶段，东亚公民社会发挥实质作用所面临的种种阻碍在目前看来依然没有得到真正解决的迹象。迄今为止，公民社会组织的发展并未得到足

---

〔1〕 "Guidelines on ASEAN's Relations with Civil Society Organisations". http://www.aseansec.org/guidelines-on-aseans-relations-with-civil-society-organisations/.

〔2〕 宋效峰："公民社会与东盟地区治理转型：参与与回应"，载《世界经济与政治论坛》2012 年第 4 期。

〔3〕 Amitav Acharya, "Democratisation and the prospects for participatory regionalism in Southeast Asia", p. 375.

够的支持，政府的干涉始终存在。公民社会组织进行活动比较典型的例子是东盟战略与国际问题研究所（ASEAN ISIS）组织的东盟人民会议（ASEAN People's Assembly），从2000年到2009年共举行了七次，但其后逐渐被亚洲人民倡议阵线（Solidarity for Asian People's Advocacy）组织的东盟公民社会会议（ASEAN Civil Society Conference）所取代——亚洲人民倡议阵线，如其名称所表达的那样，是为了在南亚、东南亚、东北亚三个次区域形成对政府间进程的影响力，它包括了差不多100个国家性或区域性公民社会组织，主要目标在于促进在区域发展议题上的共同行动和公民社会组织对政府间制度的参与；自从2006年正式建立之后，它就成了积极参与东盟区域进程的主导型网络。〔1〕即便东盟战略与国际问题研究所为东盟人民会议设定的规则限制了该论坛发表挑战官方立场的倡议，该论坛仍然受到国家政府的干涉，更不用说公民社会组织的主要活动被迫转移到亚洲人民倡议阵线所组织的东盟公民社会会议之后了；国家政府的实际行动并不欢迎公民社会组织对区域决策的贡献，采取了各种措施拒斥其影响，一定程度上使得公民社会组织的活动按照政府的意愿设置议题、发表倡议，这表明了事实与东盟所宣称的以人民为中心的承诺确实还存在较大差距，东盟公民社会组织还没有形成一种独立的民间倡议空间。〔2〕但这也说明了公民社会组织的确具有强大的号召力和影响力，即便在当前

〔1〕 Elenita Dano, "Building people-oriented and participatory alternative regionalism models in Southeast Asia: An Exploratory Study", a joint publication of AsiaDHRRA and AFA. Available from: http://asiadhrra.org/wordpress/wp-content/uploads/2008/03/alternative_regionalism.pdf.

〔2〕 Kelly Gerard, "From the ASEAN People's Assembly to the ASEAN Civil Society Conference: the boundaries of civil society advocacy", *Contemporary Politics*, Vol. 19, No. 4, 2013, pp. 411 ~426.

还难以完全摆脱国家政府的干涉取得独立，也已经为公民社会参与的区域治理结构开拓了新的活动领域，为区域化注入了活力。并且实践也证明了，随着东盟内民主国家的增多，东盟成员国对于加强组织制度化的接受度也就越高，对区域治理的开放性、民主价值的接受也随之增强。[1]

因此，东亚区域化应顺应和利用民主化进程给区域治理带来的积极作用，通过积极推动区域内的交流与合作，促使区域内各类行为体积极参与东亚区域化，积极探讨东亚治理、区域价值和共识，这将有助于东亚区域治理的进步，充实仍嫌欠缺的东亚区域认同，为东亚区域化提供有利条件[2]。

8.2.3　区域治理发展与中国的对策

在思考东亚区域化的发展时，如果仅仅将东盟作为东亚区域治理中的一个普通行为体来看的话，东亚区域化前景是值得怀疑的。东盟的确为区域合作建立了一系列框架，将各国拉到谈判桌前，促进以外交手段而非武力手段解决国家间争端，成为区域合作的重要动力、甚至被称为区域化的催化剂（catalyst of regionalism），特别是在中日关系当中发挥了重要作用。[3]但东盟发挥更重要作用的可能受到很大限制，东盟"以弱为强"的手段所能达到的成效不是无限的，它在区域化中的效果仍然严重依赖于诸多它难以改变的外部因素，它与外部行为者之间在实力上的不平衡仍然会极大地限制东盟的行动空间，大国对

[1] Amitav Acharya, "Arguing about ASEAN: what do we disagree about?", p. 498.

[2] Geun Lee, "East Asian Soft Power and East Asian Governance", *Journal of International and Area Studies*, Vol. 16, No. 1, 2009, pp. 53 ~ 63.

[3] Wei Lim Tai, "ASEAN Coping Mechanisms to Manage the Rise of China", *East Asia*, (2008) 25, pp. 407 ~ 422.

安全的关注（比如中美之间的安全议题）在很大程度上不是东盟本身能够真正介入的[1]。

总之，在既面临挑战也存在有利条件的情况下，应当更关注于东亚区域化作为一种独特治理模式所拥有的发展潜力。东盟治理作为区域治理的案例表明，区域治理是一个基于现实而又超越现实、不断成长的过程，它提供了一种动态改进的前景。以这样的区域治理视角来观察东亚区域化进程，可以得到的认识是：东亚区域化本身也是一个基于自身条件的、不断成长和完善的区域治理过程。因此，对东亚区域化的认识不能仅仅着眼于眼前的局限，更重要的是，通过对它的机制特征和原则的分析探究其未来进一步成长的可能性。就此而言，东亚区域化也许会是一个长期的、充满艰难的历程，但同时也具备了朝向区域化更高层次前进的充足可能性——当前的困难也许是区域治理初步发展所不可回避的，但并不能因此否定其成就和建构更完善区域化机制的可能，相反，本书认为，通过对东盟区域治理的回顾与分析可以看到，建立在这一治理模式基础上的东亚区域化进程是具备良好的机制条件和发展潜力的。东亚区域机制已经处于深刻的变动之中，包括大国关系、政治安全架构、经济架构，无不如此；变化同时意味着机遇与挑战，作为崛起中的区域大国，中国应当积极寻求推进东亚区域化，有目的地塑造和完善相应的区域机制。[2]

对中国来说，推进东亚区域化、增强东亚区域机制是处理目前经济发展问题和政治安全困境的有利选择，也是中国增强

---

〔1〕 Fenna Egberink and Frans-Paul van der Putten, "ASEAN and Strategic Rivalry among the Great Powers in Asia", pp. 137 ~ 138.

〔2〕 蔡鹏鸿："亚太区域架构变动的现状与前景"，载《现代国际关系》2013年第7期。

自身政治经济影响力、谋求长期战略发展的必需。[1]中国长期依赖于国际市场的出口产业在经济危机中受到较大影响，以往需求强盛的国外市场所无法消化的国内生产力需要通过国内需求的增强来容纳，但同时也需要通过区域性经贸合作来帮助过剩产品的消费和国民经济产业转型；同时，中国与周边国家的政治关系在区域化进程中可以得到巩固和改善，在共同的安全问题上能加深合作和共识。在这个不断全球化和相互依赖的世界里，虽然 2010 年中国再次成为亚洲最大的经济体，但是现有的国际格局不存在允许中国再次成为如中华帝国时期那样的亚洲权力中心的条件，中国也不应当追求这样的地位；中国在表达自我利益和诉求的时候，从政治上合战略上都必然会保持自我克制。[2]在这样的背景下，区域化是中国实现对外目标的一条重要途径，尤其是最直接相关的东亚区域化；由此采取多边手段、顺应区域化潮流，是应对“中国威胁论”最理想的方向。

中国对东亚区域化的政策方向应当更加灵活、务实。中国力量的上升带来了区域内国际实力结构的改变，难免引起他国的猜疑；中国应当对这些猜疑态度表示理解，以实际行动缓解不必要的对立和竞争。中国的区域化战略可以更加灵活，应更多地考虑怎样实现区域合作，而对于具体的区域化机制不需要太过保守[3]。区域治理的机制体系应当是以治理需求的具体情

---

〔1〕“中国的和平崛起首先和主要是在本区域内的和平崛起……在本区域内逐步创设、培育、巩固和发展多边体制是为经久地缓解或逐渐消除中国处于其中的多项‘安全两难’所必需，也是为创造、开发、利用中国的中长期性经济、政治和战略影响的机会所必需”。参见时殷弘：《21 世纪初期世界政治的基本性质和中国的应有战略》，中国人民大学出版社 2006 年版，第 270 页。

〔2〕 Zhimin Chen & Zhongqi Pan，“China in its Neighbourhood：A ‘Middle Kingdom’ not necessarily at the Centre of Power”，*The International Spectator*：*Italian Journal of International Affairs*，46，2011，pp. 4，79 ~96.

〔3〕 张蕴岭：“东亚区域合作的新趋势”，载《当代亚太》2009 年第 4 期。

况而设立的，中国应当根据自身的需求来调整区域化战略。中国与周边国家已经就共同的区域治理议题进行相互协商，达成了一系列正式和非正式的制度安排，这些制度正是东亚区域治理制度体系的重要来源；[1]对中国较有利的战略方向，包括推动建立区域和次区域的安全制度和机制，使权势转移的动力在制度框架中可控，尽力减少战略猜疑，并且推动经济相互依赖，促进人员、文化交流，增进相互理解，发展和扩展区域内大国协调的制度安排，等等[2]。

具体来说，首先要明确的是，中国不适合承担区域化的领导者角色，尤其不能主动寻求这样的角色。东亚区域化的系列难题很大程度上都源于参与区域化的各国的政治考虑，在冷战结束后，东亚区域最大的变化就是中国的崛起及其带来的连锁反应：在制度差异、冷战遗留、旧有安全机制等因素的引导下，中国的崛起必然导致域内其他国家的疑虑——实力相对下降的美国和日本尤甚，这意味着域内政治互信和国际合作的脆弱性；作为被制衡、被防备的对象，中国担当主导者角色会被认为是在挑战本已脆弱的政治互信，甚至可能导致域内其他国家的普遍抵制，加重区域整合的困难[3]。既然中国不应担当这个重任，那么需要考虑的就是支持和加强东盟的地位和作用。

---

〔1〕 苏长和：“周边制度与周边主义——东亚区域治理中的中国途径”，载《世界经济与政治》2006 年第 1 期。

〔2〕 避免在容易引起争论的历史遗留问题上纠缠，实质性地推进互信和合作。See Shi Yinhong, “Perceptions of Inherited Histories and Other Discussion Relating to East Asian Cooperative Security”, presented to the conference “Comparative Regional Integration: The European Integration Process and Its Implications to East Asia”, 4 ~ 5 May, 2009, Beijing, China. 此外，也应当树立新的区域秩序观和价值观，推动区域认同的发展；参见俞新天：“中国培育东亚认同的思考”，载《当代亚太》2008 年第 3 期；张蕴岭：“构建中国与周边国家之间的新型关系”，载《当代亚太》2007 年第 11 期。

〔3〕 张蕴岭：“寻找推进东亚合作的路径”，载《外交评论》2011 年第 6 期。

东盟机制对中国参与区域化是有所帮助的，东盟规范对于国家独立性的维护、对多边协商一致的强调都有利于中国在多边机制中保护自身利益，这意味着二者在国际秩序和规范上的追求存在相当大的共同点。正如 Jürgen Haacke 在论及中国—东盟关系时所说，“由于东盟提倡的与‘东盟方式’相关的国际社会基本规范的持久重要性，东盟对中国的重要性增加了……为了反对被中国官方称为世界和平稳定主要威胁源头的霸权主义和强权政治，中国倡导的是建立在东盟同样拥护的规范之上的世界秩序和安全概念”[1]。

东盟规范本身具有的号召力不仅在于东南亚是大国为了战略利益而展开竞争的场所，也在于它符合东亚各国的实际状况，特别是当它与所谓“亚洲价值”联系起来之后，具有了更广泛的合法性。[2]东亚区域化的深入发展需要建立一种能得到普遍认可的区域认同，但是这样的认同应建基于何种价值观念是东亚区域化的关键问题。东盟规范所代表的价值观念和行为模式在东盟治理中已经得到证明，它不仅尊重发展中国家的现实需要，坚持维护参与国家的独立性和个体利益，而且在区域化过程中得到了普遍认可，构成了建立东亚区域认同的良好基础。

因此，如果中国在加强与东盟关系、尊重东盟规范上面加大努力，支持东盟在东亚区域化中发挥更大的作用，对于东亚区域互动和巩固中国的地位都是有益的。[3]大国主导不会是理

---

〔1〕 Jürgen Haacke, *ASEAN's Diplomatic and Security Culture: Origins, development and prospects*, p. 138.

〔2〕 Fenna Egberink and Frans-Paul van der Putten, “ASEAN and Strategic Rivalry among the Great Powers in Asia”, pp. 138 ~ 139.

〔3〕 这正是中国—东盟关系多年来的有益经验。见马嫚：“东盟中国‘10 + 1’关系的全方位发展——纪念中国—东盟建立对话伙伴关系 20 周年”，载《东南亚纵横》2011 年第 2 期。

想的东亚区域化方式，至少在可预见的将来，大国之间的竞争关系还不可能得到根本性转变，现实经验表明，东亚多边合作机制不仅需要区域内国家（尤其是大国）双边关系的稳固，更需要中小国家的联合“发挥主动精神”，这才最有利于区域合作的发展[1]。

对于中国来说，需要做的就是支持东盟的主导地位，这个可以从以下几个方面入手：一是推动东盟在区域治理机制上实现创新，采取诸如主动采用东盟规范包含的行为方式来处理国家间关系等手段，提升东盟治理的合法性和适用性；二是加强与东盟在政治安全议题上的交流与合作，巩固双方战略互信；三是从经济、贸易、金融等领域帮助东盟国家的发展，支持东盟共同体建设，增强东盟承担主导东亚区域化任务的能力。

中国应当积极参与东亚区域化，在这一过程中巩固和增进在东盟主导机制中的地位和作用，推动利用东盟规范解决区域议题。东盟规范是东盟机制的核心特征，在非正式和弱制度化的东盟机制框架背后，正是东盟规范在管理和约束集体内部行为；因此，作为区域内举足轻重的大国，中国如果能积极主动地利用东盟规范解决区域冲突、协调国家间关系，是对东盟主导机制的最大支持。并且，这一努力也是符合中国的安全战略的，并不会伤害中国的安全利益：冷战后，东盟对中国的意义更加重要——特别是因为中国所倡导的国际社会规范与东盟方式相关联，这在中美关系没有得到重大改善的情况下，使得东盟规范变得尤其重要；为了在区域事务中反对霸权主义和权力政治，中国倡导的国际秩序和安全观念建立在与东盟相似的规

---

[1] 刘江永：“通向东亚共同体之路：合作与创新——新形势下的综合性战略思考”，载《外交评论》2010 年第 2 期。

范基础上，如尊重国家主权、不干涉、安静外交和深度协商等。[1] 2002年，中国总结和完善了前国家主席江泽民提出的“新安全观”概念，以完整的文件形式散发到东盟地区论坛。文件表示，中国新安全观的核心是互信、互利、平等、协作，合作模式可以是灵活而多样的，比如合作机制可以包括（具有较强约束力的）多边安全机制，也可以包括论坛性质的多边安全对话、双边磋商、学术对话、经济融合等[2]；就这一文件表达的实质性要求来看，中国的安全战略和东盟治理的行为方式是相适应的，尊重和利用东盟规范与中国安全利益不仅不相冲突、还能彼此促进。因此，在这个方向上的努力不仅对尊重和鼓励东盟机制的地位和作用有利，同时也是对中国安全战略的巩固，中国应当在自我安全观念的基础上寻求与东盟规范的契合点，支持东盟机制在区域事务中的作用。

当前中国周边安全议题，如中国南海争端，其实正是一个较为适合通过“东盟方式”这样的规范来解决的议题。就这个议题来看，东盟国家与这一问题的相关性使东盟规范有机会得以适用，大体上利用东盟机制作为争端解决机制对于中国来说是有利的。虽然东盟作为集体参与对话可能会增强东盟国家对中国的谈判能力，但是从长远的区域化发展来看，如果东盟区域治理能够应用于东亚区域范围的安全议题甚至取得成功，那么结果很可能是对中国有利的：首先，东盟规范将获得更为广泛的合法性，东亚区域化可能向前迈出一大步；其次，中国将在区域机制内获得更有力的支持，在区域化进程中的地位将大

[1] Jürgen Haacke, *ASEAN's Diplomatic and Security Culture: Origins, development and prospects*, p. 138.

[2] “中国代表团向东盟地区论坛提交新安全观立场文件”，载中华人民共和国外交部网站，http://www.fmprc.gov.cn/mfa_chn/wjbxw_602253/t4693.shtml.

幅提升；最后，这也有助于抵制美国意图掌控东亚区域化的政策，抵制美国鼓励部分国家采用武力处理区域争端、挑动区域对立的行为，消减美国干涉东亚区域化最重要的手段（双边联盟体系）的实际意义。当然，如中国南海争端这样的区域性议题的复杂性决定了采取区域性机制的手段免不了伴随着一定的风险，但中国只要表明支持东盟规范，甚至至少在姿态上倾向于东亚区域机制的解决途径，就已经在区域性制度建构中占据了有利地位，并且在进一步的具体协商过程中也还拥有灵活处理的空间。

中国和东盟在政治安全领域的合作已经取得了一定的成效，有必要继续加强以巩固战略互信。2002 年中国和东盟国家的签署《南海各方行为宣言》以及《中国与东盟关于非传统安全领域合作联合宣言》是一个良好的开端。在《南海各方行为宣言》中，参与国都表示将采取磋商、谈判等和平方式解决相互间的争端，这是符合东盟规范的基本做法的；此外，宣言还表达了各国在海洋、环保、航海和跨国犯罪等领域进行合作的意愿，这一意愿在后一个宣言中表达得更加清晰，各国明确了在非传统安全领域加强合作的重点。[1]当然，后续的一些条约，如《中国—东盟面向和平与繁荣的战略伙伴关系联合宣言》、《中国—东盟领导人关于可持续发展的联合声明》在前述条约的基础上，延续了加强中国—东盟合作的努力。这些条约背后又包含了一系列具体的协议、方案和计划，构成了中国—东盟合作的整体框架。[2]虽然这些合作还面临着一些传统难题，但其意义

〔1〕《南海各方行为宣言》，http：//www. fmprc. gov. cn/mfa _chn/ziliao _611306/1179 _611310/t4553. shtml；《中国与东盟关于非传统安全领域合作联合宣言》，http：//www. fmprc. gov. cn/mfa _chn/gjhdq _603914/gjhdqzz _609676/lhg _610158/zywj _610170/t10985. shtml.

〔2〕郑先武："中国—东盟安全合作的综合化"，载《现代国际关系》2012 年第 3 期。

是不容否认的。中国—东盟合作强调和尊重了东盟国家坚持的东盟规范，符合东盟治理的基本方式，无疑有助于加强双方社会化交往，改变中国—东盟关系由于国家制度、意识形态等差异带来的不利影响，以推进战略互信。[1]近年来，中国和东盟开始就落实早在《南海各方行为宣言》中提出的《南海各方行为准则》谈判进行磋商，经过反复接触和讨论，这一过程最终于2013年9月通过中国—东盟高官会议开启。[2]正如一些观察者所说，这实际上是中国积极面对问题、解决问题的必需之举，中国应主动参与磋商、积极把握议程走向。[3]中国—东盟在这一问题上的合作正是东亚区域治理的一部分。东盟治理的经验表明，区域治理的关键是区域内社会化互动的良性发展，而区域社会化成功的前提是国际信任的改善；因此，分别作为区域化有力推动者和主导者的中国和东盟，二者相互关系的改善对东亚区域化的成效至关重要。

此外，中国与东盟关系在经贸领域的合作已经达到了一个新的阶段，中国应当加强对东盟经济发展的支持。近年来，东盟与中国的合作最重要的成就之一就是2010年基本建成的中国—东盟自贸区；通过自贸区建设，中国与东盟间经济联系变

---

〔1〕 中国—东盟关系在交往中获得了一定程度的发展，但这种关系的基础仍然是存在风险的，在交往中加强信任关系尤为关键。见尹继武："文化与国际信任：基于东亚信任形成的比较分析"，载《外交评论》2011年第4期。

〔2〕 2013年9月14日~15日，由中国外交部副部长刘振民和泰国外交次长西哈萨共同主持的落实《南海各方行为宣言》的第六次高官会和第九次联合工作组会议，首次正式就"南海行为准则"进行磋商。见"中国东盟首商南海行为准则"，载东方早报网，2013年9月16日，http：//www.dfdaily.com/html/51/2013/9/16/1072260.shtml.

〔3〕 蒋国学、林兰钊："制订'南海行为准则'对中国南海维权的影响及对策分析"，载《和平与发展》2012年第5期；冷新宇："南海行为准则不一定是件坏事"，载《中国经济周刊》2012年第30期。

得空前紧密，使中国的和平崛起不再被东盟视为威胁，有力地改善了中国—东盟关系。[1]如前文所述，中国—东盟自贸区的建设导致双边贸易量激增，双方在彼此外贸中所占比例持续上升，迄今中国已经成为东盟最大的贸易伙伴，超越了东盟的传统贸易伙伴美国、日本和欧盟，以事实证明了这一广阔区域的市场潜力。[2]但是，对于双方来说，现有的制度结构并非足够完善，实际上，自贸区建设还有相当大的继续深化的空间，还可以提供更加丰富的双赢效益[3]。中国—东盟自贸区升级版的提出，正是基于这种发展前景的潜力。与自贸区相关，中国还可以借助于其他经贸多边机制，以作为中国—东盟自贸区的补充，加强双方的经贸联系[4]。近年来，东盟经济发展受到全球性经济危机的拖累，对东盟共同体建设也产生了消极影响，这种影响也是批评者怀疑东盟在东亚区域化中主导能力的重要原因。因此，中国应当在经贸领域给予东盟国家更大支持，一是经贸合作的研究与改进，在强化经济联系的同时帮助东盟摆脱

〔1〕 Shamsul Khan and Lei Yu, "Evolving China-ASEAN Relations and CAFTA: Chinese Perspectives on China's Initiatives in Relation to ASEAN Plus 1", *European Journal of East Asian Studies*, 12 (2013), pp. 81～107.

〔2〕 "中国—东盟贸易额十年翻两番　自贸区升级版谈判将达标"，中国—东盟中心，2014 年 7 月 24 日，http://www.asean-china-center.org/2014-07/24/c_133507964.htm.

〔3〕 如调查研究表明，自贸区宏观数据增长的同时，在微观层面仍存在诸多制度障碍，导致自贸区利用率还不高；从双边贸易反映出的产业结构状况看，自贸区对发达国家的依赖还很严重，区域最终产品市场未形成。见沈铭辉："中国—东盟自由贸易区：成就与评估"，载《国际经济合作》2013 年第 9 期；丁平、周经："中国—东盟自贸区的发展与挑战"，载《国际经济合作》2013 年第 6 期；蓝庆新、郑云溪："中国—东盟区域产业内贸易分析及对策研究"，载《亚太经济》2011 年第 3 期。

〔4〕 如区域全面经济伙伴关系协定（RCEP）就是一例，它对推进区域多边贸易机制、巩固域内经贸联系非常有利，中国应当积极参与和把握这一谈判。见袁波、王蕊："对我国当前推进 RCEP 谈判的几点思考"，载《国际贸易》2014 年第 1 期。

危机的影响，增强发展信心；二是对中国周边的东盟新成员国加大投资和扶持，不仅可以改善中国国际环境，更可以帮助东盟减小内部经济差距、维护东盟团结。

从东盟的方面来看，它也是非常需要中国的支持的。这一方面是由于中国—东盟自贸区的顺利发展，双方在经贸利益上加强了联系、拥有了更多共同利益；正如新加坡前总理吴作栋在东亚经济峰会上所说，东盟“必须正视崛起的中国带来的挑战和机遇……搭上中国发展的经济快车”[1]。而且，在东亚区域化进程中双方也存在共同立场，甚至有的学者指出，东盟治理框架在东亚区域内取得成功，在很大程度上需要同“中国—东盟”关系的成熟以及中国对东盟治理路径的有力支持联系起来，才能得到完整的理解，并且这种“联盟”、中国对东盟核心目标和规范的支持都可望持续下去[2]；至少目前看来，中国与东盟在区域化方式的选择上是趋同的，加上东盟急于维护其国际地位、维护在东亚区域化中的核心位置，因此中国是完全可以与东盟在东盟规范的扩散和巩固上采取合作的。

正是基于双方的互相需求，近年来，中国—东盟关系层层推进，不断攀高，中国也的确是在朝着加深与东盟关系、支持东盟共同体建设和东盟主导作用的方向努力。继中国—东盟自贸区进入“升级版”谈判后，中国领导人对中国—东盟关系的定位也越来越高：2013年9月，李克强总理在中国—东盟商务与投资峰会上倡议将中国—东盟关系由过去的“黄金十年”推进到未来的

---

〔1〕 Keynote Address By Singapore Prime Minister Goh Chok Tong At The Wef East Asia Economic Summit 2002 On Tuesday, 8 October, 2002, Kuala Lumpur, Malaysia. http://www.mfa.gov.sg/content/mfa/overseasmission/wellington/press _ statements _ speeches/2002/200210/press _200210 _2.html.

〔2〕 Richard Stubbs, "The ASEAN alternative? Ideas, institutions and the challenge to 'global' governance", pp. 464 ~465.

“钻石十年”[1]，而随后不久，习近平主席在访问印尼时更是提出建设“中国—东盟命运共同体”的战略目标，甚至表示，中国愿和东盟商谈缔结睦邻友好合作条约，并重申“中国将一如既往支持东盟发展壮大，支持东盟共同体建设，支持东盟在区域合作中发挥主导作用”[2]。中国—东盟关系的不断加强，对区域治理机制的完善、对东盟积极作用的发挥，必然会是正面的推动力。

除了推动东盟发挥积极作用，东亚区域治理面临的另一问题是域外因素的强力干涉。如东盟治理一样，治理机制的建立和成效都难以摆脱外部大国的影响。这主要是指，出于政治经济利益考虑，美国绝不愿意坐视一个排除美国参与的东亚区域出现，如前文所述，美国重返亚洲，行动的重点就在于干涉东亚区域化；而东亚的另一个大国——日本虽然也认识到了东亚区域化的利益，但同时又对中国的崛起充满疑虑，倾向于紧随美国战略而动，用美国因素来制衡中国，对东亚区域化缺乏诚意。东亚区域化无法建立基本的治理机制，欠缺区域内社会化良性互动的政治基础，很大程度上与此相关。美日因素阻碍东亚区域化一个显著的例子就是区域化范围之争。

关于东亚区域化的范围，存在亚太和东亚的争议。这主要是因为美国不希望存在一个局限于东亚范围的区域机制，担心无法掌控排除自身存在的机制，因而用更大范围的亚太机制来加强干涉；而日本也担心严格意义上的东亚区域范围界定会使得中国影响力过大的问题，提出扩大东亚范围，稀释中国在区域化

[1] “李克强在中国—东盟博览会和商务与投资峰会上致辞”，载中华人民共和国外交部网站，2013 年 9 月 3 日，http://www.fmprc.gov.cn/mfa_chn/zyxw_602251/t1072519.shtml.

[2] “习近平在印尼国会发表演讲：携手建设中国—东盟命运共同体”，载新华网，2013 年10 月3 日，http://news.xinhuanet.com/world/2013-10/03/c_117591652_2.htm.

中的比重。但是，如果范围过大、甚至扩展到整个亚太，那就和 APEC 等组织缺乏明显的区别，这样东亚区域组织的内聚力和集体性必然被削弱和淡化，会加大集体行动的困难，区域治理将很难取得成效。这正是前文分析过的问题，即大国竞争对东亚区域化的阻碍。在这一问题上，中国和东盟的意向是相似的：维护东亚区域机制的核心结构，特别是以“10 + 1”为支柱的“10 + 3”结构；虽然东盟习惯于在区域机制中采取大国平衡战略，但它也不愿意接受域外大国的过度干涉，担心自身地位受到排挤。这是东亚区域化至今未能解决的分歧，牵制了东亚区域机制走向成熟。

因此，除了尽可能改善中美关系、增进战略互信，中国还应当参与建设开放的东亚区域主义，巩固东盟核心位置的同时，以正确的态度面对美国的参与。

开放的区域主义意味着，必须承认不可能完全将美国排除在东亚区域化进程之外——只要这一进程确实存在，关键的问题就是“如何参与”。美国的问题是政治安全领域存在疑虑的问题，这在东亚国家间关系出现实质性转变之前都将维持下去。既然这一事实不可否认，那么中国就应当积极面对美国的参与。

中国有必要加强与美国的对话和交流，在重大议题上增进双边合作，特别是在政治安全领域扩展双方的战略互信、围绕共同安全利益进行磋商和协调，应尽可能将这一关系与东亚区域治理结合起来，使其成为东亚区域机制的一部分，使双边协商成为东亚多边合作机制的一个重要推动力。[1]这是因为，现

---

〔1〕 朱宁在一篇论文中提出，中国应提出以“中国方式（China Way）”为特征的东亚安全合作模式，既不同于美国的联盟安全模式，也不同于东盟的合作安全模式，而是一种“协作治理（Collaborative Governance）”，其构想的特征和本书相似。见朱宁：“东亚安全合作的三种模式——联盟安全、合作安全及协治安全的比较分析”，载《世界经济与政治》2006 年第 9 期。

有的东亚国际环境决定了在政治安全问题上大国仍然起着决定性作用，区域治理一方面受到大国关系的阻遏，一方面又必须依靠大国的协作才能达到目标。当然，美国虽然高调宣布重返亚洲，干涉东亚区域机制的建构，但是从国际局势的发展上看，受金融危机影响的美国未必有能力投入足够的资源进行干涉，而东亚国家与美国的战略方向之间也存在分歧，即便是美国的盟友也很难完全支持美国的干涉，比如，美国推广“泛太平洋伙伴关系协定”遇到的困难就表明了这一点，这也削弱了美国干涉能力的基础〔1〕。因此，美国很大可能主要采用相对柔和或间接的外交和经济手段，而不太可能利用过于强硬、直接的方式。由于中国在国际舞台上日益凸显其重要性，中美之间的关系不可能过于对立，可以期待，合作和竞争会是中美关系的主要内容，需要中国谨慎对待。

与美国因素相伴的是，近年来，日本在区域安全中不断挑起事端，特别是针对中国采取各种制衡、敌对行为。虽然日本前首相鸠山由纪夫曾提出“东亚共同体”的概念，但中日关系总体来看相当不稳定，特别是近年来，由于钓鱼岛领土争端、日本修宪问题、历史教科书等问题引起的争议不断，每一届日本政府都在这些问题上摇摆不定，2012 年日本政府权力重归安倍晋三的自民党之手后，中日冲突更缺乏缓和的迹象〔2〕。在中

〔1〕 从全球范围看，美国仍然背负着繁重的安全负担，在中东中亚局势仍不稳定的情况下，尚未从金融危机影响中恢复过来的美国甚至还在削减开支（包括军费开支），这意味着美国亚太战略的实施能力有限；而东亚各国对美国以亚太取代东亚的战略也并不完全支持。见金灿荣、刘宣佑、黄达：“‘美国亚太再平衡战略’对中美关系的影响”，载《东北亚论坛》2013 年第 5 期。

〔2〕 随着安倍晋三政府在 2013 年 7 月的参议员选举中获胜，日本右翼势力显得更难以克制。见刘江永：“安倍再度执政后的中日关系展望”，载《东北亚论坛》2013 年第 2 期。

日冲突议题上，日本政府常常表现出不耐于对话交流，而采取单方面行动[1]，使得双边协商机制落空。在双边协商不利的情况下，区域治理机制也许是解决问题的最佳选择，在多边安全机制中，冲突管理才有可能获得更广阔的回旋空间，为缓解紧张局势、寻求大国合作创造条件。

那么，关键问题就是将大国协调甚至传统的国际制衡融入区域治理之中。中国应当在处理安全问题时积极引入区域性安全机制，不仅仅依靠大国之间双边谈判，更有必要依靠得到普遍认可的区域性多边协商机制来缓解危机、削弱冲突，并始终坚持区域治理规范[2]；正如东盟治理所表现的那样，抛开意识形态、政治体制等因素的干扰，在平等的基础上就具体问题展开耐心的对话交流，逐渐消除对立观念，改善国家间关系基础。即便大国竞争不可消除，并且这一途径也充满艰险，但通过区域治理的方式来管理、解决冲突，并在这一过程中推动区域机制的成熟，从长期发展来看，也是可以推动区域内无政府文化的进步、区域化结构的改善的，是符合中国的长远利益的。

近年来，中国外交在处理安全问题的过程中已经越发明显地表现出对多边机制的接纳，甚至开始主动塑造有利于中国利益的多边机制；比如，在东亚区域最复杂的领土争端之一——南海争端中，中国政府从以前坚持以双边谈判的方式解决问题，

〔1〕 如2013年12月17日，在领土争端带来的紧张局势尚未缓解的情况下，日本内阁会议通过了《国家安全保障战略》和《防卫计划大纲》，明确针对钓鱼岛问题表达强硬立场。载中新网："日本通过新防卫政策称将与中国就钓鱼岛长期对立"，http：//www. hi. chinanews. com/hnnew/2013 - 12 - 17/331318. html.

〔2〕 在这样一个国际格局出现重大变化的时刻，从现实主义出发的大国均衡、以区域治理为重的多边机制都是中国需要依仗的手段，以建立适应变化的新秩序。见王敏："权力变迁冲击下的东亚安全新态势"，载《世界经济与政治》2012年第10期。

到逐渐接受采取多边机制进行磋商，并积极推动多边机制的创建：从2010年开始，中国对与东盟进行《南海各方行为准则》谈判表达了开放的态度，之后，中国积极推动中国—东盟高官会议和中国—东盟联合工作组就相关问题进行磋商；2011年7月20日，在印尼巴厘岛举行的高官会议上，中国—东盟就落实《南海各方行为宣言》的指导方针达成一致，并“就今后工作达成一系列重要共识”[1]。从该“指导方针来看”，中国与东盟就南海问题磋商方式达成的共识合乎东盟治理方式的特征，如循序渐进、交流协商、以建立互信为起点、重视人际关系功能等。[2]对于处理如南海争端这样复杂的区域性问题，中国认识到了东盟治理方式的意义，并在塑造多边外交机制的实践中加以倡导，如2013年，中国外交部长王毅在谈及“南海各方行为准则”制定方式时，再次确认了包括反对速成论、协商一致（甚至明确出现“照顾各方舒适度”这样的“东盟式”语言）、排除干扰、循序渐进在内的看法，都是其表现。[3]开放的态度无疑是必需的，当中国从总体战略上推进与东盟的关系时，如南海争端这样的敏感问题是回避不了的，而如果能以开放的态

〔1〕“落实《南海各方行为宣言》高官会就指导方针达成一致”，载中华人民共和国外交部网站，2011年7月31日，http://www.fmprc.gov.cn/ce/ceph/chn/zt/zgdmjldhgx20zn/t893365.htm.

〔2〕“中国与东盟国家就落实《南海各方行为宣言》指导方针达成一致”，载中华人民共和国外交部网站，2011年8月1日，http://www.fmprc.gov.cn/mfa_chn/wjbxw_602253/t844329.shtml.

〔3〕“王毅谈‘南海行为准则’进程”，载中华人民共和国外交部网站，2013年8月5日，http://www.fmprc.gov.cn/mfa_chn/zyxw_602251/t1064187.shtml. 另如，2014年6月9日的东盟地区论坛高官会上，中国外交部副部长谈及妥善处理域内分歧和矛盾时，对东盟经验表示赞赏，如东盟倡导的“静悄悄外交”。见“外交部副部长刘振民在2014年东盟地区论坛高官会上的讲话”，载中华人民共和国外交部网站，2014年6月16日，http://www.fmprc.gov.cn/mfa_chn/ziliao_611306/zyjh_611308/t1165763.shtml.

度，利用好中国—东盟关系的战略成果，不断推进信任建构、创造互动氛围良好的多边机制，也许更有利于问题的解决。[1]

推动参与式区域治理也是中国应当采用的对策。参与式区域治理意味着东亚区域化除了在国家层次上需要综合大国协调和多边合作的双重架构，还需要考虑能为区域治理提供更有力支持的公民社会组织的作用。如前文所分析的那样，开放性区域治理是不可避免的趋势，如果能够将包括公民社会组织在内的多元主体纳入区域机制框架中，区域治理的行动可以获得更高的透明度和合法性，可以减少邻国间猜忌、增进相互理解和信任，可以带来更加开放和规则化的国家间互动，从而为区域认同所需要的区域社会化提供深厚的基础[2]。公民社会的参与可以拓宽国家间就相关议题的磋商渠道，甚至有助于缓和一些长期未决的冲突性议题，增强区域机制的冲突管理能力，如近年来日本政府在中日关系上不断挑起事端，政府间对话与磋商进展不大，而公民社会形成的对话渠道就显得尤其必要了，特别是思想学术渠道的对话[3]；实际上，东亚公民社会组织，如东亚展望小组（East Asian Vision Group，EAVG）、东亚研究小组（East Asian Studies Group，EASG）等，已经在东亚区域化中崭露头角，最典型的案例就是 2002 年东亚展望小组提出的“走

〔1〕 葛红亮、鞠海龙：“‘中国—东盟命运共同体’构想下南海问题的前景展望”，载《东北亚论坛》2014 年第 4 期。

〔2〕 Amitav Acharya，“Democratisation and the prospects for participatory regionalism in Southeast Asia”，*Third world Quarterly*，Vol. 24，No. 2，2003，p. 377.

〔3〕 思想学术领域的对话，由于其非正式性和相对理性，可望形成具有积极意义的对话渠道。日本国内存在一些始终坚持友好协商立场的学术机构，可以在官方渠道之外发挥重要作用；例如，2013 年 7 月 25 日，日本前首相鸠山由纪夫，也正是“东亚共同体”概念的积极倡导者，就在东京成立了“东亚共同体研究所”，旨在推进东亚共同体建设。http：//www. chinadaily. com. cn/hqzx/2013 – 07/26/content _ 16835313. htm.

向东亚共同体”报告成为“东盟 +3”会议讨论东亚合作的方向；此外，在“10 +3”框架内还存在东亚论坛（East Asia Forum）、东亚思想库网络（Network of East Asia Think Tanks）、东亚综合人力资源开发项目（Comprehensive Human Resources Development Program for East Asia），以及马来西亚牵头的东亚大会（East Asian Congress）等[1]。这些组织的作用应当得到更大的重视的同时，还应当鼓励和支持非官方框架下的东亚公民社会组织的活动；需要认识到，即便可能存在与官方立场的差异，非官方框架内的公民社会组织仍可以就区域性议题进行更加广泛地协商和讨论，可以充分地表达区域内公民社会意见和利益，这对于区域治理的代表性和全面性都是极为有利的。中国应当致力于在公民社会组织和东亚区域性正式框架之间建立起恰当的沟通和协调机制，使这一新生力量以有效的方式融入东亚区域治理当中去，使东亚区域治理中的社会化互动变得更加多元和稳固。

中国在推动东亚区域化的方向上已经有所行动，在多边合作框架中表现较为积极；中国应当坚持和深入这一方向，与东亚邻国加深在共同的区域治理议题上的协作，通过基于共同利益的合作与探索，找到更适合于区域现实和自身利益的区域化途径，以更有效地推进东亚区域化。

---

〔1〕 这些协调机制都属于东亚二轨进程的一部分。http：//www. neat. org. cn/chinese/hzjz/index. php? topic _id =001005.

一、中文文献：

1. ［加］阿米塔·阿查亚：《建构安全共同体：东盟与地区秩序》，王正毅、冯怀信译，上海人民出版社 2004 年版。

2. ［美］安德鲁·莫劳夫奇克：《欧洲的抉择——社会目标和政府权力：从墨西拿到马斯特里赫特》，赵晨、陈志瑞译，社会科学文献出版社 2008 年版。

3. ［英］巴里·布赞、理查德·利特尔：《世界史中的国际体系：国际关系研究的再构建》，刘德斌主译，高等教育出版社 2004 年版。

4. ［英］巴里·布赞、［丹］奥利·维夫：《地区安全复合体与国际安全结构》，潘忠岐等译，上海人民出版社 2010 年版。

5. ［德］贝娅特·科勒－科赫、托马斯·康策尔曼、米歇勒·克诺特：《欧洲一体化与欧盟治理》，顾俊礼等译，中国社会科学出版社 2004 年版。

6. ［美］彼得·卡赞斯坦：《地区构成的世界：美国帝权中的亚洲和欧洲》，秦亚青、魏玲译，北京大学出版社 2007 年版。

7. ［美］戴维·卡莱欧：《欧洲的未来》，冯绍雷等译，上海人民出版社 2003 年版。

8. ［日］吉原恒淑、［美］詹姆斯·霍姆斯：《红星照耀太平洋：中国崛起与美国海上战略》，钟飞腾等译，社会科学文献出版社 2014 年版。

9. ［韩］具天书：《东北亚共同体建设：阻碍性因素及其超越——韩国的视角》，北京大学出版社 2014 年版。

10. ［菲］鲁道夫·C. 塞韦里诺：《东南亚共同体探源：来自东盟前秘书长的洞见》，王玉主等译，社会科学文献出版社 2012 年版。

11. ［美］罗伯特·吉尔平：《全球资本主义的挑战：21 世纪的世界经济》，杨宇光、杨炯译，上海人民出版社 2001 年版。

12. ［美］罗伯特·基欧汉、约瑟夫·奈：《权力与相互依赖》，门洪华译，北京大学出版社 2002 年版。

13. ［美］亚历山大·温特：《国际政治的社会理论》，秦亚青译，上海人民出版社 2000 年版。

14. ［美］约瑟夫·S. 奈、约翰·D. 唐纳胡主编：《全球化世界的治理》，王勇等译，世界知识出版社 2003 年版。

15. ［美］詹姆斯·N. 罗西瑙主编：《没有政府的治理》，张胜军等译，江西人民出版社 2001 年版。

16. ［美］赵全胜：《大国政治与外交：美国、日本、中国与大国关系管理》，世界知识出版社 2009 年版。

17. ［英］D. G. E. 霍尔：《东南亚史》，商务印书馆 1982 年版。

18. 蔡拓：《全球化与政治的转型》，北京大学出版社 2007 年版。

19. 曹云华主编：《东南亚国家联盟：结构、运作与对外关系》，中国经济出版社 2011 年版。

20. 陈丙先、庄国土主编：《东盟研究 2013》，世界知识出版社 2014 年版。

21. 陈峰君、祁建华：《新地区主义与东亚合作》，中国经济出版社 2007 年版。

22. 陈玉刚主编：《超越威斯特伐利亚？——21 世纪国际关系的解读》，时事出版社 2004 年版。

23. 陈玉刚：《国家与超国家——欧洲一体化理论比较研究》，上海人民出版社 2001 年版。

24. 陈志敏、［比］古斯塔夫·盖拉茨：《欧洲联盟对外政策一体化——不可能的使命？》，时事出版社 2003 年版。

25. 广西社会科学院编：《第一届至第五届中国—东盟智库战略对话论坛论文选集》，广西人民出版社 2013 年版。

26. 国家统计局国际统计信息中心、国家统计局广西调查总队编：《中国—东盟国家统计手册 2013》，广西人民出版社 2013 年版。

27. 黄兴球、庄国土主编：《东盟研究（2011）》，世界知识出版社 2012 年版。

28. 黄志勇、邝中、谭春枝：《通向命运共同体之路：筹建亚洲基础设施投资银行率先在中国—东盟区域取得突破研究》，广西人民出版社 2013 年版。

29. 江帆：《东盟安全共同体变迁规律研究：历史制度主义视角下与阿米塔·阿查亚教授商榷》，中国社会科学出版社 2013 年版。

30. 卢光盛：《地区主义与东盟经济合作》，上海辞书出版社 2008 年版。

31. 马嫚：《区域主义与发展中国家》，中国社会科学出版社 2002 年版。

32. 倪世雄等：《当代西方国际关系理论》，复旦大学出版社 2001 年版。

33. 秦亚青主编：《观念、制度与政策：欧盟软权力研究》，世界知识出版社 2008 年版。

34. 秦亚青主编：《理性与国际合作：自由主义国际关系理论研究》，世界知识出版社 2008 年版。

35. 秦亚青主编：《文化与国际社会：建构主义国际关系理论研究》，世界知识出版社 2006 年版。

36. 秦亚青：《权力·制度·文化：国际关系理论与方法研究文集》，北京大学出版社 2005 年版。

37. 秦红增主编：《多元视角下的中国—东盟研究》，民族出版社 2012 年版。

38. 时殷弘：《21 世纪初期世界政治的基本性质和中国的应有战略》，中国人民大学出版社 2006 年版。

39. 时殷弘：《近现代国际关系史》，中国人民大学出版社 2007 年版。

40. 宋伟：《捍卫霸权利益：美国地区一体化战略的演变（1945～2005）》，北京大学出版社 2014 年版。

41. 宋玉华等：《开放的地区主义与亚太经合组织》，商务印书馆 2001 年版。

42. 苏长和主编：《全球化、亚洲区域主义与中国的和平发展》，复旦大学出版社 2012 年版。

43. 王萍：《走向开放的地区主义——拉丁美洲一体化研究》，人民出版社 2005 年版。

44. 王士录、王国平：《从东盟到大东盟——东盟 30 年发展研究》，世界知识出版社 1998 年版。

45. 王文奇、赵静华：《区域化的世界：地区分据还是全球同归》，长春出版社 2011 年版。

46. 王玉主：《东盟 40 年：区域经济合作的动力机制（1967 ~ 2007）》，社会科学文献出版社 2011 年版。

47. 王正毅、［美］迈尔斯·卡勒、［日］高木诚一郎主编：《亚洲区域合作的政治经济分析——制度建设、安全合作与经济增长》，上海人民出版社 2007 年版。

48. 王子昌：《东盟外交共同体：主体及表现》，时事出版社 2011 年版。

49. 王子昌、郭又新：《国家利益还是地区利益——东盟合作的政治经济学》，世界知识出版社 2005 年版。

50. 韦红：《地区主义视野下的中国—东盟合作研究》，世界知识出版社 2007 年版。

51. 韦民：《民族主义与地区主义的互动：东盟研究新视角》，北京大学出版社 2005 年版。

52. 温北炎、郑一省：《后苏哈托时代的印度尼西亚》，世界知识出版社 2006 年版。

53. 肖欢容：《地区主义：理论的历史演进》，北京广播学院出版社 2003 年版。

54. ［日］星野昭吉、刘小林主编：《全球政治与东亚区域化：全球化、区域化与中日关系》，北京师范大学出版社 2012 年版。

55. 杨虹：《新地区主义：中国与东亚共同发展》，中国社会科学出版社 2011 年版。

56. 俞可平主编：《全球化：全球治理》，社会科学文献出版社 2003 年版。

57. 俞可平主编：《治理与善治》，社会科学文献出版社 2000 年版。

58. 张建中：《贸易、投资与环境协同发展的机制研究：以 CAFTA 为例》，中国社会科学出版社 2013 年版。

59. 张云：《国际政治中“弱者”的逻辑——东盟与亚太地区大国关系》，社会科学文献出版社 2010 年版。

60. 赵晨：《东南亚国家联盟——成立发展同主要大国的关系》，中国物资出版社 1994 年版。

61. 郑先武：《安全、合作与共同体：东南亚安全区域主义理论与实践》，南京大学出版社 2009 年版。

62. 周喜梅、滕成达主编：《东盟研究 2012》，世界知识出版社 2014 年版。

63. ［法］玛丽－克劳德·斯莫茨：“治理在国际关系中的正确运用”，肖孝毛译，载《国际社会科学杂志（中文版）》1999 年第 1 期。

64. ［美］安德鲁·莫劳夫奇克：“东亚一体化到底有多特殊?”，师小芹译，载《国际政治研究》2011 年第 1 期。

65. 白云真、贾启辰：“新功能主义视域下的东亚区域治理”，载《太平洋学报》2013 年第 2 期。

66. 蔡鹏鸿：“亚太区域架构变动的现状与前景”，载《现代国际关系》2013 年第 7 期。

67. 曹云华：“论东南亚地区秩序”，载《东南亚研究》2011 年第 5 期。

68. 曹云华、甘燕飞：“东南亚地区形势：2012 年”，载《东南亚研究》2012 年第 2 期。

69. 曹云华、姚家庆：“后自由贸易区时代的中国—东盟合作”，载《东南亚纵横》2011 年第 11 期。

70. 陈绍峰、李永辉：“全球治理及其局限”，载《当代世界与社会主义》2001 年第 6 期。

71. 陈廷根："东亚经济一体化的困境与出路"，载《东南亚研究》2012 年第 2 期。

72. 陈雯："试析东盟 5 国区域贸易合作的局限性"，载《国际贸易问题》2003 年第 3 期。

73. 陈文："建设互联互通东盟　凸显大国平衡外交——东盟 2010 年内外合作分析"，载《东南亚纵横》2011 年第 2 期。

74. 程晓勇："东盟超越不干涉主义？——基于缅甸问题的考察与分析"，载《太平洋学报》2012 年第 11 期。

75. 邓应文："东南亚地区形势：2014 年"，载《东南亚研究》2014 年第 2 期。

76. 丁平、周经："中国—东盟自贸区的发展与挑战"，载《国际经济合作》2013 年第 6 期。

77. 冯仲平："欧盟'内倾'弱化了其国际影响"，载《现代国际关系》2006 年第 9 期。

78. 葛红亮、鞠海龙："'中国—东盟命运共同体'构想下南海问题的前景展望"，载《东北亚论坛》2014 年第 4 期。

79. 耿协峰："呼唤新地区主义研究的中国视角"，载《教学与研究》2005 年第 11 期。

80. 耿协峰："新地区主义的核心价值"，载《国际经济评论》2004 年第 1 期。

81. 耿协峰："新地区主义研究——不同视角的评析"，载《国际政治研究》2001 年第 1 期。

82. 顾静："美国多边主义东亚新政策剖析"，载《东南亚研究》2011 年第 6 期。

83. 郭琼、陈一一："主导性国家与东盟安全共同体的建构——兼谈美国重返东南亚对建构东盟安全共同体的影响"，载《东南亚研究》2012 年第 5 期。

84. 黄大慧、韩爱勇："东亚地区主义研究评析"，载《外交评论》2011 年第 3 期。

85. 黄永光："多边机制与东亚安全秩序"，载《太平洋学报》2011 年第 3 期。

86. 蒋国学、林兰钊："制订"南海行为准则"对中国南海维权的影响及对策分析"，载《和平与发展》2012 年第 5 期。

87. 金灿荣、刘宣佑、黄达："'美国亚太再平衡战略'对中美关系的影响"，载《东北亚论坛》2013 年第 5 期。

88. 蓝庆新、郑云溪："中国—东盟区域产业内贸易分析及对策研究"，载《亚太经济》2011 年第 3 期。

89. 冷新宇："南海行为准则不一定是件坏事"，载《中国经济周刊》2012 年第 30 期。

90. 李红、李军、方冬莉："2011 ~ 2012 年中国—东盟货物贸易数量分析与预测"，载《东南亚纵横》2012 年第 3 期。

91. 李巍："东亚货币秩序的政治基础——从单一主导到共同领导"，载《当代亚太》2012 年第 6 期。

92. 李文、陈雅慧："中国与东南亚国家关系的全面改善及其动因"，载《和平与发展》2011 年第 2 期。

93. 刘江永："通向东亚共同体之路：合作与创新——新形势下的综合性战略思考"，载《外交评论》2010 年第 2 期。

94. 刘江永："安倍再度执政后的中日关系展望"，载《东北亚论坛》2013 年第 2 期。

95. 刘鸣："2015 年东盟经济共同体：发展进程、机遇与存在的问题"，载《世界经济研究》2012 年第 10 期。

96. 刘新生："风雨同行　共谋发展——中国与东盟建立对话关系 20 周年回顾和展望"，载《东南亚纵横》2012 年第 2 期。

97. 卢静："全球治理：地区主义与其治理的视角"，载《教学与研究》2008 年第 4 期。

98. 陆晓红："试析《东盟宪章》中的不干涉原则"，载《外交评论》2009 年第 2 期。

99. 马嫚："东盟中国'10 + 1'关系的全方位发展——纪念中国—东盟建立对话伙伴关系 20 周年"，载《东南亚纵横》2011 年第 2 期。

100. 庞中英："地区化、地区性与地区主义——论东亚地区主义"，载

《世界经济与政治》2003年第11期。

101. 庞中英："地区主义与民族主义"，载《欧洲》1999年第2期。

102. 庞中英："东盟与东亚：微妙的'东亚地区主义'"，载《太平洋学报》2001年第2期。

103. 庞中英："东亚地区主义的进展与其问题——能否打破现实主义的思维牢笼"，载《东南亚研究》2003年第3期。

104. 庞中英："东亚社会地区主义"，载《国际政治研究》2003年第3期。

105. 庞中英："危机和转变——新地区主义与东亚地区合作"，载《国际问题论坛》2004年第1期。

106. 庞中英："亚洲地区秩序的转变与中国"，载《外交评论》2005年总第4期。

107. 祁怀高："东亚区域合作领导权模式构想：东盟机制下的中美日合作领导模式"，载《东南亚研究》2011年第4期。

108. 秦亚青："东亚共同体建设进程和美国的作用"，载《外交评论》2005年第6期。

109. 曲博："后金融危机时代的东亚货币合作：一种亚洲模式?"，载《当代亚太》2012年第6期。

110. 牛海彬："欧盟治理的变量与困境"，载《现代国际关系》2004年第7期。

111. 任晶晶、张晓敏："'比较区域一体化：欧洲的经验与东亚的现实国际学术研讨会综述'"，载《教学与研究》2005年第7期。

112. 沈铭辉："中国—东盟自由贸易区：成就与评估"，载《国际经济合作》2013年第9期。

113. 施锦芳、方庆亮："中日韩建立FTA面临的问题、可行性及对策分析"，载《日本研究》2013年第1期。

114. 宋静："美国因素影响下的亚太、东亚合作机制之争"，载《世界经济与政治论坛》2011年第1期。

115. 宋效峰："公民社会与东盟地区治理转型：参与与回应"，载《世界经济与政治论坛》2012年第4期。

116. 唐贤兴："全球治理：一个脆弱的概念"，载《国际观察》1999年第6期。

117. 王敏："权力变迁冲击下的东亚安全新态势"，载《世界经济与政治》2012年第10期。

118. 王勤、李南："东盟互联互通战略及其实施成效"，载《亚太经济》2014年第2期。

119. 王士录："2010年东南亚政治经济概述"，载《东南亚南亚研究》2011年第1期。

120. 王学玉："国际关系研究的地区主义视角"，载《当代世界社会主义问题》2004年第3期。

121. 王学玉："论地区主义及其对国际关系的影响"，载《现代国际关系》2002年第8期。

122. 王学玉："新地区主义——在国家和全球化之间架起桥梁"，载《世界经济与政治》2004年第1期。

123. 王正毅："亚洲区域化：从理性主义走向社会建构主义？——从国际政治经济学的角度看"，载《世界经济与政治》2003年第5期。

124. 王子昌："东南亚地区安全研究：方法与观点"，载《东南亚研究》2011年第1期。

125. 韦红："东盟安全共同体的特征及中国在其建设中的作用"，载《国际问题研究》2007年第2期。

126. 魏玲："《第二份东亚合作联合声明》与东亚共同体建设"，载《外交评论》2008年第1期。

127. 吴心伯："美国与东亚一体化"，载《国际问题研究》2007年第5期。

128. 伍贻康："欧盟治理模式的特征和发展态势"，载《世界经济研究》2008年第5期。

129. 伍贻康："欧盟软力量探析——欧盟治理模式的效应评价"，载《世界经济与政治》2008年第7期。

130. 吴昕春："治理的层次及其基本内容"，载《安徽师范大学学报（人文社会科学版）》2003年第3期。

131. 吴昕春：“论地区一体化进程中的地区治理”，载《现代国际关系》2002 年第 6 期。

132. 吴志成、杨娜：“全球治理的东亚视角”，载《国外理论动态》2012 年第 10 期。

133. 夏溦：“打造中国—东盟自贸区升级版”，载《新经济导刊》2014 年 21 期。

134. 肖欢容：“地区主义及其当代发展”，载《世界经济与政治》2000 年第 2 期。

135. 肖欢容：“地区主义理论的新进展”，载《世界经济与政治》2003 年第 4 期。

136. 肖欢容：“新地区主义的特点与成因”，载《东南亚研究》2003 年第 1 期。

137. 徐静波：“亚洲主义思维与现今的东亚共同体建设”，载《日本研究》2007 年第 4 期。

138. 许宁宁：“中国与东盟关系现状、趋势、对策”，载《东南亚纵横》2012 年第 3 期。

139. 尹继武：“文化与国际信任：基于东亚信任形成的比较分析”，载《外交评论》2011 年第 4 期。

140. 俞可平：“全球治理引论”，载《马克思主义与现实》2002 年第 1 期。

141. 于晓：“从东盟第 24 届峰会看东盟经济一体化进程”，载《中国经贸导刊》2014 年第 7 期。

142. 袁波、王蕊：“对我国当前推进 RCEP 谈判的几点思考”，载《国际贸易》2014 年第 1 期。

143. 苑春强、张茂荣：“中国—东盟自由贸易区的进展、问题及其与 ECFA 的互动”，载《亚太经济》2011 年第 1 期。

144. 赵国军：“论南海问题‘东盟化’的发展——东盟政策演变与中国应对”，载《国际展望》2013 年第 2 期。

145. 赵银亮：“东盟地区治理进程中的制度构建”，载《当代亚太》2006 年第 11 期。

146. 赵银亮："民主化和区域主义相关性研究：东盟的地区实践"，载《东南亚研究》2011 年第 2 期。

147. 张晗："机遇还是挑战——泛太平洋伙伴关系协定（TPP）的影响与中国的对策研究"，载《社会科学论坛》2014 年第 4 期。

148. 张明亮："从国内、国际政治的角度解析东南亚环境的困境与机遇"，载《东南亚研究》2011 年第 2 期。

149. 《东南亚纵横》编辑部："东南亚地区形势 2013 ~ 2014 年回顾与展望——专家访谈录"，载《东南亚纵横》2014 年第 1 期。

150. 张蕴岭："东亚区域合作的新趋势"，载《当代亚太》2009 年第 6 期。

151. 郑先武："安全区域主义：一种批判 IPE 分析视角"，载《欧洲研究》2005 年第 2 期。

152. 郑先武："新区域主义理论：渊源、发展与综合化趋势"，载《欧洲研究》2006 年第 1 期。

153. 郑先武："'东亚共同体'的虚幻愿景"，载《东南亚之窗》2007 年第 1 期。

154. 郑先武："中国—东盟安全合作的综合化"，载《现代国际关系》2012 年第 3 期。

155. 朱锋："奥巴马政府'转身亚洲'战略与中美关系"，载《现代国际关系》2012 年第 4 期。

二、英文文献

1. Acharya, Amitav, "a regional security community in Southeast Asia?", *the Journal of Strategic Studies*, Vol. 19, No. 3, Sept 1995, pp. 175 ~ 200.

2. Achaya, Amitav, "Imagined proximities: the making and unmaking of Southeast Asia as a Region", *Southeast Asian Journal of Social Science*, Vol. 27, No. 1, 1999, pp. 55 ~ 76.

3. Acharya, Amitav, "a Concert of Asia?", *Survival*, No. 3, Autumn 1999.

4. Acharya, Amitav, *the Quest for Identity: International Relations of Southeast Asia*, Oxford University Press, 2000.

5. Acharya, Amitav, *Constructing a Security Community in Southeast Asia: ASEAN and the Problem of Regional Order*, London: Routledge, 2001.

6. Acharya, Amitav, "How Ideas Spread: Whose Norms Matters? Norm Localization and Institutional Changes in Asian Regionalism", *International Organization*, Spring 2004.

7. Acharya, Amitav, "Do norms and identity matter? Community and power in Southeast Asia's regional order", *The Pacific Review*, Vol. 18, No. 1, March 2005, pp. 95 ~ 118.

8. Acharya, Amitav and Seng, Tan See, "Betwixt Balance and Community: America, ASEAN, and the Security of Southeast Asia", *International Relations of the Asia-Pacific*, 6, 1, 2006, pp. 37 ~ 59.

9. Acharya, Amitav, "arguing about ASEAN: what do we disagree about", *Cambridge Review of International Affairs*, Vol. 22, No. 3, September 2009.

10. Acharya, Amitav, "Democracy or death? Will democratisation bring greater regional instability to East Asia?" *The Pacific Review*, Vol. 23, No. 3, July 2010, pp. 335 ~ 358.

11. Antolik, Michael, *ASEAN and the Diplomacy of Accommodation*, Armonk, New York: M. E. Sharpe, Inc., 1990.

12. Ba, Alice D., "Regionalism's multiple negotiations: ASEAN in East Asia", *Cambridge Review of International Affairs*, Vol. 22, No. 3, September 2009, pp. 345 ~ 367.

13. Bache, Ian and Matthew Flinders eds., *Multi-level Governance*, Oxford University Press, 2004.

14. Baldwin, Richard E., "East Asian Regionalism: a Comparison with Europe", presented to the Japanese Ministry of Finance's Study Group on China, Tokyo, 3 February, 2003.

15. Beeson, Mark, *Contemporary Southeast Asia: Regional Dynamics, National Differences*, Basingstoke: Palgrave, 2004.

16. Beeson, Mark, *Regionalism and Globalization in East Asia: Politics, Security and Economic Development*, Basingstoke: Palgrave,

2007.

17. Beeson, Mark (with Alex Bellamy), *Securing Southeast Asia: The Politics of Security Sector Reform*, London: Routledge, 2008.

18. Beeson, Mark, *Institutions of the Asia-Pacific: ASEAN, APEC and Beyond*, London: Routledge, 2009.

19. Beeson, Mark and Richard Stubbs, *Routledge handbook of Asian regionalism*, Milton Park, Abingdon, Oxon; New York: Routledge, 2012.

20. Beeson, Mark and Fujian Li, *China's Regional Relations: Evolving Foreign Policy Dynamics*, London: Lynne Rienner Publishers, 2014.

21. Best, Edward, *Assessment of regional governance: principles, indicators and potential pitfalls*, UNU-CRIS Working Papers, 2008/10.

22. Bitzinger, Richard A. and Barry Desker, "Why East Asian War is Unlikely?", *Survival*, December, 2008.

23. Breslin, Shaun eds., *New Regionalism in the Global Economy: Theories and Cases*, London: Routledge, 2002.

24. Breslin, Shaun, Hughes, Phlips C., Rosamond, Ben eds., *New Regionalism in the Global Political Economy*, London: Routledge, 2002.

25. Bridges, Brian, "Learning from Europe. Lessons for Asian Pacific regionalism?", *Asia Europe Journal*, (2004) 2.

26. Buzan, Barry and Waever, Ole, *Regions and Powers: The Structure of International Security*, Cambridge University Press, 2003.

27. Cantori, L. J., S. L. Spiegel, *the International Politics of Regions: A Comparative Approach*, Prentice-Hall, 1970.

28. Checkel, Jeffrey T., "the Constructist Turn in International Relations Theory", *World Politics*, Vol. 50, January 1998.

29. Checkel, Jeffrey, "Why comply? Social learning and European identity change", *International Organization*, 55 (3), 2001, pp. 553 ~ 588.

30. Checkel, Jeffrey T., "International Institutions and Socialization in Europe: Introduction and Framework", *International Organization*, Vol. 59, No. 4, Autumn 2005.

31. Cockerham, Geoffrey B., "Regional Integration in ASEAN: Institutional Design and the ASEAN Way", *East Asia*, (2010) 27, pp. 165 ~ 185.

32. Cooper, Andrew F., Christopher W. Hughes and Philippe De Lombaerde eds., *Regionalisation and Global Governance*, Routledge, 2007.

33. Dosch, J., "ASEAN's reluctant liberal turn and the thorny road to democracy promotion", *The Pacific Review*, 21 (4), 2008, pp. 527 ~ 545.

34. Dupont, Alan, "ASEAN's Response to the East Timor Crisis", *Australian Journal of International Affairs*, Vol. 54, No. 2, 2000.

35. Emmers, Ralf, *Cooperative Security and the Balance of Power in ASEAN and the ARF*, New York: RoutledgeCurzon, 2003.

36. Emmers, Ralf eds., *ASEAN and the Institutionalization of East Asia*, London and New York: Routledge, 2012.

37. Emmerson, Don, "ASEAN as an Internaitonal Regime", *Journal of Internatonal Affairs*, Vol. 41, No. 1, 1987, pp. 1 ~ 16.

38. Egberink, Fenna and Putten, Frans-Paul van der, "ASEAN and Strategic Rivalry among the Great Powers in Asia", *Journal of Current Southeast Asian Affairs*, 3/2010, pp. 131 ~ 141.

39. Farrell, Mary, Bjorn Hettne and Luk van Langenhove eds., *The Global Politics of Regionalism. Theory and Practice*, London: Pluto Press, 2005.

40. Fawcett, Louise & Hurrell, Andrew eds., *Regionalism in World Politics: Regional Organization and International Order*, Oxford University Press, 1995.

41. Finnmore, Martha, *National Interest in Internatioal Society*, Ithaca, Cornell University Press, 1996.

42. Fong, Tan Suan, "European integration-A model for South-East Asia?", *Asia Europe Journal* (2005) 3: 1.

43. Ganesan, N., "ASEAN's Relations with Major External Powers", *Contemporary Southeast Asia*, Vol. 22, No. 2, August 2000.

44. Gershman, John, "Is Southeast Asia the Second Front?", *Foreign Affairs*, Vol. 81, No. 4, 2002.

45. Goh, Evelyn, "The ASEAN Regional Forum in United States East Asian

strategy", *The Pacific Review*, Vol. 17, No. 1, March 2004, pp. 47 ~ 69.

46. Gordon, Lincoln, "Economic Regionalism Reconsidered", World Politics, Vol. 13, 1961.

47. Haas Ernst, "The Study of Regional Integration: Reflections on the Joy and Anguish of Pretheorizing", *International Organization*, Vol. 24, No. 4, 1970.

48. Haacke, Jürgen, *ASEAN's Diplomatic and Security Culture*, London and New York: Routledge Curzon, 2003.

49. Hasebe, Yuichi and Nagendra Shrestha, "Economic Integration in East Asia: An International Input-Output Analysis", *the World Economy*, Vol. 29, 2006.

50. Henry, Laurence, "The ASEAN Way and Community Integration: Two Different Models of Regionalism", *European Law Journal*, Vol. 13, No. 6, November 2007.

51. Hettne, Björn and Söderbaum, Fredrik, "Theorizing the Rise of 'Regionness'", *New Political Economy*, 5 (3), 2000.

52. Hettne, Björn and Osvaldo Sunkel eds., *Comparing Regionalisms: Implications for Global Development*, N. Y: Palgrave, 2001.

53. Hopf, Ted, "the Promise of Constructist in Internaional Relations Theory", *International Security*, Vol. 23, No. 1, Summer 1998.

54. Huxley, Tim, "ASEAN's Prospective Security Role: Moving beyond the Indochina Fixation", *Contemporary Southeast Asia*, Vol. 9, No. 3, 1987

55. Hyun-Hoon Lee, Chung Mo Koo and Euijeong Park, "Are Exports of China, Japan and Korea Diverted in the Major Regional Trading Blocs?", *The World Economy*, Vol. 31, 2008.

56. Jachtenfuchs, Markus, "The Governance Approach to European Integration", *Journal of Common Market Studies*, Vol. 39, No. 2, June 2001.

57. Jetschke, Anja & Rüland, Jürgen, "Decoupling rhetoric and practice: the cultural limits of ASEAN cooperation", *The Pacific Review*, 22 (2), 2009, pp. 179 ~ 203.

58. Jetschke, Anja and Murray, Philomena, "Diffusing Regional Integration: The EU and Southeast Asia", *West European Politics*, Vol. 35, No. 1, Jan-

uary 2012, pp. 174 ~ 191.

59. Jones, Lee, "ASEAN's unchanged melody? the theory and practice of 'non-interference' in Southeast Asia", *The Pacific Review*, Vol. 23, No. 4, September 2010, pp. 479 ~ 502.

60. Kahler, Miles, "Legalization as Strategy: the Asia-Pacific Case", *International Organization*, Vol. 54, No. 3, 2000.

61. Kanishka Jayasuriya ed., *Asian Regional Governance: Crisis and Change*, New York: Routledge Curzon, 2004.

62. Katzenstein, Peter, *the Culture of National Security: Norms and Identity in World Politics*, Columbia University Press, 1996.

63. Katzenstein, Peter, "Regionalism and Asia", *New Political Economy*, Vol. 5, No. 3, 2000.

64. Keohane, Robert and Martin, Lisa, "the Promise of Institutionalist Theory", *International Security*, Vol. 19, No. 1, Summer 1995.

65. Kerr, David and Liu Fei eds., *the International Politics of EU-China Relations*, Oxford University Press, 2007.

66. Khan, Shamsul and Lei Yu, "Evolving China-ASEAN Relations and CAFTA: Chinese Perspectives on China's Initiatives in Relation to ASEAN Plus 1", *European Journal of East Asian Studies*, 12 (2013).

67. Kim, Mi-Kyung, *the Logic of Regionalism: a Comparative Study of Regionalism in Europe and Asia*, Dissertation for the Ph. D degree, submitted to Texas A&M University, December 2003.

68. Komori, Yasumasa, "In Search of Regional Governance in East Asia: Processes and Outcomes", *Asian Journal of Political Science*, Vol. 20, No. 3, 2012, pp. 221 ~ 243.

69. Krause, Keith R. eds., *Culture and Security: Multilateralism, Arms Control, and Security Building*, Frank Cass Publishers, 1999.

70. Langenhove, Luc Van, "Regionalism as a Political Vision: Possibilities and Limits of the Global Approach to the Issues of Regional Integration", UNU-CRIS occasional papers, 2005/15.

71. Lee, Geun, "East Asian Soft Power and East Asian Governance", *Journal of International and Area Studies*, Vol. 16, No. 1, 2009.

72. Leifer, Michael, "ASEAN's Search for Regional Order", Faculty Lecture No. 12, Faculty of Arts and Social Sciences, National University of Singapore, 1987.

73. Leifer, Michael, *ASEAN and the security of Southeast Asia*, London: Routledge, 1989.

74. Leifer, Michael, *The ASEAN Regional Forum*, Adelphi Paper No. 302, London: International Institute for Strategic Studies, 1996.

75. Leifer, Michael, "The ASEAN peace process: A category mistake", *The Pacific Review*, 12: 1, 1999.

76. Lenschow, Andrea, "Transformation in European Environmental Governance", in Beate Kohler-Koch & Rainer Eising eds., *The Transformation of Governance in the European Union*, London: Routledge, 1999.

77. Lim, Robyn, "the ASEAN Regional Forum: Building on sand", *Contemporary Southeast Asia*, Vol. 20, No. 2, 1998.

78. Lipsey, Richard, "Economic Unions", in *International Encyclopedia of Social Science*, 7th volume, Macmillian Company and the Free Press, New York, 1972.

79. Louis J. Cantori and Steven L. Spiegel, 'The International Relations of Regions,' in Richard A. Falk and Saul H. Mendlovitz eds., *Regional Politics and World Order*, Lexinton: D. C. Heath and Company, 1973.

80. Mansfield, Edward D. and Helen V. Milner eds., *the Political Economy of Regionalism*, Colombia University Press, 1997.

81. Martin, David Jones and Michael L. R. Smith, "Constructing communities: the curious case of East Asian Regionalisms", *Review of International Studies*, (2007) 33.

82. Murray, Philomena, "East Asian Regionalism and EU Studies", *European Integration*, Vol. 32, No. 6, November 2010.

83. Nagi, R., *ASEAN 20 Years*, New Delhi: Lancers Books, 1989.

84. Narine, Shaune, "ASEAN and the ARF: The limits of the 'ASEAN Way'", *Asian Survey*, Vol. 37, No. 10, 1997.

85. Nesadurai, Helen E. S., "ASEAN and regional governance after the Cold War: from regional order to regional community?" *The Pacific Review*, Vol. 22, No. 1, March 2009, pp. 91 ~ 118.

86. Nye, Joseph S., *International Regionalism: Readings*, Little Brown and Company, 1968.

87. Ong, Bernard, "Recognizing regions: ASEAN's struggle for recognition", *The Pacific Review*, Vol. 25, No. 4, September 2012, pp. 513 ~ 536.

88. Quibria, M. G., "Does Governance Matter? Yes, No or Maybe: Some Evidence from Developing Asia", *KYKLOS*, Vol. 59, No. 1, Blackwell Publishing Ltd, 2006.

89. Ravenhill, John, "the 'New East Asian Regionalism': a 'Political Domino' Effect", UNU-CRIS working papers W – 2009/11.

90. Risse, Thomas, "Let's argue! Communicative action in world politics", *International Organization*, 54 (1), 2000, pp. 1 ~ 39.

91. Rosamond, B., *theories of European Integration*, Basingstoke: Macmillan, 2000.

92. Severino, Rodolfo C., *Southeast Asia in Search of an ASEAN Community: Insights from the Former ASEAN Secretary-General*, Singapore: ISEAS, 2006.

93. Severino, Rodolfo C., "ASEAN Beyond Forty: towards Political and Economic Integration", *Contemporary Southeast Asia*, Vol. 29, No. 3, 2007, pp. 406 ~ 423.

94. David Shaumbaugh, "China Engages Asia Reshaping the Reginoal Order", *International Security*, Vol. 29, No. 3, Winter 2004/2005, pp. 64 ~ 99.

95. Shaw, Timothy M. and Fredrik Soderbaum, *Theories of New Regionalism: A Palgrave Macmillan Reader*, Houndmills, Basingstoke, Hampshire; New York: Palgrave Macmillan, 2003.

96. Singh, Lalita Prasad, *Power Politics and Southeast Asia*, New Delhi: Radiant Publishers, 1979.

97. Smith, Michael G. and Moreen Dee, *Peacekeeping in East Timor: the Path to Independence*, Boulder, Colo. : Lynne Rienner Publishers, 2003.

98. Snitwongse, Kusuma, "Friends and Fears", *Far East Asia Review*, 8 May, 1997.

99. Söderbaum, Fredrik and Timothy M. Shaw eds. , *Theories of New Regionalism: a Palgrave Reader*, Palgrave Macmillan, 2003.

100. Soesastro, Hadi and Bergin, Anthony eds. , *the Role of Security and Economic Cooperation Structure in the Asia Pacific Region*, Jakarta: Centre for Strategic and Internaional Studies, 1996.

101. Solingen, E. , "Southeast Asia in a New Era: Domestic Coalitions from Crisis to Recovery", *Asian Survey*, 44 (2), 2004, pp. 189 ~ 212.

102. Stubbs, Richard, "The ASEAN alternative? Ideas, institutions and the challenge to 'global' governance", *The Pacific Review*, Vol. 21, No. 4, 2008, pp. 451 ~ 468.

103. Telò, Mario, "Global Governance & the EU: theoretical tradition and innovation", in the 8th Garnet Ph. D. School, Brussels, June 2009, pp. 8 ~ 12.

104. Thompson, William R. , "Regional Subsystem: Conceptual Explanation and Catalogue", *International Studies Quarterly*, March 1973.

105. Tuan, Hoang Anh, "ASEAN Dispute Management: Implications for Vietnam and an Expanded ASEAN", *Contemporary Southeast Asia*, Vol. 18, No. 1, June 1996, pp. 61 ~ 80.

106. Warleigh-lack Alex, "Learning from Europe? EU Studies and the Rethinking of International Relations", *European Journal of International Relations*, 12 (1), 2006.

107. Welsh, Jennifer M. eds. , *Humanitarian Intervention and International Relations*, Oxford University Press, 2006.

108. Webber, Douglas, "The regional integration that didn't happen: cooperation without integration in early twenty-? rst century East Asia", *The Pacific Review*, Vol. 23, No. 3, July 2010, pp. 313 ~ 333.

109. White, Hugh, "Why War in Asia Remains Thinkable", *Survival*, De-

cember 2008.

110. Wurfel, David and Bruce Burton, *the Political Economy of Foreign Policy in Southeast Asia*, London: Macmillan Press Ltd. , 1990.

111. Xinbo, Wu, "A Forward-Looking Partner in a Changing East Asia" , *the Washington Quarterly*, Autumn 2008.

112. Yong Leng, Lee, *Southeast Asia: Essays in Political Geography*, Singapore University Press, 1983.

本书由我的博士毕业论文经过增补修订而成，虽然仍有种种不足浅陋之处，不过，其中包含了我十多年来学习和研究的部分重要成果，算是我的专业历程的一个缩影，也是一次小结。

自2001年进入中国人民大学国际关系学院起，我在外交、国际政治专业领域的学习就开始了。借助于学校提供的有利条件，我一步步接触到专业学术氛围和训练，逐渐走上专业研究的道路。特别是读研时，在后来成为我的导师的宋新宁老师的主持下，我参加了中国人民大学欧洲中心的“欧洲研究硕士项目”，经过若干门专业课程的紧张训练，我开始迈入欧洲研究领域的门槛，逐渐摸索到学术研究的路径。这也成为我的硕士论文选择欧盟社会政策的渊源。

在幸运地成为宋新宁老师的博士生之后，我的研究方向一度继续集中于以欧盟为中心的区域主义。在当时大多数研究者看来，欧盟仍然是最主要的区域主义研究焦点，对区域比较和其他区域化现象的研究还并不热门。然而，当宋新宁老师去往联合国大学的比较区域一体化研究所担任高级研究员之后，从他那里，我开始认识到区域比较方法的价值，以及除了欧盟之外的其他区域化现象的意义。2009年，我参加了在布鲁塞尔自由大学举行的Garnet博士生论坛，更加全面地接触到了区域主义议题的研究状况，从当场大多集中于欧洲研究的区域主义议题中，我感受到了重新定位和具体化研究主题的需要。

区域化并非仅限于欧盟，经过广泛阅读和反思，我将目光投注于东亚，特别是紧邻中国的东盟。虽然东亚区域化（及东盟）也被认为是区域主义的代表，但人们对它的评价是非常矛盾的——因为它似乎在太多方面与发达的欧洲一体化不一样了，更何况它还包含两层区域化现象（东亚和东盟），使问题变得尤为复杂。在老师和同学的建议下，我决定将研究转移到东盟这个兼具理论价值和现实意义的主题上来，仔细考察东盟这一“特殊的”区域化现象包含着怎样的内在逻辑，并因其与东亚区域化的特殊关系，思考其对东亚区域化又有何种重要意义。因为此前的学术积累，我对东盟的研究仍然计划从区域主义研究的总体背景出发，利用区域治理的视角观察和分析东盟的历程，然后透过对东盟的理解，尝试推进对东亚区域化的探索。经过努力，这一思路逐渐丰满、完善，成了现在呈现出来的这一份文本。

论文的创作和修订是一个长期、曲折的过程，我能够最终完成这篇论文，离不开从师友那里得到的帮助。

最首要的帮助来自我博士阶段的两位导师。宋新宁老师很早就开始给我们授课，直到后来成为我的导师，其言传身教绵延不绝，不论是在学术态度、研究方向上，还是重要观点的推敲上，他都给了我极为重要的建议和指导；特别是我在欧洲参会期间，宋老师及其家人对我的细心照顾尤令人感激。张小劲老师从始至终给了我非常关键的教诲和帮助，在他的指导下，我从相关国际会议、论文写作活动以及其他事务中得到了锻炼，在论文写作、实践能力、学术方法上有了很大提高；这篇论文能得以成型，更是离不开他不厌其烦地帮助我进行修正和补充。

林甦老师作为我硕士阶段的导师，一直关心着我的学习和生活，从本科课堂开始，直到硕士、博士，她对我的鼓励和建议意义重大。在本书结稿之际，我理应对林老师致以特别的谢意。

此外，还应当感谢其他老师和朋友的帮助：开题报告和论文答辩的教授们对这篇论文的思路和结构提出了极有见地的建议，是论文的完善所不可或缺的；一些优秀的同门和同学在学术方法和专业领域内给我作出了榜样，提供了启发，也是非常有益的帮助；当然还有很多其他人帮助和鼓励过我，使我能够坚持研究的道路，都是我应当致谢的。

总之，这篇论文是我学术道路上的一个小结，也是一个新的起点。它指向的是更广阔的研究前景，督促我在以后的学习和工作中继续努力，以不负师友的关怀和帮助。

李东屹
2014 年 9 月